장자직해
莊子直解

노치허 盧稲虛

학자원

장자직해서 莊子直解序

장자莊子는 노자老子의 해설서解說書이다. 노자老子를 읽어 그 요목要目을 파악把握한 뒤에, 장자를 읽어야 장자의 비유우화比喩寓話와 직설直說을 간파看破하기가 용이容易하다. 장자莊子에는 열자列子의 말을 더러 인용한다. 열자진전列子眞詮의 체體가 무정無情과 소요유逍遙遊에 있는 까닭이다. 열자列子는 장자莊子의 선배先輩이다. 노자老子의 도道는 무위자연無爲自然에 있다. 무위자연無爲自然의 뜻에 통하여도 그 설명이 어려워 세재世才의 능력 밖이라 하겠다. 대개 세재世才들의 해설에는 무위無爲가 무엇을 뜻하는지, 무엇에 무위無爲한 것인지, 어떤 것이 자연自然인지를 밝히 설명하지 못한다.

학자들은 대체로 무위無爲를 인위적人爲的 작용作用의 반대말 쯤으로 풀이하나, 노장老莊의 본의本意에 어긋난다. 인위人爲라는 말은 노장사상老莊思想과는 관련이 없다. 인위人爲란 범부의 정견情見일 따름이다. 정견情見으로 무정無情을 해석하는 것은 위험하고 위험하다.

노자老子와 장자莊子를 읽고 배움에 무위無爲가 가장 어려운 말이라는 것부터 숙지熟知해야 한다. 그리하여 노자老子와 장자莊子를 여러 번 읽고 깊은 사유思惟를 한 뒤에, 그 대략을 측지測知할 수 있으면 공부의 성과가 없는 것이 아니라고 하겠다. 왜냐하면 무위無爲의 뜻을 통해通解하려면 개오지견開悟知見이 갖추어져야하기 때문이다. 실오實悟가 없으면 참다이 노자老子를 만난 것이라 할 수 없다. 노자老子를 만나지 못했다면 장자莊子의 말을 통해通解하기 어렵다. 무위無爲를 억지로 풀면 유위有爲의 반대 개념槪念이다. 무위無爲는 '함이 없다'는 뜻이요, 유위有爲는 '함이 있다'는 뜻이다. 그러므로 무엇에 무위無爲하는 것인지, 무엇에 유위有爲하는 것인지를 이해해야하는 것이 먼저인 것을 알 수 있다. 무위자연無爲自然이란 '함이 없이 스스로 그러함'이니 칠정七情의 함이 없이 본래本來의 진심眞心으로 소요逍遙하는 것이다. 칠정七情의 함이 없으려 하면 칠정七情의 정체를 증지證知하여 칠정七情이 본래 없음을 확인確認해야 한다. 그러므로 칠정七情이 없는 이라야 노자老子와 장자莊子의 뜻에 계합契合하는 사람이 될 수 있는 것이다. 자연自然이란 천연天然이니 곧 본래本來요, 고故의 뜻이다. 사람의 본래 즉 본래 사람이 진아眞我이며 자연自然인 것이다.

노자老子와 장자莊子의 요체要諦는 다만 '참나眞我'를 밝혀 가리켜 보이는 책이다. 고로 모든 범부의 스승이 되는 것이다. 이러한 스승을 홀연히 만나, 사숙私淑하여 배움에 깊이 드는 이는, 숙세宿世의 정련精鍊이 없고서는 불가하다고 하겠다. 그러나 범부라도 참 자기自己를 구하는 이라면 노자老子와 장자莊子를 곧바로 스승으로 모실 수가 있는 것이다. 약 이천육백여년의 세월을 지우고, 곧바로 노자老子와 장자莊子를 사숙私淑하는 문인門人이 되지 않으련가?

三碧峙에서

군말

1. 본서는 장자莊子 내칠편內七篇을 역해譯解하였다.
2. 원문原文, 역譯, 모해某解, 벽주碧注 순順이다.
3. 원문原文에 독음讀音이 없는 곳은, 후사착입後士錯入의 모의某疑가 있는 곳을 가려 보인 것이다.
4. 고어古語의 난해처難解處는 부득이不得已 노장老莊의 상지上旨에 따라 의역意譯하였다.
5. 부록으로 장자현초莊子玄抄를 실었다.
6. 외편과 잡편은 의지意旨가 편벽되고, 문장이 졸렬한 바, 장자의 소설이 아님이 확실하다. 고로 싣지 아니한다.

차례

장자직해 제2편 제물론齊物論

장자직해 제3편 양생주養生主

장자직해 제4편 인간세人間世

장자직해 제5편 덕충부德充符

장자직해 제6편 대종사大宗師

장자직해 제7편 응제왕應帝王

장자현초莊子玄抄

장자직해 제1편

소요유 逍遙遊

소요逍遙란 무위無爲의 행行이다.

무위無爲란 정情이 없는 마음의 행行이다.

불가佛家에서는 무위無爲를 열반涅槃의 뜻이라 한다.

무위無爲의 뜻을 참다이 알고자 하는가?

무심無心에 계합契合하라. 이 길 외에 다른 방도는 없다.

1.

곤鯤이 붕鵬으로 변하다

세속(世俗) 인식(認識)을 버린 이를 대변(大變)이라 한다.

北冥에 有魚하니 其名爲鯤이라. 鯤之大는 不知其幾千里也라.
북명 유어 기명위곤 곤지대 부지기기천리야

化而爲鳥하니 其名爲鵬이요 鵬之背는 不知其幾千里也라
화이위조 기명위붕 붕지배 부지기기천리야

怒而飛하면 其翼은 若垂天之雲이다. 是鳥也
노이비 기익 약수천지운 시조야

海運則將徙於南冥하니 南冥者는 天池也라.
해운즉장사어남명 남명자 천지야

북명(北溟)에 물고기가 있으니 그 이름은 곤(鯤)이다. 곤(鯤)은 크기가 몇 천 리가 되는지 알 수 없다. 이 물고기가 변화해 새가 되며 이름을 붕(鵬)이라 한다. 붕(鵬)의 등 넓이가 몇 천리에 달하는지 알 수 없다. 붕(鵬)이 힘차게 날아오르면 그 날개는 하늘을 가득 덮은 구름과 같다. 붕(鵬)은 바다에 대풍(大風)이 일 때, 그 기운을 타고 남명(南冥)으로 날아가려 한다. 남명(南冥)은 하늘 못(天池)이다.

某解

대인(大人)을 곤(鯤), 지인(至人)을 붕(鵬)에 비유하였다. 소인(小人)은 세상 속에서 칠정(七情)으로 유위(有爲)의 삶을 꾸리지만, 대인은 세상을 잊고 환(幻)의 인생을 벗고자 세욕(世欲)을 쉬고 쉬어 지인(至人)에 나아간다.

지인(至人)은 세상 속에서 세상을 뛰쳐나 유유자적(悠悠自適)의 무위(無爲)에 거닌다. 장자(莊子)는 유유자적(悠悠自適)의 무위(無爲)를 소요유(逍遙遊)라 하는 것이다. 도(道)를 넉넉히 공부할 수 있는 자품을 대인(大人)이라하고, 대인(大人)의 공부가 위도망구(爲道忘軀)하여 정일집중(精一執中)에 익으면, 세상 밖을 소요(逍遙)하는 지인(至人)의 경지에 이르게 되는 것이다.

대인(大人)이란 생이지(生而知)와 학이지(學而知)의 통칭이며, 자발자조(自發自照)하여 대각(大覺)에 이르는 자품이니, 곧 무사자오(無師自悟)를 추구하는 방외지사(方外之士)를 의미한다. 북명(北冥)은 대인(大人)의 공부처(工夫處)요, 남명(南冥)은 지인(至人)의 소요처(逍遙處)이다. 천지(天池)는 무루(無漏)의 청정자성(淸淨自性)을 가리킨다.

지인(至人)은 세속의 모든 정념(情念) 밖에 있어, 세속의 정념으로는 깊이 헤아려보아도, 그 체(體)와 경지(境地)를 가름할 수 없다. 사정이 이러하기에 장자가 우언(寓言)을 빌려 범부가 머리를 돌려 인생(人生)의 근원을 돌아보게 한 것이니 그 효용이 지극히 큰 것이다.

곤(鯤), 붕(鵬), 남명(南冥), 북명(北冥)은 열자(列子)에도 보인다. 열자는 장자의 선배로써 개오(開悟)하였으나, 경지가 허통적정(虛通寂靜)에 이르지 못하여 그 설(說)이 정미(精微)하지 못하다. 장자(莊子)가 전세(前世)의 도(道)를 따름에 노자(老子)를 사숙(私淑)하고 방가(方家)의 우언(寓言)을 채집하여 그 설격(說格)을 청명하게 높였다. 장자의 본의는 진세(塵世)의 은사(隱士)를 건지려 함이라 하겠다.

▌碧注

* **北冥**(북명): 대인(大人)의 거처. 세상 속의 수도처(修道處).
* **鯤**(곤): 대인(大人)의 상징어.

* **鵬**(붕): 지인(至人)의 상징어.
* **南冥**(남명): 지인(至人)의 방외거처(方外居處). 무심처(無心處).
* **天池**(천지): 불망부종(不亡不終)의 상징어. 중용(中庸)의 연천(淵泉)과 같은 뜻. 청정자성(淸淨自性)의 은칭(隱稱).
* **爲道忘軀**(위도망구): 도(道)를 공부함에 몸을 잊고 힘을 다하다.
* **精一執中**(정일집중): 정미롭고 한결같이 자성(自性)을 반조하다.
* **生而知**(생이지): 날 때부터 도(道)를 알다.
* **學而知**(학이지): 배워 반조(返照)하여 도(道)를 밝히다.
* **自發自照**(자발자조): 스스로 인생의 본원을 구하여 반조하다.
* **大覺**(대각): 자성(自性)을 통연명백(洞然明白)하게 밝히다. 측지(測知), 통해(通解), 해오(解悟)를 거쳐 밝힌 각(覺).
* **無師自悟**(무사자오): 스승 없이 홀로 공부하여 자성(自性)을 깨치다.
* **方外之士**(방외지사): 자성을 밝혀 세상 밖을 소요하는 은사(隱士).
* **情念**(정념): 칠정(七情). 망심(妄心). 범부의 마음. 환심(幻心).
* **私淑**(사숙): 과거세의 현성(賢聖)을 존숭하여 스스로 제자가 됨.

2.

유월의 대풍大風을 타고

대풍(大風)을 타지 않으면 남명(南冥)으로 갈 수 없는가?

齊諧者는 志怪者也라. 諧之言曰 鵬之徙於南冥也에
제 해 자 지 괴 자 야 해 지 언 왈 붕 지 사 어 남 명 야

水擊三千里하고 搏扶搖而上者九萬里라
수 격 삼 천 리 박 부 요 이 상 자 구 만 리

去以六月息者也라.
거 이 육 월 식 자 야

제해(齊諧)는 괴이(怪異)한 일을 실은 책이다. 제해에 말하였다. "붕(鵬)이 남명(南冥)으로 날아갈 때 파도를 일으키기를 삼천리, 회오리바람을 타고 날아오르기를 구만리, 유월의 대풍(大風)을 타고 남명(南冥)으로 날아간다.

▌某解

붕(鵬)이 남명(南冥)으로 날아가려 크게 날개 짓 함은 대각(大覺)을 이룬 때요, 날아오름은 지성(至誠)의 문(門)을 연 것이요, 유월의 대풍(大風)을 탄다함은 지성(至誠)에 이르러 소요(逍遙)에 드는 경지를 가리킨다. 지성(至誠)이란 자성(自性)이 성성(惺惺)하여 정념(情念)이 나타나지 않음이니 곧 지인(至人)의 경지이다. 유월의 대풍(大風)은 유월에 부는 바람이니 그 때를 이른 것이요, 그 때란 정념(情念)이 쉬어 자성(自性)이 현현(顯現)한 때이다. 도(道)란 그 사람이 그 때를

얻어 행(行)하게 되는 것이다. 남명(南冥)은 성성무위(惺惺無爲)의 대진인(大眞人)의 경지이다. 대진인(大眞人)은 모든 지인(至人)의 스승되는 바라, 장자(莊子)가 남명(南冥)만을 가리킬 뿐 그 실지(實地)는 말하지 않은 것이다. 실지(實地)는 제물론(齊物論)과 대종사(大宗師)에 자세히 설명한다.

碧注

* **齊諧**(제해): 책 이름.
* **徙**(사): 옮기다.
* **擊**(격): 부딪치다.
* **搏**(박): 잡다.
* **扶**(부): 돕다. 떠받치다.
* **搖**(요): 올라가다. 흔들리다.
* **至誠**(지성): 자성(自性)이 현현(顯現)하여 성성(惺惺)한 경지. 성인의 경지.

3.

허공虛空은 무슨 색인가?

허공(虛空)을 무슨 색이라 해야 하는가

野馬也와 塵埃也는 生物之以息相吹也라. 天之蒼蒼은
야 마 야 진 애 야 생 물 지 이 식 상 취 야 천 지 창 창

其正色耶요 其遠而無所는 至極耶니
기 정 색 야 기 원 이 무 소 지 극 야

其視下也亦若是則已矣라.
기 시 하 야 역 야 시 즉 이 의

아지랑이와 먼지는 천지간의 만물이 내뿜는 숨결의 작용이다. 푸르디 푸른 하늘빛은 하늘의 본디 빛깔일까? 허공(虛空)이 끝없이 아득하여 푸르게 보이는 것일까? 붕(鵬)이 허공(虛空)에서 아래를 내려다보아도 또한 푸르게 보일 따름이다.

某解

아지랑이와 먼지가 만물이 내뿜는 숨결이라 함은 한 때에 나타났다가 사라지는 허상(虛像)을 설명하고자한 것이다. 지구, 달, 별 등의 모습 있는 사물들은 언젠가 변하여 사라진다. 상주불변(常住不變)이 아닌 것은 진체(眞體)가 아니라 나타났다가 사라지는 허상(虛像)일 뿐이다. 상주불변(常住不變)의 자성(自性)을 확연히 자증(自證)하여 허상(虛像)을 허상(虛像)이라 보게 됨을 개오(開悟)라 한다.

진체(眞體)는 어떤 것인가? 장자(莊子)는 허공(虛空)에 비유한다. 허공(虛空)은 색깔과 소리와 모습도 없으며, 거친 비바람과 우레와 벼락이 소

란을 떨어도, 덜거나 더함이 없다. 허공이 언제나 적연부동(寂然不動)이므로 자성(自性)에 비유한 것이다. 허공은 푸르름이 아니나 늘 푸른빛을 띤다. 고로 범부는 허공을 푸르다고 한다. 장자의 붕(鵬)은 허공과 같으며, 자성(自性)의 비유이다. 진체(眞體)는 자성(自性)이다.

도(道)는 자성(自性)의 실상(實相)을 가리킨 말이다. 자성(自性)의 실상은 허공같이 적연부동(寂然不動)이며, 자성(自性)은 그 수(壽)가 끝이 없는 진체(眞體)라고 장자는 설명한다. 범부는 누구나 자성(自性)을 지녔으면서도 자성(自性)의 위대하고 해맑은 실상을 알지 못한다. 장자가 범부의 본래면목(本來面目)을 설명하는 까닭은, 범부의 몽환을 깨워서 범부가 본래의 두렷한 삶을 회복하기를 바라는 뜻, 하나이다.

장자(莊子)는 어떤 형식이나 존숭(尊崇)을 요구하지 않는다. 다만 범부가 본래 밝음을 회복하여, 본래 평등(平等)을 나투며, 본래 자유(自由)에 소요(逍遙)하기를 희망하는 것이다. 이 길은 학문(學問)도 종교(宗敎)도 아니요, 오로지 참사람의 길이다. 고치거나 더할 수 없는 참사람의 길이요, 영원불멸의 인생길이다. 어찌 범부정념의 잡상(雜想)을 주제로 삼는 학문(學問)과 종교(宗敎)에 비교할 수 있겠는가?

대저 범부는 천지만물에 대한 인식(認識)에 병통(病痛)을 지니고 있다. 구래(舊來)의 정식(情識)과 당금(當今)의 학습식(學習識)을 섞어 버물어 판단하고 인식(認識)하기를 반복하여 그치지 아니하기에 스스로 그 병통(病痛)을 자각하지 못하는 것이다. 그러나 어느 날, 어느 때에, 문득 생각을 멈추고 천지만물을 바라보면, 자연(自然)은 변화(變化)하면서 적연(寂然)하고, 세상일은 복잡하게 뒤섞여 일어나나 인식(認識)과 인식(認識)의 부딪힘과 섞임이 있을 뿐, 사사건건(事事件件)이 빈 모습놀이 임을 어렴풋이 볼 수 있을 것이다. 이러히 관(觀)함이 본래 슬기를 회복하는 실마리가 되는 것이다. 사람으로 태어나서 가장 사람답게 사는 길은 자기(自己)의 자성(自性)을 회복(回復)하는 길이다.

자성(自性)을 회복(回復)하려 하는가? 먼저 산란(散亂)을 지우고, 바깥을 잊으며 자성(自性)을 반조(返照)하라! 고요하고 고요하게 관(觀)하라! 고요함이 익으면 고요 밖의 본래 고요가 나타날 것이다. 본래 고요는 해맑고 드밝은 영지(靈知)가 비추는 것이다. 오직 영지(靈知)가 성성(惺惺)한 때를 일러 개오(開悟)라 한다.

碧注

* 野馬(야마): 아지랑이
* 塵埃(진애): 먼지. 티끌.

4.
바람이 두텁게 쌓이지 않으면 붕鵬이 뜨지 못한다

風積厚則 大翼飛

> 且夫 水之積也에 不厚則 其負大舟也無力하고
> 覆杯水於 坳堂之上 則芥爲之舟하고
> 置杯焉則膠水淺而舟大也라.
> 風之積也에 不厚則 其負大翼也無力하다.

예컨대 물이 고인 곳이 깊지 않으면 큰 배를 띄울 수 없다. 한 잔의 물을 뜨락의 패인 곳에 부으면 작은 풀잎을 배로 삼을 수는 있으나, 거기에 잔을 띄우면 곧바로 바닥에 닿아버린다. 물이 얕은 데 배는 크기 때문이다.

마찬가지로 바람이 두텁게 쌓이지 않으면 붕(鵬)과 같이 큰 날개를 뜨게 할 수가 없다.

5.
남명南冥은 어디인가?

남명(南冥)이 천지(天池)이니, 곧 그대의 자성(自性)이다

故九萬里則 風斯在下矣 而後에
고 구 만 리 즉 풍 사 재 하 의 이 후

乃今培風背負淸天而莫之夭閼者而後에 乃今將圖南이라.
내 금 배 풍 배 부 청 천 이 막 지 요 알 자 이 후 내 금 장 도 남

그러므로 붕(鵬)은 구만리(九萬里)를 솟구쳐 올라야 날개 밑에 충분한 바람이 쌓이는 것이다. 그런 연후에야 비로소 바람을 타고 푸른 하늘을 등에 진 채, 도중에 아무런 막힘없이 남명(南冥)으로 날아가는 것이다.

某解

붕(鵬)이 구만리(九萬里)를 솟구쳐 오름은 개오(開悟)하여 성성불매(惺惺不昧)의 공부에 나아감이요, 도중에 아무런 막힘없이 남명(南冥)으로 날아가는 것은 성인(聖人)의 가르침을 막힘이 없이 통해(通解)하여 그 도(道)에 합한다는 뜻이다. 성인(聖人)의 가르침은 범부가 노력하여 자기(自己)의 성(性)을 목전(目前)에 현현(顯現)하게 함에 있다. 성(性)이 현현(顯現)한 이후에 막힘이 없어 성인의 가르침이 드밝음을 확인(確認)할 수 있는 것이다.

碧注

* 閼(알): 가로막다.

6.
매미蜩와 작은 비둘기鷽鳩

蜩與鷽鳩笑之曰 我決起而飛 搶楡枋한다.
時則不至 而控於地而已矣라. 奚以之九萬里而南爲오.
適莽蒼者는 三飡而反에 腹猶果然하고 適百里者는 宿舂糧하며
適千里者는 三月聚糧한다. 之二蟲은 又何知랴.

매미(蜩)와 작은 비둘기(鷽鳩)가 붕(鵬)을 비웃으며 말한다.

"우리는 온 힘을 다해 날아야 느릅나무나 박달나무 가지에 닿지만, 때로는 나무에 이르지 못한 채 땅바닥에 떨어진다. 그런데 어찌하여 붕(鵬)은 구만리(九萬里)나 솟구쳐 남명(南冥)으로 가려 하는 것일까?"

교외(郊外)의 들로 나가는 사람은 세끼 밥만 먹고 돌아와도 아직 배는 부르지만, 백리(百里) 길을 가려는 사람은 밤새도록 양식을 찧어 준비해야 하고, 천리(千里) 길을 떠나는 나그네는 석 달 동안 양식을 모아야 한다. 매미(蜩)와 작은 비둘기(鷽鳩)가 어찌 이를 알겠는가!

▌碧注

* **蜩**(조): 매미.
* **鷽鳩**(학구): 작은 비둘기.
* 군말에 일렀듯이 뒷 선비의 착입(錯入)의 모의(某疑)가 있으므로 독음(讀音)을 붙이지 아니하였다.

7.
소지小知와 대지大知

소지(小知)는 편벽하고, 대지(大知)는 허공 같다

小知는 不及大知하고 小年은 不及大年이다. 奚以知其然也오.
소지 불급대지 소년 불급대년 해이지기연야

朝菌은 不知晦朔하고 惠蛄不知春秋니 此는 小年也니라.
조균 부지회삭 혜 부지춘추 차 소년야

楚之南에 有冥靈者하야 以五百歲爲春하고 五百歲로
초지남 유명령자 이오백세위춘 오백세

爲秋하였고 上古에 有大椿者하야 以八千세로 爲春하고
위추 상고 유대춘자 이팔천 위춘

八千歲로 爲秋하였으며 以彭祖는 乃今以久로 特聞하야
팔천세 위추 이팽조 내금이구 특문

衆人이 匹之하니 不亦悲乎아.
중인 필지 불역비호

편벽된 지식(小知)은 염담(恬憺)의 지혜(大知)에 미치지 못하고, 짧은 수명은 긴 수명에 이르지 못한다. 어찌 이를 아는가? 조균(朝菌, 하루살이 버섯)은 밤과 새벽을 알지 못하고 쓰르라미는 봄과 가을을 알지 못한다. 이는 바로 수명이 짧은 것이다.

초(楚)나라 남쪽에 명령(冥靈)이 살고 있는데 오백년 동안은 봄, 오백년 동안은 가을로 삼는다. 또 아주 오랜 옛날에 대춘(大椿)이란 나무가 있었다. 팔천 년 동안을 봄, 팔천 년 동안을 가을로 삼았다 한다. 그런데 요즈음 팽조(彭祖)는 오래 산 인물로 특히 유명한데 세상 사람들이 그만큼 오래 살려고 애쓴다. 이 어찌 슬픈 일이 아니겠는가!

▌某解

범부(凡夫)의 자성(自性)은 본래로 무구청정(無垢清淨)이라, 그 생명(生命)이 시(始)와 종(終)이 없어, 다함이 없으나 범부가 스스로 알지 못한다. 알지 못하므로 구구(區區)한 억측(臆測)으로 비루(鄙陋)하게 자신(自身)을 단정하여 단멸자(斷滅者) 혹은 조물자(造物者)의 피조물(被造物)로 해석한다. 그리하여 세속에 자리 잡은 어떤 사상(思想)이나 종교(宗教)의 머슴이 되어 허망하게 인생(人生)을 꾸리는 것이다.

장자(莊子)에 의하면 범부의 자성(自性)이 진아(眞我)요, 진아(眞我)는 염담허무(恬憺虛無)하여 불생불멸(不生不滅)이라 한다. 장자가'方生은 方死요, 方死는 方生이라'하였다. 태어난 것은 반드시 죽고, 죽은 것은 반드시 태어난다는 뜻이다. 이 가운데 진아(眞我)가 적연(寂然)히 무시무종(無始無終)하여 말쑥하고 우뚝히 있는 것이다.

사람들은 유한(有限)한 육신(肉身)으로 오래 살려고 몸부림친다. 천년(千年)을 산다 해도 무한(無限)의 생명(生命)에 비교하면 하루살이가 아닌가. 육신(肉身)을 참나(眞我)로 여기는 어리석음이, 온갖 미망(迷妄)을 지어 긴 슬픔의 노예(奴隸)가 되는 것이다. 어찌 안타까운 일이 아니랴! 이 모든 망견(妄見)은 자성(自性)에 어둡기 때문에 일어나는 허망한 모습놀이의 그림자들이다.

▌碧注

* **朝菌**(조균): 하루살이 버섯.
* **蛄**(고): 쓰르라미
* **晦朔**(회삭): 밤과 새벽.

* **冥靈**(명령): 나무 이름.
* **大椿**(대춘): 참죽나무.
* **彭祖**(팽조): 요(堯), 하(夏), 은(殷), 주(周)에 걸쳐 800년을 살았다.
* 노장(老莊)의 공부에 듦에는 인식(認識)의 전환(轉換)이 필요하다. 인식(認識)의 문제(問題) 몇을 생각해 본다.

1. 식물의 꽃이 잎이나 뿌리보다 아름다운 것인가? 아름다운 것의 정의는 무엇인가?
2. 예(禮)란 어찌하여 세상에 태어난 것이며, 예(禮)의 결정된 모습은 무엇인가? 예(禮)의 궁극은 무엇을 지향하는가?
3. 허공(虛空)은 무슨 색이며, 왜 그렇게 나타나는가? 혹 색깔이 있는 것인가? 없는 것인가? 또한 허공은 끝이 있을까? 끝이 없을까? 끝이 없다면 왜 끝이 없을까?
4. 노자(老子)와 장자(莊子)는 어찌하여 무위(無爲)를 설명하며, 공자(孔子)는 세 번이나 무위(無爲)를 말하면서 설명하지 않는 것일까?
5. 노자(老子)와 장자(莊子)와 공자(孔子)는 일(一)을 설하면서 무(無) 혹은 허(虛)를 말한다. 일(一)이 무(無)란 뜻인가? 일(一) 외에는 모두 무(無)란 뜻인가?
6. 노자(老子)와 장자(莊子)와 공자(孔子)는 절대(絶對)의 무엇을 가리킨다. 그들은 가르치지 아니한다. 다만 가리킬 뿐이다. 왜 가르치지 않는 것일까?
7. 노자(老子)와 장자(莊子)와 공자(孔子)는 왜 대자유(大自由)를 말하는가?
8. 성인(聖人)은 왜 천(天)인가? 천(天)이라 하는가?
9. 허공(虛空)이 허공(虛空)이 되기 위해 어떤 노력(努力)이 필요할 것인가?
10. 만약 몸과 마음(情念)을 벗고서(잊고서) 세상(世上)을 관(觀)한다면, 세상(世上)은 어떤 모습일까?

8.
작은 것과 큰 것의 차이

湯之問棘也 是已라. 窮髮之北에 有冥海者는 天池也라. 有魚焉하니 其廣이 數千里에 未有知其修者라. 其名爲鯤이오 有鳥焉하니 其名爲鵬이라. 背若太山하고 翼若垂天之雲이라. 搏扶搖羊角而上者九萬里에 絶雲氣하고 負靑天然後에 圖南하고 且適南冥也라. 斥鴳笑之曰 彼且奚適也오. 我는 騰躍而上하나 不過數仞而下하고 翱翔蓬蒿之間하니 此亦飛之至也인데 而彼且奚適也오. 此는 小大之辯也라. 故로 夫知效一官이 行比一鄕하고 德合一君이오 而徵一國者는 其自視也 亦若此矣라. 而宋榮子는 猶然笑之하리라. 且擧世而譽之라도 而不加勸하고 擧世而非之라도 而不加沮한다. 定乎內外之分하고 辨乎榮辱之境함은 斯已矣라. 彼其於世에 未數數然也라. 雖然猶有未樹也라

은(殷)나라 탕왕(湯王)이 현신(賢臣) 하극(夏棘)에게 물은 것도 이와 같다. 궁발(窮髮)의 북녘에 명해(溟海)라는 바다가 있으니 그 이름을 천지(天池)라 한다. 그 곳에 물고기가 있는데 크기가 수천리에 달해 길이를 아는 사람이 없으며, 그 이름이 곤(鯤)이다. 거기에는 새가 있어 이름은 붕(鵬)이라 한다. 붕(鵬)의 등은 태산과도 같고 날개는 하늘을 가득 드리운 구름과도 같다. 회오리바람을 타고 오르기를 구

만리, 구름 위로 솟구쳐 푸른 하늘을 등에 지고 남명(南冥)으로 날아간다. 이러히 남명(南冥)으로 날아가는 붕(鵬)을 보고, 메추라기가 비웃으며 말한다.

"저 놈은 대체 어디로 가는 것일까 나는 힘껏 날아올라도 몇 길 지나지 않아 아래로 다시 떨어져 수풀사이를 나는 것이 고작인데 저 녀석은 도대체 어디로 가는 걸까."

이것을 작은 것과 큰 것의 차이라 한다. 그러므로 그 지식(知識)은 하나의 관직(官職)을 맡을 만하고, 행동거지는 오직 한 고을에 알맞으며, 그 덕(德)은 겨우 한 왕(王)의 신임을 얻을 만하고, 재능(才能)은 한 나라에만 쓰일 만한데, 자신의 지혜(智慧)를 되돌아보는 안목(眼目)이 메추라기와 같을 뿐이다. 송영자(宋榮子)는 이런 인물을 싱긋이 비웃는다. 송영자(宋榮子)는 온 세상 사람들이 칭찬해도 더 애쓰는 일이 없고, 모두가 헐뜯어도 싫어하지 않는다. 그는 안(性)과 밖(世)을 밝히 알아 영예와 욕됨이 텅 빈 메아리임을 그냥 바라볼 뿐이다. 그는 세상일에 티끌만큼도 흔들리지 않는다. 하지만 그는 여전히 도(道)에 서지는 못하였다.

▌某解

장자(莊子)가 송영자(宋榮子)는 도(道)에 서지 못했다고 한다. 눈 비비고 살펴보아야 할 구절이다. 송영자(宋榮子)가 조철(朝徹)에 이르지 못했음을 지적한 것이다.

▌碧注

* 鴳(안): 세가락 메추라기.
* 仞(인): 길, 재다.
* 翺(고): 날다.
* 翔(상): 높이 날다, 빙빙 돌아 날다.

9.

열자풍행 列子風行

열자(列子)가 바람을 타고 냉연(冷然)히 다니다

夫列子는 御風而行하고 冷然善也하며 旬有五日而後反한다.
부 열 자 어 풍 이 행 냉 연 선 야 순 유 오 일 이 후 반

彼於致福者에 未數數然也니 此雖免乎行이나
피 어 치 복 자 미 수 수 연 야 차 수 면 호 행

猶有所待者也라. 若夫乘天地之正 而御六氣之辯하고
유 유 소 대 자 야 약 부 승 천 지 지 정 이 어 육 기 지 변

以遊無窮者는 彼且惡乎待哉인가. 故로 曰 至人은 無己하고
이 유 무 궁 자 피 차 오 호 대 재 고 왈 지 인 무 기

神人은 無功하며 聖人은 無名이니라.
신 인 무 공 성 인 무 명

열자(列子)는 바람을 타고 다니는데 그 행이 맑고 냉연(冷然)하다. 그렇게 다니다가 대개 보름이 지난 뒤에야 돌아온다. 열자는 복(福)을 구하는 일에 관심을 두지 않는다. 그러나 걸어 다니는 번거로움은 면했으나 여전히 바람에 의지하고 있다. 만일 천지(天地)의 바른 기운을 타고 육기(六氣)에 합하여 무궁한 경계에서 노니면 무엇에 의지하려 하겠는가! 그러므로 다음과 같이 이르는 것이다.

"지인(至人)은 내(妄我)가 없고, 신인(神人)은 공(功)이 없으며, 성인(聖人)은 이름(名相)에서 벗어났다."

▮某解

열자(列子)의 말 가운데 '정(情)을 잊었다.'는 한마디가 자명견독(自明見獨)을 가리킨다. 정(情)을 잊은 연후에 의지하는 바가 없게 되는 것이다. 열자에 바람과 이슬 운운은 무위(無爲)를 설명한 것이다. 보름은 한번 삼매(三昧)에 드는 기간이다. 열자는 개오(開悟)하였다. 장자(莊子)에 의하면 열자(列子)의 경지는 밝으나, 무위(無爲)의 도(道)에 의지하는 바가 남은 것 같다. 장자(莊子)가 이른다.

"지인(至人)은 망아(妄我)가 없고, 신인(神人)은 공(功)이 없으며, 성인(聖人)은 이름(名相)에서 벗어났다." (至人은 無己하고 神人은 無功하며 聖人은 無名이라.)

지인(至人)은 진심(眞心)으로 행(行)하니 곧 진아(眞我)가 드러나고, 신인(神人)은 정에 머무름이 없는지라 곧 공(功)을 잊었나니, 성인(聖人)은 염담허무(拈憺虛無)하여 통연명백(洞然明白)하나니 곧 모든 이름(名)과 상(相)에서 벗어났다.

무기(無己), 무공(無功), 무명(無名)은 무위진인(無爲眞人)의 미현심처(微顯深處)의 경지를 설명한 말이다. 미세경지(微細境地)는 성인(聖人)이 가장 지극하며, 신인(神人)이 그 다음이며, 지인(至人)이 그 아래이다. 지인(至人)은 개오(開悟)하여 성(性)을 지키며 성(性)에 맡기는 경지이다.

▮碧注

* **沮**(저): 막을, 그치다.
* **冷然**(냉연): 맑고 담담하다.
* **六氣**(육기): 음양(陰陽), 풍우(風雨) 회명(晦明).
* 열자(列子) 가운데 '정(情)을 잊었다.'는 한마디가 귀하다. 정(情)을 잊은 연후에, 정(情)에 의지하는 바가 없게 되는 것이다. 열자에 '바람, 이슬' 云云은 무위(無爲)를 표현한 수사(修辭)이다.

10.

요堯와 허유許由

堯는 讓天下於許由曰 日月出矣에 而 爝火로
요 양천하어허유왈 일월출의 이 화

不息其於光也면 不亦難乎아. 時雨降矣에 而猶浸灌
불식기어광야 불역난호 시우강의 이유침관

其於澤也면 不亦勞乎아. 夫子立 而天下治할 것인데
기어택야 불역노호 부자입 이천하치

而我猶尸之하니 吾自視缺然하고 請致天下하노라 하니 許由曰
이아유시지 오자시결연 청치천하 허유왈

子治天下하니 天下는 旣已治也라. 而我猶代子하면
자치천하 천하 기이치야 이아유대자

吾將爲名乎아 名者는 實之賓也니 吾將爲賓乎아.
오장위명호 명자 실지빈야 오장위빈호

鷦鷯巢於深林하나 不過一枝이고 偃鼠飮河하나 不過滿服이다.
초료소어심림 불과일지 언서음하 불과만복

歸休乎君하면 予는 無所用天下爲이다. 庖人이 雖不治庖나
귀휴호군 여 무소용천하위 포인 수불치포

尸祝이 不越樽俎 而代之矣이니다.
시축 불월준조 이대지의

요(堯)가 허유에게 천하를 넘겨주려고 이러히 말하였다.

"일월(日月) 같은 선생(先生)께서 세상에 나오셨는데 횃불을 계속 태우는 것은 헛된 일이 아니겠습니까? 때에 맞게 비가 내리는데 여전히 논밭에 물을 대고 있다면 그것은 헛수고가 아니겠습니까? 선생(先生)께서 임금이 되시면 천하는 저절로 다스려질 터인데, 내가 여전히 임금노릇을 하고 있습니다. 돌이켜보건대 나는 부족하기 짝이 없습니다. 부디 천하를 맡아 주십시오."

허유(許由)가 말하였다.

"임금께서 천하를 다스림에 이미 천하가 화평(和平)합니다. 내게 그대 대신 임금노릇 하라고 하니 임금이란 빈이름에 묻히란 말이십니까? 이름이란 실성(實性)에 왕래(往來)하는 손(客)에 불과합니다. 내 어찌 실성(實性)을 버리고 빈이름의 손(客)이 되겠습니까? 뱁새가 깊은 숲에 보금자리를 지어도 나뭇가지 하나면 족하고, 두더지가 강물을 마신다 해도 자그만 배를 채우는 데 불과합니다. 그대는 돌아가 빈이름을 쉬시오. 나에게 천하는 소용이 없습니다. 숙수(熟手,요리사)가 음식을 잘하지 못하더라도 신주(神主, 제사장)가 제기(祭器)를 넘나들며, 대신 부엌일을 할 수는 없는 것입니다."

某解

허유(許由)가 성인(聖人)과 도(道)를 일러 "실성(實性)에 왕래(往來)하는 손(客)에 불과하다."고 하며 요(堯)에게 "그대는 돌아가 빈이름을 쉬시오." 라 한다. 이것은 장자(莊子)가 노자일장(老子一章)의 "道可道면 非常道요 名可名이면 非常名이라"— 함을 해설한 것이다.

대저 정(情)을 쉬어, 쉬었다는 흔적(痕迹)도 남기지 않는 이는 성(性)을 성성(惺惺)하게 보존한다. 이러한 이는 그 밖의 이름과 모습놀이는 관심을 두지 않는다. 대저 지인(至人)의 일상이 이러하다.

성인(聖人)의 시현(示現)에 둘이 있다. 하나는 홀로 세상의 스승이 되는 것이요, 다른 하나는 세상의 스승을 뒤와 옆, 혹은 멀리서, 혹은 시절(時節)을 달리하여 외호(外護)하는 것이다. 세상에 큰 스승이 나타나면 반드시 어느 그늘에 지인(至人)과 신인(神人)이 있어 이름을 감추고 성인(聖人)

의 덕화(德化)를 높이며, 세상에 도(道)가 올곧게 전해지는 것을 은근하게 돕는다. 황제(黃帝)와 신농(神農), 노자(老子)와 관윤(關尹), 공자(孔子)와 접여(接輿), 열자(列子)와 장자(莊子), 자사(子思)와 맹자(孟子), 나집(羅什)과 승조(僧肇), 임제(臨濟)와 보화(普化), 동림(東林)과 동파(東坡), 무진(無盡)과 대혜(大慧) 등이 그러하다.

碧注

* 爝(작): 횃불.
* 鷦(초): 뱁새, 황새.
* 鷯(요): 메추라기, 굴뚝새.
* 樽(준):술통.
* 俎(조):제기. 높은 대.
* 偃(언): 쓰러지다.
* 庖(포): 요리사. 부엌.
* 尸(시): 신위(神位) 대신하는 어린아이.
* 祝(축): 제사장. 신주(神主).

11.

접여接輿의 지혜

사람의 지혜(智慧)에도 장님과 귀머거리가 있다

肩吾가 問於連淑曰 吾聞言於接輿하니 大而無當하야
견 오 문 어 연 숙 왈 오 문 언 어 접 여 대 이 무 당

往而不返하니 吾는 驚怖其言하여 猶河漢而無極也라.
왕 이 불 반 오 경 포 기 언 유 하 한 이 무 극 야

大有逕庭에 不近人情焉하다. 連叔曰 其言謂何哉인가.
대 유 경 정 불 근 인 정 언 연 숙 왈 기 언 위 하 재

曰 邈姑耶之山에 有神人居焉하여 肌膚는 若氷雪하고
왈 막 고 야 지 산 유 신 인 거 언 기 부 약 빙 설

淖約은 若處子하며 不識五穀하고 吸風飮露한다. 乘雲氣하고
뇨 약 약 처 자 불 식 오 곡 흡 풍 음 로 승 운 기

御飛龍하여 而遊乎四海之外한다. 其神은 凝使物不疵癩하고
어 비 룡 이 유 호 사 해 지 외 기 신 응 사 물 부 자 나

而年穀熟하니 吾以是狂而不信也로다. 連叔曰 然이나 瞽者는
이 년 곡 숙 오 이 시 광 이 불 신 야 연 숙 왈 연 자

無以與文章之觀이오 聾者無以與乎鐘鼓之聲이니
무 이 여 문 장 지 관 농 자 무 이 여 호 종 고 지 성

豈唯形骸 有聾盲哉아 夫知亦有之이다. 是其言也
기 유 형 해 유 농 맹 재 부 지 역 유 지 시 기 언 야

猶時女也라. 之人也 之德也 將礴萬物하여
유 시 여 야 지 인 야 지 덕 야 장 박 만 물

以爲一世蘄乎亂하니 孰弊弊焉 以天下爲事이랴. 之人也
이 위 일 세 기 호 란 숙 폐 폐 언 이 천 하 위 사 지 인 야

物莫之傷이니 大浸에 稽天而不溺하고 大旱에 金石流하고
물 막 지 상 대 침 계 천 이 불 익 대 한 금 석 류

土山焦而不熱하나니 是는 其塵垢粃糠 將猶陶鑄堯舜者也니
토 산 초 이 불 열 시 기 진 구 비 강 장 유 도 주 요 순 자 야

孰肯以物爲事랴.
숙 긍 이 물 위 사

견오(肩吾)가 연숙(連叔)에게 말했다.

"접여(接輿)에게서 이야기를 들으니 너무 터무니가 없고, 마치 나아 갈 줄만 알고 되돌아올 줄 모르더군. 그 이야기가 마치 은하수같이 끝이 없어(猶河漢而無極) 두려워서 나는 놀랐네. 세상일(逕庭)과는 큰 차이가 있어 세상의 지식에 벗어나는 것이었소."

연숙(連叔)이 물었다.

"무슨 이야기이기에 그러오."

"막고야산(藐姑射山)에 신인(神人)이 살고 있는데 그의 피부는 눈이나 얼음처럼 희고 처녀와도 같이 해맑으며, 곡식을 먹지 않고 바람과 이슬을 마시며, 구름을 타고 용을 부리며 사해(四海) 밖에서 노닌다는 것이오. 그의 마음은 정적(靜寂)하여 만물이 병들지 않고 곡식이 잘 익는다 하오. 이러히 허황되니 내가 믿지 못하는 것이오."

연숙(連叔)이 말하였다.

"그럴 것이오. 장님은 아름다운 빛깔을 볼 수 없고, 귀머거리는 은은한 종소리를 들을 수 없소. 어찌 육신(肉身)에만 장님과 귀머거리가 있겠소! 사람의 지혜에도 또한 장님과 귀머거리가 있다오. 이것은 바로 그대를 가리켜 하는 말이오. 신인(神人)의 덕(德)은 만물과 어우러져 한 몸인 것이오. 사람들은 신인(神人)이 세상을 잘 다스려 주기를 바라지만, 그가 어찌 번다한 세상사에 수고로이 도모하겠소? 이러한 신인(神人)은 어떤 고약한 상황이 닥치더라도 해칠 수 없고, 홍수가 나서 물이 하늘까지 이르더라도 그를 적실 수 없으며, 큰 가뭄이 들어 금속과 암석이 녹아내리고 산이 불탈 지경이라도 그는 뜨거운 줄도 모른다오. 신인(神人)은 먼지나 티끌 혹은 곡식의 쭉정이와 겨로도 요(堯)임금이나 순(舜)임금을 만들어 낼 수 있다네. 무엇

때문에 천하 다스리는 일 따위로 자신을 수고롭게 하겠소?”

某解

장자(莊子)가 연숙(連叔)을 빌려 접여(接輿)의 경지가 예사롭지 않음을 말한다. 접여(接輿)와 장자(莊子)와 연숙(連叔)은 자성(自性)을 회복한 신인(神人)이다. 신인(神人)은 정념(情念)없이 자성(自性)의 대용(大用)을 나툰다.

참사람은 환란(患亂)이 그를 해칠 수 없고, 물에 젖지 아니하며, 불이 태우지 못한다. 참사람이란 자성(自性)을 온전히 회복한 이를 가리킨다. 자성(自性)이 본래로 신령불매(神靈不昧)하기에 자성(自性)을 회복(回復)하여 참다운 인생에 소요(逍遙)하라고 장자(莊子)가 말하는 것이다.

장자의 요묘(要妙)를 얻은 대현(大賢)과 달사(達士)에 북송(北宋)의 경우, 장방평(張邦平), 소동파(蘇東坡), 황산곡(黃山谷), 장무진(張無盡)등이 보인다. 이 밖에 은사(隱士)와 달사(達士)가 있을 것이다.

참사람은 모습과 이름에서 벗어나 있다. 그러므로 요순(堯舜)의 성스러움과 명망을 곡식의 쭉정이로 보는 것이다. 범부의 자성(自性)이 비록 정념(情念)에 가려졌으나, 그 참됨은 쉼 없이 광명을 토하며 어그러지지 않기에 장자가 회복하라! 회복하라! 하는 것이다.

공자의 극기복례(克己復禮)도 환아(幻我)를 지우고 자성(自性)을 회복하라는 뜻이다.

흡풍음로(吸風飮露)란 무위(無爲)를 속화(俗化)하여 전한 말이다. 장자의 본지(本旨)는 무심어세(無心御世) 무위이화(無爲而化) 여덟 자에 있다. 장자가풍(莊子家風)은 무심(無心)으로 소요(逍遙)하여 무위(無爲)를 나투는 것이다. 누구라도 깊이 의문하여 노력하면 밝히는 때가 있을 것이다.

碧注

* **肩吾**(견오): 장자가 등장시킨 가공의 인물. 肩吾의 뜻이 '어깨를 나로 삼다'이라, 지혜가 없음을 의미한다. 속견범부(俗見凡夫)의 뜻.
* **連叔**(연숙): 장자가 등장시킨 가공의 인물. 連叔은 젊음이 계속하다는 뜻이니, 불변(不變)의 적연부동(寂然不動)을 의미한다. 곧 도(道)에 소요(逍遙)하는 인물을 뜻한다.
* **疵**(자): 흠. 결점. 사마귀.
* **癩**(나): 옴. 문둥병. 약물 중독.
* **瞽**(고): 소경.
* **淖**(뇨): 진흙. 젖다.
* **磅**(방): 돌 떨어지는 소리.
* **礴**(박): 가득하다, 널리 덮이다.
* **粃**(비): 쭉정이.
* **糠**(강): 쌀겨. 겨.
* **蘄**(기): 승검초. 마함(麻銜).
* **弊**(폐): 헤지다. 옷이 낡다. 폐단(弊端).
* **稽**(계): 머무르다.

12.
송宋과 월越의 문화

宋人이 資章甫而適諸越하였다. 越人斷髮文身으로 無所用之라.

송(宋)나라 사람이 장보(章甫)라는 관(冠)을 팔려고 월(越)나라에 갔다. 그런데 월나라 사람들은 머리를 짧게 깎고 문신(文身)을 하고 있어서 관(冠)을 필요로 하지 않았다.

▮ 某解

예(禮)란 문화관습(文化慣習)에 의해 정해진 약속(約束)이다. 그 사는 곳과 때에 따라 알맞은 문화(文化)가 생성(生成)되면 예(禮)가 따라 서는 것이다. 억지로 예법(禮法)을 만들어 구속하는 것은 천도(天道)에 어긋난다고 하겠다. 장자(莊子)가 유가(儒家)의 허례(虛禮)를 지적하는 이유이다.

사람이 도(道)에 밝아지면 의(義)가 나타나고, 그 다음에 예(禮)가 서며, 무사(無邪)의 음악(音樂)이 따라야 바르게 되는 것이다. 예(禮)를 지나치게 강조하면 의(義)가 숨고 도(道)가 나타나기 어려운 것이다. 그러하기에 장자(莊子)가 유가(儒家)의 허례(虛禮)를 지적하였다.

13.

요연상천하 窅然喪天下

홀연히 천하를 잊다

堯는 治天下之民하고 平海內之政하다가
요　치천하지민　평해내지정

往見四子邈姑耶之山하고 汾水之陽에서
왕견사자막고야지산　분수지양

窅然喪其天下焉하다.
요연상기천하언

요(堯)임금은 백성을 다스려 천하를 화평(和平)하게 한 후에 신인(神人) 네 사람을 만나기 위해 막고야산(邈姑射山)에 갔다가 돌아오는 길에 평양(平陽, 도읍) 근처 분수(汾水)에 이르러 머엉하더니 홀연히 천하(天下)를 잊어버리게 되었다.

▮某解

요(堯)가 상천하(喪天下) 즉 천하를 잊었음이 요연상천하 (窅然喪天下)의 논지(論旨)이다. 장자(莊子)는 요(堯)가 성인(聖人)이나, 천하(天下)와 자기(自己)를 온전히 쉬지 못하다가 막고야산의 네 분, 신인(神人)을 만나고 돌아오다가 분강(汾江)가에서 천하(天下)와 자기(自己)를 잊었다고 한다.

자기(自己)란 망아(妄我)이다. 장자(莊子)가 신인(神人)이라야 온전히 망아(妄我)의 자취를 지울 수 있음을 말했다. 지인(至人)의 경지는 망아(妄我)의 그림자가 허붐하거나, 혹은 어릿이 어른거리나 신인(神人)은 망아(妄我)를 온전히 지워 잊은 경지라 한다. 신인(神人)은 망천하(忘天下), 망만물(忘

萬物), 망생(忘生)하여 견독(見獨)을 맞이한 견독대종사(見獨大宗師)이다. 요(堯)가 막고야의 신인(神人)을 만나고 온 뒤에 천하(天下)와 자기(自己)를 잊어 신인(神人)의 경지에 이른 것이다. 신인(神人)은 천하(天下)와 자기(自己)를 잊고 또 잊어 필경(畢竟)에 성인(聖人)에 이르게 될 것이다.

碧注

* **汾水**(분수): 요(堯)가 도읍한 산서성 평양(平陽) 근처의 강.
* **窅**(요): 멀리 바라보다, 머엉하다. 눈 움푹한 모양.
* **窅然**(요연): 머엉하여 멀리 바라보며 생각이 끊어진 모양.
* **忘天下**(망천하): 천하를 잊다.
* **忘萬物**(망만물): 만물을 잊다.
* **忘生**(망생): 생(生)을 잊다.
* **見獨**(견독): 견성(見性).
* **大宗師**(대종사): 일세의 대 스승.

14.

혜자惠子의 소견

惠子謂莊子曰 魏王이 貽我大瓠之種하니 我樹之成하여 而實五石이나 以盛水漿할 것이나 其堅은 不能自擧也라. 剖之以爲瓢則 瓠落하야 無所容하니 非不呺然大也라. 吾爲其無用而掊之. 莊子曰 夫子는 固拙於用大矣라. 宋人은 有善爲不龜手之藥者하여 世世로 以洴澼絖爲事하였다. 客이 聞之하고 請買其方百金하니 聚族而謀曰 我世世로 爲洴澼絖해서 不過數金이었는데 今一朝에 而鬻技百金하니 請與之한다. 客이 得之하고 以說吳王하였다. 越有難하니 吳王은 使之將하여 冬에 與越人水戰하여 大敗하였다. 越人이 裂地而封之하였다. 能不龜手一也인데 或以封하고 或不免於 洴澼絖 則所用之異也라. 今에 子有五石之瓠하니 何不慮以爲大樽而浮乎江湖 而憂其瓠落 無所用 則夫子는 猶蓬之心也夫인저.

혜자(惠慈)가 장자(莊子)에게 말하였다.

"위나라 왕이 큰 박씨를 주길래 이를 심었더니 나무의 열매가 다섯 섬이나 담을 정도로 됩디다. 물을 담자니 무거워 쉽게 들 수 없고 쪼개서 바가지로 쓰자니 납작해 아무것도 담을 수 없었소. 크기만 했지 아무 쓸모가 없어 부수어 버렸습니다.”

이에 장자(莊子)가 말하였다.

“선생은 큰 것을 쓰는 방법에 어둡습니다. 송(宋)나라에 손 트지 않게 하는 약을 잘 만드는 사람이 있었소. 그는 약을 바르고 솜을 물에 빠는 일을 대대로 가업으로 삼아왔던 것이오. 어느 나그네가 이 소문을 듣고 약 만드는 방법을 백금으로 사려 하자 그는 가족을 모아놓고 다음과 같이 말했소. ‘우리가 대대로 솜 빠는 일을 해왔으나 돈벌이가 변변치 못하다. 이 약 만드는 방문을 팔면 하루아침에 백금을 벌 수 있으니 이 방문을 팔기로 하자’ 그리하여 나그네는 약 방문을 얻어 오(吳)나라 왕에게 그 약의 효능을 설명했소. 월(越)나라가 오(吳)나라를 침략하자 오(吳)나라 왕은 그를 장수로 썼는데, 마침 겨울에 수전(水戰)을 하게 돼 월(越)나라를 크게 무찔렀소. 이에 오(吳)나라 왕은 그에게 땅을 나누어 주고 다스리게 했소. 손트지 않게 하기는 마찬가지이나 한쪽은 영주(領主)가 되고 다른 한쪽은 솜 빠는 일 속에 묻혔소. 그것은 약의 용처(用處)가 달랐기 때문이오. 지금 선생에게 다섯 섬을 담을 수 있는 큰 박이 있는데 어째서 그것으로 술통을 만들어 강이나 호수에 띄울 생각은 않고 납작해 아무것도 담을 수 없다고 걱정합니까. 선생은 마음이 편벽되어 있습니다.”

15.

무하유 無何有

아무것도 없는 청정(淸淨)한 자리

惠子 謂莊子曰 吾有大樹하니 人謂之樗라. 其大本은
혜자 위장자왈 오유대수 인위지저 기대본

擁腫而不中繩墨하고 其小枝는 卷曲而不中規矩하여
옹종이부중승묵 기소지 권곡이부중규구

立之塗에 匠者不顧한다. 今에 子之言은 大而無用하니
입지도 장자불고 금 자지언 대이무용

衆所同去也라 莊子曰 子는 獨不見狸狌乎아 卑身而伏하여
중소동거야 장자왈 자 독불견리성호 비신이복

以候敖者거다. 東西跳梁에 不避高下하다가 中於機辟
이후오자 동서도량 불피고하 중어기벽

死於罔罟한다. 今夫斄牛는 其大가 若垂天地雲이라
사어망고 금부태우 기대 약수천지운

此能爲大矣而不能執鼠한다. 今子는 有大樹한데
차능위대의이불능집서 금자 유대수

患其無用하니 何不樹之於無何有之鄕 廣莫之野하고
환기무용 하불수지어무하유지향 광막지야

彷徨乎無爲其側하며 逍遙乎寢臥其下하는가. 不夭斤斧니
방황호무위기측 소요호침와기하 불요근부

物無害者 無所可用이다. 安所困苦哉아.
물무해자 무소가용 안소곤고재

혜자(惠子)가 장자(莊子)에게 말하였다.

"나에게 큰 나무가 있는데 사람들은 이를 가죽나무(樗저)라고 부릅니다. 몸통은 울퉁불퉁해서 먹줄을 칠 수가 없고 가지는 뒤틀려서 자를 댈 수 없소. 길가에 서 있지만 목수가 거들떠보지도 않소. 지금 선생의 말은 크나 쓸모가 없어서 모든 사람이 한결같이 외면합니다."

이에 장자(莊子)가 말하였다.

"선생은 너구리(狸)와 성성이(狌)를 보지 못했습니까? 몸을 낮게 웅크리고서 들쥐 등을 기다리다가 이리저리 뛰며 높고 낮은 데를 가리지 않다가 결국은 덫에 치이거나 그물에 걸려 죽지요. 그런데 태우(斄牛)는 크기가 하늘을 뒤덮은 구름과도 같아 큰일은 하지만 쥐 한 마리도 잡지 못합니다. 지금 선생에게 큰 나무가 있는데 쓸모가 없다고 걱정하는 것 같습니다. 어찌하여 '아무것도 없는 마을(無何有之鄉)'이나 '드넓은 들판(廣莫之野)'에 가죽나무(樗저)를 심어 그 곁에서 마음 가는대로 노니며, 유유자적(悠悠自適)하게 나무 아래 잠자지 못합니까! 그 나무는 쓸모가 없어 도끼질 당하지도 않고 아무도 해치지 않습니다. 세상의 쓸모에 속하지 않으니 무슨 걱정이 있겠습니까?"

某解

예부터 장자(莊子)를 읽은 선비들이 깜냥대로 무하유(無何有)에 대해 의견을 말하거나, 무하유(無何有)를 읊거나, 무하유(無何有)에 거닌다고 거들먹이는 자가 많았다. 북송(北宋)의 정이(程頤), 양시(楊時)와 남송의 이동(李同), 장식(張栻), 주희(朱熹) 등이 그러한 류(類)이다. 소동파(蘇東坡)가 이들을 가리키며 무하유를 읊는다.

問我何處來　어느 곳에서 왔느냐고 내게 물으면
我來無何有　나는 무하유(無何有)에서 왔다하리
薰風自南來　해맑은 바람이 스사로 남에서 불어오니
草堂生微凉　처마 끝에 희미히 서늘함이 솟아나누나.

뒷날 남송(南宋)의 대혜종고(大慧宗杲)가 소동파의 무하유(無何有)를 듣자마자 개오(開悟)한다. 그리고 보기천성(保其天性) 임기자재(任其自在)하여 남송(南宋)의 대종장(大宗丈)이 되어 선풍(禪風)을 드높인다. 무하유(無何有)는 장자(莊子)와 선(禪)이 서로 통하는 대기(大機)의 묘처(妙處)임을 알 수 있다.

무하유지향(無何有之鄕)이란 아무 것도 없는 마을이란 뜻이다. 무엇이 없다는 비유인가? 범부의 마음(情念)이다. 무하유지향(無何有之鄕)은 칠정(七情)이 없는 마음이란 뜻으로 진심(眞心)을 가리킨다. 칠정(七情)없는 마음이 진심(眞心)이다. 그러므로 무하유(無何有)는 무심(無心)을 의미하고, 무하유지향(無何有之鄕)은 진심(眞心)을 가리킨다. 무심(無心)이란 '마음이 없다'는 뜻이요, 무심(無心)이라는 마음의 뜻이 아니다. 진심(眞心)에 계합(契合)한 이후에 무심(無心)을 알 수 있는 것이다. 본래(本來) 무심(無心)의 도리(道理)에 거닌 뒤에 무하유(無何有)를 읊어야 자신을 속이지 않고, 세상에 삿됨을 어지러이 날리지 않는 것이다.

공자 이르기를 "시삼백(詩三百)이 한마디로 사무사(思無邪)"라 하였다. 사무사(思無邪)는 공자의 종지(宗旨)요, 지극한 가르침이다. 생각에 삿됨이 없다는 것은 생각하되, 생각에 선악(善惡)과 시비(是非)와 피차(彼此)등의 칠정(七情)이 없다는 뜻이다. 절세고재(絶世高才) 소동파(蘇東坡)가 황주로 유배 가서 오직 하나의 문제(問題)를 들었으니 바로 사무사(思無邪)이다. 소동파(蘇東坡)가 사무사(思無邪)의 뜻을 확철대오(廓徹大悟)한 뒤에 무하유(無何有)의 이(理)에 묵연(默然)히 통하였다. 사무사(思無邪)의 의지(意旨)가 무하유(無何有)를 관통(貫通)하는 것이다. 범부는 자성(自性)에 미혹(迷惑)하여 칠정(七情)을 자신의 마음으로 삼아 인생을 짓는다. 출중세재(出衆世才)라도 무하유(無何有)에 밝지 못하면 다만 미혹범부(迷惑凡夫)일 뿐이다.

소지(小知)는 세상 속에서 다투고, 대지(大知)는 세상 밖에 무위(無爲)의 대용(大用)을 나툰다. 무하유(無何有)에 밝아진 연후에 대지(大知)에 참여할 수 있는 것이다.

▌碧注

* 樗(저): 가죽나무. 쓸모없는 물건.
* 擁(옹): 안다. 손에 쥐다.
* 腫(종): 부스럼. 종기.
* 辟(벽): 허물. 덫.
* 罔罟(망고): 그물. 網罟와 같은 글자.
* 斄牛(태우): 붕(鵬)과 같은 의미의 상징으로 큰 소.
* 斄(태): 털이 긴 소.
* 大而無用(대이무용): 크나 쓸모없음.
* 狸(리): 살쾡이, 너구리.
* 狌(성): 성성(猩猩)이. 불인(不仁)하다.
* 跳(도): 뛰다.

장자직해 제2편

제물론 齊物論

제물론齊物論의 물物자가 무엇을 가리키는가?

물物자의 뜻에 합한다면 장자관문莊子關門의 문고리를 잡은 것이다.

선가禪家에 본래무일물本來無一物이란 말이 있다. 장자莊子의

물物자와 선가禪家의 물物자가 뜻에 같은가? 다른가?

1.

상아즉문천뢰 喪我則聞天籟

망아(忘我)가 없으면 하늘의 피리소리(天籟)를 듣는다.

南郭子綦는 隱几而坐하였다. 仰天而噓하니 嗒焉似喪其耦라.
남곽자기 은궤이좌 앙천이허 탑언사상기우

顔成子游는 立侍乎前曰 何居乎아? 形固可使如槁木하고
안성자유 입시호전왈 하거호 형고가사여고목

而心固可使如死灰乎아 今之隱几子는 非昔之隱几者也라.
이심고가사여사회호 금지은궤자 비석지은궤자야

子綦曰 偃아 不亦善乎而問之也라 今者에 吾喪我로다.
자기왈 언 불역선호이문지야 금자 오상아

汝知之乎아 汝聞人籟而未聞地籟하고
여지지호 여문인뢰이미문지뢰

汝聞地籟而未聞天籟夫라.
여문지뢰이미문천뢰부

남곽자기(南郭子綦)가 책상에 기대 앉아 하늘을 우러르며 가늘게 숨을 내쉬었다. 육신(肉身)이 해체되어 흡사(恰似) 몸을 잊은 듯하였다. 안성자유(顔成子游)가 가까이서 모시고 있다가 물었다.

"무슨 까닭입니까? 육신(肉身)이 죽은 나무처럼 되고 마음은 불 꺼진 재와 같이 될 수 있는 것입니까? 지금 책상에 기대어 계신 모습은 예전의 모습과는 완연히 다릅니다."

남곽자기(南郭子綦)가 대답하였다.

"언(偃)아, 훌륭하게 묻는구나. 지금 나는 나(假我)를 잊었는데 자네가 그것을 알겠는가!"

남곽자기(南郭子綦)가 이어 말한다.

“자네는 사람의 피리 소리(人籟)는 들어도, 땅의 피리 소리는 못 들을 것이다. 설령 땅의 피리소리(地籟)는 듣는다 해도, 하늘이 내는 피리 소리(天籟)는 듣지 못할 것이다.”

某解

남곽자기(南郭子綦)가 몸과 마음을 잊었다. 마음은 망심(妄心)을 가리킨다. 몸과 마음을 잊은 때에 보고 듣고 말하는 것이 자성(自性)이요, 몸과 마음을 잊고서 보고 듣고 말하는 작용(作用)을 무심(無心)이라 하며, 무심(無心)의 동정(動靜)을 도(道)라 한다. 동정(動靜)의 작용(作用)이 없으면 도(道)의 그림자도 볼 수 없고, 작용할 때에 모습이 없으나 도(道)의 기미(機微)는 온전히 드러난다. 기미(機微)드러나나 모습과 자취가 없다. 그러하기에 공자(孔子)가 이르기를, 범부가 이 도(道)를 나날이 온전하게 쓰나 스스로 알지 못한다(百姓日用而不知)라고 한 것이다.

상아(喪我)란 망아(忘我)가 없어진 것이라, 곧 진아(眞我)가 드러남이다. 고로 진아(眞我)가 드러나면 망아(忘我)는 있을 곳을 잃는 것이다. 망아(忘我)의 실체가 환(幻)이기 때문이다. 천뢰(天籟)란 진아(眞我)의 비유이다. 천뢰(天籟)를 듣는 이는 진아(眞我)를 회복(回復)한 것이다.

碧注

* 几(궤): 안석.
* 嘘(허): 불다. 울다.
* 嗒(탑): 멍할.
* 耦(우): 짝.
* 籟(뢰): 소리. 세 구멍 퉁소.

2.

대지大地의 숨결

汝聞人籟而未聞地籟하고 汝聞地籟而未聞天籟夫라 子游曰
敢問其方합니다 子綦曰 夫大塊의 噫氣를 其名爲風이라.
是唯無作이고 作則萬竅怒呺하나니 而獨不聞之翏翏乎아.
山林之畏崔에 大木百圍之竅穴은 似鼻似口하고 似耳似枅하며
似圈似臼하고 似洼者 似汚者하다. 激者 謞者 叱者 吸者 叫者
譹者 宎者 咬者이다. 前者唱于하면 而隨者唱喁하며
冷風則小和요 飄風則大和타가 厲風濟 則衆竅爲虛한다.
而獨不見之 調調之刁刁乎아? 子游曰 地籟則衆竅是已이고
人籟則比竹是已라 敢問天籟합니다 子綦曰 夫吹萬不同하야
而使其自己也라 咸其自取인데 怒者其誰邪아 子游曰
地籟則衆竅是已이고 人籟則比竹是已라 敢問天籟합니다
子綦曰 夫吹萬不同하야 而使其自己也라 咸其自取인데
怒者其誰邪아

"자네는 사람의 피리 소리는 들어도, 땅의 피리 소리는 못 들을 것이다. 설령 땅의 피리소리는 듣는다 해도, 하늘이 내는 피리 소리는 듣지 못할 것이다."

안성자유(顔成子游)가 말하였다.

"부디 그 도리를 가르쳐 주십시오."

남곽자기(南郭子綦)가 대답하였다.

"무릇 대지(大地)의 숨결을 바람이라고 이름하네. 바람이 일지 않으면 그림자도 볼 수 없지만, 한번 불면 땅의 온갖 구멍들이 성난 소리를 낸다네. 자네도 큰 바람이 윙윙거리는 소리를 들어 보았을게야. 산림(山林)이 요동(搖動)할 제 백 이름이나 되는 커다란 나무 구멍은 흡사 사람의 코 같고 입 같고 귀 같고 옥로(목이 긴 병)같고 술잔 같고 절구 같고 깊은 웅덩이 같고 얕은 웅덩이 같기도 하다네. 바람이 불면 각각의 구멍은, 격하게 흐르는 물소리, 화살이 나는 소리, 나직이 꾸짖는 것 소리, 숨을 가늘게 쉬는 소리, 외치는 소리, 낮게 부르는 소리, 새가 가늘게 우는 소리, 맑고 가냘픈 소리와 같이 여러 가지이다. 앞바람이 가볍게 소리를 내면 뒷바람은 보다 더 무거운 소리를 낸다네. 산들바람에는 가볍게 응답하고, 드센 바람에는 크게 응답하다가 드센 바람이 그치면 구멍들은 고요해진다네. 바람이 멈췄는데도 초목들이 여전히 요동하는 모습을 자네는 보지 못했는가?"

안성자유(顔成子游)가 말하였다.

"땅의 피리란 땅의 무수한 구멍이 내는 소리이고, 퉁소 따위는 사람이 만든 악기라는 것을 이해했습니다. 감히 여쭈건데 하늘의 피리란 어떤 것입니까?"

남곽자기(南郭子綦)가 답하였다.

"천지만물에 하나의 바람이 부는 데, 만물이 서로 달라 제각각의 소리를 내는 것이라네. 모두 제가각 내는 소리인데 말소리를 내는 것은 누구인가!"

▮碧注

* 籟(뢰): 소리, 울림, 세 구멍 퉁소.
* 翏(요): 바람소리, 높이 날.
* 圈(권): 우리, 감방.
* 臼(구): 절구.
* 洼(와): 웅덩이.
* 謞(학): 부르짖을, 간특할.
* 謔(하): 속일 = 號(호)부르짖다.
* 宎(요): 구석
* 咬(교): 새소리, 음란할.
* 刁(조): 바라, 징.

3.

대지소지 大知小知

대지(大知)는 한가롭고 한가로우나, 소지(小知)은 자잘하여 바쁘다

大知는 閑閑하고 小知는 間間하다. 大言은 淡淡하고 小言은
대 지 한한 소 지 간간 대 언 담담 소 언

詹詹하다 其寐也魂交하고 其覺也에 形開한다. 與接爲搆하여
첨첨 기 매 야 혼 교 기 각 형 개 여 접 위 구

日以心鬪한다 縵者 窖者 密者이다. 小恐惴惴하고 大恐은
일 이 심 투 만 자 교 자 밀 자 소 공 췌 췌 대 공

縵縵하다. 其發若機栝하니 其司是非之謂也요
만 만 기 발 약 기 괄 기 사 시 비 지 위 야

其留如詛盟하니 其守勝之謂也라 其殺若秋冬하여
기 유 여 저 맹 기 수 승 지 위 야 기 살 약 추 동

以言其日消也라 其溺之所爲之하고 不可使復之也라
이 언 기 일 소 야 기 익 지 소 위 지 불 가 사 복 지 야

其厭也如緘하니 以言其老洫也라 近死之心은
기 염 야 여 함 이 언 기 노 혁 야 근 사 지 심

莫使復陽也라.
막 사 복 양 야

대지(大知)는 한가롭고 한가로우나, 소지(小知)은 자잘하여 바쁘다. 큰 말은 고요하고 맑으나 작은 말은 따지고 헤아린다. 잠들어서는 쉴 새 없이 꿈을 꾸고, 깨어서는 몸을 주인 삼아 모습 따라 헤아리며 쉴 새 없이 다툰다. 그 중에는 너그러운 사람(縵者), 깊이 생각하는 사람(窖者), 꼼꼼한 사람(密者) 등이 있다. 이러한 소지(小知)는 작은 두려움에는 어쩔 줄 몰라(惴惴) 하면서도 큰 두려움에는 머엉(縵縵)한 것이다.

소지(小知)의 그 언사(言事)는 활을 쏘는 것 같아 모질기가 시비(是非)를 가리는 판관(判官)과도 같으며, 그들이 이기려는 생각을 둘 때 그 고집은 맹세를 지키는 것과 같다. 따라서 소지(小知)의 범부는 가을과 겨울처럼 찬 기운에 진기(眞氣)가 나날이 시들어 쇠약해지는 것과 같은 것이다. 이들은 자기 견해(見解)에 푹 빠져 본성(本性)을 회복할 수 없게 되는 것이다. 늙어서도 욕심이 넘치는 것이 무엇인가에 꽉 막혀 버린 것과 같다. 이같이 늙어 죽음에 다가간 소인(小人)의 마음씨는 본성(本性)을 회복(回復)할 수 없게 되는 것이다.

■ 某解

대지(大知)는 대지(大智)이니 곧 자성(自性)의 청정대지(淸淨大智)이다. 자성(自性)의 염담허무(恬憺虛無)를 회복하면 사사(事事)에 진기(眞氣)를 나투게 되는 것이다. 소지(小知)는 범부의 자성(自性)이 정식(情識)에 가려져 작용하는 가유(假有)의 몽환(夢幻)이다.

범부가 몽환(夢幻)이 몽환(夢幻)인 줄 알지 못하기에 주인이 하인 노릇을 하며 당연하게 여긴다. 실상(實相)을 알면 조잔하고 편벽된 마음씨로 일생을 보낸 것이 부끄럽고 서글플 것이다. 늙어 죽음에 다가간 소인(小人)의 마음씨는 탐욕의 고집이 심하므로 본성(本性)을 회복(回復)하기가 어려운 것이다. 공자(孔子)는 사십이 되도록 도(道)를 배우지 못하면 더 볼 것이 없다고 하였고, 원효(元曉)는 늙고 병든 노인은 도(道)를 닦지 못하며, 망가진 수레는 가지 못한다,(老人不修破車不行)고 하였다. 그러하기에 성인(聖人)이 젊어서 자성(自性)을 회복하는 공부에 나아가라고 설명하며 당부하는 것이다.

▌碧注

* **大知**(대지): 청정대지(清淨大知). 염담허무(恬憺虛無)의 자성(自性)을 회복하여 사사(事事)에 진기(眞氣)를 나투는 지(智). 대지(大知)는 대지(大智)의 뜻이다.
* **閑閑**(한한): 범부(凡夫)의 정념(情念)이 없어 임성수연(任性隨緣)하다.
* **小知**(소지): 가정소지(假情小知). 범부정식(凡夫情識). 소지(小知)는 범부(凡夫)의 정념(情念)의 학습(學習)으로 모아진 지식(知識)이다. 범부는 학습(學習)한 지식(知識)과 지식(知識) 사이에서 분별하여, 기억하고 판단하는 지식(知識)과 인식(認識)으로 마음을 삼는다. 그러므로 대지(大知)와는 근본이 다르다.
* **閒**(간): 섞이다. 틈. 사이. 閒과 間은 같은 글자.
* **閒閒**(간간): 지식의 틈 사이에서 바쁘다. 혹은 섞인 지식 사이에서 바쁘다. 閒閒은 間間과 같다. 間은 閒의 속자.
* **大言**(대언): 세속의 정념을 떠난 말씀. 무위(無爲)에 거처하는 말씀.
* **淡淡**(담담): 무정소요(無情逍遙)하는 모양.
* **小言**(소언): 유정(有情)의 소견(所見).
* **詹詹**(첨첨): 지(知)가 수다하다.
* **詹**(첨): 수다스럽다.
* **形開**(형개): 몸을 주인하여 모습을 굴리다.
* **與接爲搆**(여접위구): 소지(小識)를 만나다.
* **縵者**(만자): 너그러운 자(者). 연완자(軟緩者). 우유부단한 자 .
* **窖者**(교자): 생각 깊은 자. 움집. 깊다.
* **密者**(밀자): 꼼꼼한 자. 고요하다.
* **惴惴**(췌췌): 두려워하다.
* **縵縵**(만만): 멍하다. 늘어지다.
* **詛**(저): 맹세하다. 원망하다.

4.

비피무아 非彼無我

저 정념(情念)이 없으면 내(妄我)가 없다

喜怒愛懼 慮嘆變慹 姚佚啓態는 樂出虛와 蒸成菌처럼
희노애구 려단변집 요일계태 낙출허 증성균

日夜相代乎前 而莫知其所萌이라 已乎已乎니 旦暮得此는
일야상대호전 이막지기소맹 이호이호 단모득차

其所由以生乎아 非彼無我요 非我無所取니 是亦近矣라
기소유이생호 비피무아 비아무소취 시역근의

而不知所爲使라. 若有眞宰(眞心)나 而特不得其眹이다.
이부지소위사 약유진재 이특부득기짐

可行而信이나 而不見其形이다. 有情而無形이다.
가행이신 이불견기형 유정이무형

사람들은 기쁨과 노여움, 슬픔과 두려움, 걱정과 한탄, 변덕과 고집, 아첨과 방자함, 열어젖힘과 억지꾸밈과 같은 정념(情念)을 빗고 또 빗는다. 참 즐거움은 허명(虛明)에서 나오고, 곰팡이는 습한 곳에서 생긴다. 이러히 마음씨의 변화가 밤낮없이 번갈아 나타나지만, 어찌하여 그러한지 사람들은 알지 못한다.

그만두세! 이제 정념(情念)의 꼭두각시 노릇 그만두세! 아침저녁으로 이러한 정념(情念)이 나타나는 것은 그 근원(根源)이 있다네! 저 정념(情念)이 없으면 내(妄我)가 없고, 내(妄我)가 없으면 저 정념(情念)이 의지할 곳이 없다. 이러히 알면 도(道)에 가까우니라! 그러나 무엇이 온갖 정념(情念)을 일으키고 사라지게 하는지 알 수가 없다. 참나(眞我)가 분명히 있으나 모습이 없어 기미(機微)조차 알 수 없다.

참나(眞我)의 작용은 일상에 또렷이 나타나 있으나 그 모습을 볼 수 없는 것이다. 참나(眞心)는 늘 작용하나 모습이 없다.

▮ 某解

장자(莊子)가 이른다. "저 정념(情念)이 없으면 내(妄我)가 없고, 내(妄我)가 없으면 저 정념(情念)이 의지할 곳이 없다. 이러히 알면 도(道)에 가깝다."

초학은 무아(無我) 즉 내가 없다는 말에 혼란스러워 하며 어려워 한다. 그러나 누구도 개오(開悟) 이전에는 무아(無我)의 뜻을 온전히 통해하지 못한다. 무아(無我)의 이해는 도문(道門)의 열쇠에 해당하는 것이다. 불가(佛家)의 핵심사상을 여덟 자로 표현한 말에 "제법무아(諸法無我) 제행무상(諸行無常)"이 있다. 제법무아(諸法無我)란 모든 불법(佛法)의 이치에 무아(無我)를 체(體)로 삼는다는 뜻이요, 제행무상(諸行無常)이란 모든 망아(忘我)의 행(行)이 허망(虛妄)하다는 의미이다. 그러므로 불가(佛家)와 도가(道家)의 도(道)가 하나임을 알 수 있으며, 하나의 이치인지라 집(家)을 달리하였어도 무아(無我)를 관문(關門)으로 삼는 것이다. 이렇게 이해하였어도 도(道)가 현전(現前)하는 것이 아니다. 약간의 지해(知解)가 생겼을 따름이다.

그러므로 장자(莊子)가 말한다. "이러히 알면 도(道)에 가깝다." 자기 인생의 근원을 밝고자 하는 이는 반드시 도(道)에 가까워진 연후에 회광반조(廻光返照)의 정관공부(正觀工夫)에 나아갈 수 있음을 알아야 한다. 그리하여 온갖 정념(情念)을 일으키고 사라지게 하는 허공도적(虛空盜賊)을 찾아내는 장부(丈夫)의 쾌거(快擧)를 이루어야 할 것이다.

도대체(都大體) 이 일은 누구의 문제이기에 장자(莊子)의 목소리가 이천오백여년을 울려도 따르는 이가 드문 것인가? 咄!

窖窖縵縵宿凡事　　움집에서 머엉함은 宿世의 늘어진 버릇,
若知損損立上路　　損하고 또 損하면 上路에 선 것이라.
非彼無我能所絶　　情 없으면 我 없고, 能所가 끊어지나니
非我無取道近兮　　妄我와 取가 없으면 道가 가깝네라!

碧注

* **窖窖縵縵**(교교만만): 깊게 생각하여도 머엉함.
* **損之又損**(손지우손): 정념(情念)을 버리고 또 버려 끝내 절멸(絶滅)하여 무위(無爲)를 자득(自得)코자 행하는 공부. 노자(老子)의 상로(上路).
* **非彼無我**(비피무아)요 非我無所取(비아무소취)니 是亦近矣(시역근의)라: "저 정념(情念)이 없으면 내(妄我)가 없고, 내(妄我)가 없으면 저 정념(情念)이 의지할 곳이 없다. 이러히 알면 도(道)에 가깝다." 이 구절은 개오관문(開悟關門)이다. 이 구절에 통견(筒見)을 지니고 장자(莊子)를 보려 하면 도(道)에서 멀다. 선가귀감(禪家龜鑑)의 삼대(三大) 난해처(難解處)의 하나에 "不生者(불생자)는 無能所也(무능소야)"가 있다. 불생자(不生者)가 무엇을 가리키는지 명료히 알아야 능(能)과 소(所)의 없음에 통할 수 있는 것이다. 불생자(不生者)가 어떤 것인가? 몰록 알겠거든 허공 밖에 한 발을 내밀어 보라! 그리하여 장자를 만나지 못한다면 허물이 누구에게 있겠는가? 哂哂兮! 咄咄兮!

5.

주인공 主人公

참 주인공(主人公)은 상주불변(常住不變)이다.

百骸九竅와 六藏이 賅而存焉이다 吾誰與爲親할까
백 해 구 규 육 장 해 이 존 언 오 수 여 위 친

汝皆說之乎에 其有私焉이다 如是皆有爲臣妾乎아
여 개 열 지 호 기 유 사 언 여 시 개 유 위 신 첩 호

其臣妾不足以相治乎아 其遞相爲君臣乎아
기 신 첩 부 족 이 상 치 호 기 체 상 위 군 신 호

其有眞君存焉이라 如求得其情與不得에 無益損乎其眞이라.
기 유 진 군 존 언 여 구 득 기 정 여 부 득 무 익 손 호 기 진

遞(체): 갈마들다. 번갈아.

사람에게는 백 개의 뼈, 아홉 개의 구멍, 여섯 가지 장기(臟器)가 갖추어져 있는데 이 가운데 어느 것과 친한가? 그대는 이 모든 것을 한결같이 사랑하는가? 그 중에 편애하는 것이 있는가? 그렇다면 모두 부리는 머슴이나 종 같은 것인가? 머슴과 종은 서로 다스릴 수 없는 것 아닌가? 교대로 주인이 되었다가 종이 되는 것인가? 그러나 참된 주인공(眞君)은 두렷이 존재한다. 참된 주인공을 밝혔거나, 참된 주인공에 어둡거나간에, 참된 주인공은 염담허무(恬憺虛無)하여 사생(死生)에 벗어나 있으며, 더하거나 뺄 것 없이 상주불변(常住不變)하는 진아(眞我)인 것이다.

某解

장자가 진아(眞我)를 밝혀야 하는 까닭과 진아의 체(體)를 가리켜 보였다.

6.

인생누망 人生陋芒

범부의 인생은 누추하고 어리석은 것인가?

一受其成形이면 不亡以待盡이라 與物 相刃相靡하며
일수기성형 불망이대진 여물 상인상미

其行盡은 如馳而莫之能止는 不亦悲乎아. 終身役役
기행진 여치이막지능지 불역비호 종신역역

而不見其成功하고 苶然疲役 而不知其所歸하면 可不哀邪아
이불견기성공 날연피역 이부지기소귀 가불애사

人爲之不死는 亥益고 其形은 化하고 其心은 與之然하니
인위지불사 해익 화 기심 여지연

可不謂大哀乎아 人之生也에 固若是茫乎아 其我獨茫
가불위대애호 인지생야 고약시망호 기아독망

而人亦有不茫者乎아
이인역유불망자호

사람의 몸을 받았으면 그 명(命)을 해치지 아니하고 온전하게 삶을 마쳐야 한다. 외물에 정념(情念)을 수고로이 하여 일생이 말을 달리듯 순식간에 지나가는데도 망정(妄情)을 그치지 않으면 또한 슬프지 아니한가! 평생토록 애를 쓰지만 이룬 공이 한 점 없고, 지쳐 늘어져 돌아가야 할 곳을 알지 못한다면 애달프지 아니한가! 세상 사람들은 이를 아직 살아 있다고 좋아하지만 무슨 이로움이 있겠는가!

그 몸이 늙어감에 따라 그 정념(情念)도 함께 찌들어 가는 것이 어찌 큰 슬픔이 아니겠는가? 인간의 삶이란 본시 이렇듯 어리석은 것인가? 나 홀로 어리석고 세상 사람들은 어리석지 않은 것인가?

▮某解

사람들은 누구나 생각한다. 나는 누구인가? 어디서 와서 어디로 가는가? 어떻게 사는 것이 참된 삶인가? 그러나 사람마다 그 생각의 깊이와 노력과 판단이 다르다. 그 가운데 일생을 통해 간단(間斷)없이 나(眞我)를 밝히려는 노력을 하는 이는 드물다. 더구나 참나(眞我)를 밝혀 소요(逍遙)에 나아간 이는 드물디 드물다. 어찌하여 그러한가? 대개 바깥의 명(名)과 상(相)과 허욕(虛欲)에 기울어 있기 때문이다. 마명(磨銘)을 본다.

外息諸緣하고　바깥의 모든 인연(因緣)을 쉬고
內心無喘하여　안으로 정념(情念)을 쉬어
心如墻壁이면　마음이 장벽(墻壁) 같으면
可以入道니라.　도(道)가 밝아지니라.

참나(眞我)를 밝히려 함에 마명(磨銘)을 벗어나서 구할 수 없다. 모든 공부길이 마명(磨銘)에 갖추어 있다. 삼가(三家)의 도(道)가 마명(磨銘)으로 통하는 것이다. 공부길에 나섰는가? 스스로를 비추어 보라! 무엇으로 참나(眞我)를 가릴 수 있겠는가?

▮碧注

* 靡(미): 쓰러지다.
* 馳(치): 달리다.
* 疲(피): 지치다.
* 茶(날): 나른할. 잊을.
* 茫(망): 아득하다.

7.

어찌 없는 것을 알 수 있겠는가?

범부는 없는 것을 있다고 고집한다.

夫隨其成心而師之하면 誰獨且無師乎아
부 수 기 성 심 이 사 지 수 독 차 무 사 호

奚必知代而心自取者有之라면 愚者與有焉이라
해 필 지 대 이 심 자 취 자 유 지 우 자 여 유 언

未成乎 心而有是非하면 是今日適越而昔至也라
미 성 호 심 이 유 시 비 시 금 일 적 월 이 석 지 야

是以無有爲有이 (凡夫者는) 無有爲有한다 雖有神禹라도
시 이 무 유 위 유 무 유 위 유 수 유 신 우

且不能知이니 吾獨且奈何哉아.
차 불 능 지 오 독 차 내 하 재

당장의 마음(情念)을 이루게 하는 본디 자리를 좇아 스승으로 섬긴다면 그 누가 스승이 없겠는가! 어찌 거짓마음을 가려내고 참마음을 밝히 아는 현인(賢人)에게만 스승이 있겠는가! 어리석은 이에게도 스승이 있는 것이다.

정념(情念)을 일으키게 하는 본디 참 마음을 알지 못하고서 밝은 삶의 길에 대해 옳고 그름을 판별(判別)하려 든다면, 이는 오늘 월(越)나라로 떠나면서 어제 도착하였다는 것처럼 어처구니없는 짓이다. 이것은 실제로 없는 일을 있다고 우기는 것과 같다. 범부는 없는 것을 있다(無有爲有)고 고집한다. 신령(神靈)한 지혜의 우(禹)임금이라 하더라도, 어찌 없는 정념(情念)을 알 수 있겠는가! 하물며 내(莊子)가 어찌 정념(情念)을 알겠는가!

▌某解

범부는 정념(情念)으로 나를 삼으며, 바로 이 마음이라 하며 우긴다. 정념(情念)의 실상(實相)은 환(幻)이라, 본래 없는 것이다. 그러나 범부는 없는 것을 분명하게 있다고 믿으며 고집한다. 당장에 쓰는 밉고 고움과 옳고 그름에 관여하여 다투는 마음이 범부에게 있는 것이다. 그러하기에 예부터 이 도(道)를 배우며 따르는 이가 드문 것이다. 아! 범부의 판단과 고집이 이러하므로 천하에 도(道)가 넓혀지지 아니 하는도다!

그러나 정념(情念)이 환(幻)인 줄 밝히 아는 이는, 없는 것을 있다고 말할 수는 없는 것이다. 성인이라도 본래 없는 것에 대하여 있게 하는 방도(方圖)는 없다. 그러므로 지인(至人)은 그 때가 아니면 나아가지 않고, 그 사람이 아니면 말하지 않는 것이다. 장자(莊子)는 뜻 높은 뒷사람을 건지려 남화경(南華經)을 저술하였다. 뒷사람이 남화경에 기대서 인생(人生)의 본원(本源)을 밝힌다면 장자(莊子)가 화안히 웃으며 맞이하리라. 참 공부인은 다툼과 이익(利益)과 명(名)에는 한 발 물러서고, 도(道)를 들으면 한 발 나아가 합(合)한다. 이러한 이가 다음 세상의 큰 스승이 되는 것이다. 참 공부인은 필경(畢竟)에 자기 속의 큰 스승을 만나게 된다. 이 만남은 만남 아닌 만남이니, 곧 자성(自性)의 현현(顯現)인 것이다.

也大奇也大奇兮　기이(奇異)하고 또한 기이(奇異)하노이
無情一說不思意　무정(無情)의 일설(一說) 부사의로다.
若將耳聽終難會　만약 귀로 듣는다면 끝내 알지 못하고
眼處聞時方可知　눈으로 들어야 비로소 아나니라.

8.

언유종 言有宗

말은 뜻이 있다.

夫言非吹也라. 言者有言이니 其所言者는 特未定也라. 果有言邪아 其未嘗有言邪아 其以爲異於鷇音은 亦有辯乎아 其無辯乎아.

무릇 말이란 단순한 소리가 아니다. 말이란 뜻이 있다. 말뜻이 애매(曖昧)하여 흐리다면 과연 말을 하였다고 할 수 있을까? 아니면 안 한 것과 마찬가지일까? 사람의 말은 새끼 새의 소리와는 다르다고 한다면 거기에 구별(區別)이 있는 것인가? 없는 것인가?

某解

지도(至道)는 뜻이 있다. 지언(指言)을 들으면 그 뜻을 얻고 말을 잊어야 바르다. 그 바름은 시(是)와 비(非)에서 벗어나 만고(萬古)에 두렷하다.

9.

도여위 道與僞

도(道)는 거짓 마음에 가려져 있다.

道는 惡乎隱而有眞僞하고 言은 惡乎隱而有是非인가 道는
도 오호은이유진위 언 오호은이유시비 도

惡乎往而不存하고 言은 惡乎存而不可인가 道는 隱於小成하고
오호왕이부존 언 오호존이불가 도 은어소성

言은 隱於榮華이다 故로 有儒墨之是非하여 以是其所非
언 은어영화 고 유유묵지시비 이시기소비

而非其所是이다 欲是其所非 而非其所是 則莫若以明이다.
이비기소시 욕시기소비 이비기소시 즉막약이명

도(道)에 무엇이 가려져 있기에 참과 거짓이 일어나게 되고, 참 말은 무엇에 가려져 있기에 시비(善惡)의 다툼이 생기는 것일까? 도(道)는 어디로 떠났기에 드러나지 않고, 참 말(眞言)은 어디에 있기에 그릇된 말만 있는 것일까?

도(道)는 조그만 술지(術知)에 가려지고, 참 말은 번드레한 흐린 말에 가려진다. 그러므로 유가(儒家)와 묵가(墨家)의 논쟁(論爭)이 벌어져 상대가 옳다고 하는 바를 그르다하고, 상대가 그르다고 하는 것을 옳다고 한다. 상대가 그르다고 하는 것을 옳다고 하고, 한쪽이 옳다고 하는 것을 그르다고 함은 밝은 지혜에 비교할 수 없다.

某解

도(道)에 무엇이 가려져 있기에 참과 거짓이 발생하게 되었을까? 칠정(七情)의 망념(妄念)이다. 이 도리(道理)는 만세(萬歲)에 걸쳐 이르더라도 늘 새롭고 올곧다. 모든 범부의 지혜가 해맑은 본원을 밝힐 때까지 칠정(七情)의 망념(妄念)이 허망하다는 가르침은 그치지 않아야 한다.

고덕(高德)이 이른다.

"시비(是非)는 시비(是非)하는 사람에게 있나니,

문득 시비(是非)를 떠나면 시비(是非)가 없네라."

방외시(方外詩) 두 수를 본다.

三間茅屋從來住　세 칸 띠 집에 종래로 거처하나니
一道神光萬境閑　一道의 神光이라 萬境이 한가하도다.
莫作是非來辨我　是非지어 나에게 分辨말라.
浮生穿鑿不相關　浮生의 천착에 相關 아니 하노라.

揆艸澹風非他事　담풍이 풀잎 세는 것, 다른 일 아닐세라.
要明七情未生前　칠정(七情) 나기 전을 밝히려 하는가?
睡覺佇看白雲飛　잠 깨어 우두커니 흰 구름을 보나니
一幾寒光呑太虛　한 줄기 찬 빛이 태허(太虛)를 삼키누나.

일기한광(一幾寒光)을 부생(浮生)의 천착(穿鑿)이 어찌 넘겨 보리오.

10.

자지즉지지 自知則知之

자성(自性)을 밝히면 곧 도(道)를 아나니라.

物無非彼요 物無非是라 自彼則不見하고 自知則知之라
물 무 비 피 물 무 비 시 자 피 즉 불 견 자 지 즉 지 지

故로 曰彼出於是하고 是亦因彼이다.
고 왈 피 출 어 시 시 역 인 피

사물은 저것 아닌 것이 없으며 이것 아닌 것이 없다. 상대적으로 보면 자기의 허물은 보이지 않고, 스스로를 밝히 알면 도(道)를 알게 된다. 그러므로 저것은 이것에서 비롯되고 이것은 저것에서 비롯된다고 한 것이다.

某解

정(鄭)나라 사람과 노(魯)나라 사람이 서로를 가리켜 저쪽나라 사람이라 한다. 정(鄭)나라와 노(魯)나라 사람의 공통(共通)은 사람이요, 근원적 공통(共通)은 진심(眞心)을 갖추고 있는 것이다. 진심(眞心)을 잊고서 서로를 견주고 이(利)를 다투며, 공(功)을 세우고 이룸(成)을 가름하는 것은 모두 메아리와 그림자를 따르는 것이다.

세학(世學)이 유무(有無)를 가르고 무(無)에서 유(有)가 나왔다고 하나, 유(有)는 유(有)이고 무(無)는 무(無)일 뿐이다. 없는 것은 없을 뿐이며 변하는 것은 실(實)이 아니기 때문이다. 변증(辨證)에 유무(有無)를 논할 때는 무엇이 유(有)이고 무(無)인가?를 변별(辨別)하면 그만이다. 정체(正體)

의 무엇이 없는 유무론(有無論)은 궤변(詭辯)이요, 억설(臆說)이다. 세학(世學)의 대개가 억설을 좋아하여 고집한다. 세학(世學)의 억설을 주도하는 인물은 누고범부(螻蛄凡夫)들이다.

고시(古詩) 두 수를 본다.

天晴日頭出　날 개이면 해가 나고
雨下地上濕　비 내리면 땅이 젖는다네.
盡情都說了　사실대로 말했거늘
只恐信不及　믿지 아니할까 두려웁네.

孤輪獨照江山靜　달빛 홀로 비추나니 강산은 고요해
自笑一聲天地驚　밝은 웃음 한소리에 천지가 놀라네.
花欲開始方吐香　꽃피면 반드시 향기를 토하나니
水成潭成便無聲　못물이 차매 소리를 아니 두누나.

11.

방사방생 方死方生

죽음이 있으면 반드시 삶이 있다.

彼是方生之說也라 雖然 方生方死나 方死方生이요
피시방생지설야 수연 방생방사 방사방생

方可方不可에 方不可方可이며 因是因非요 因非因是이다
방가방불가 방불가방가 인시인비 인비인시

是以聖人은 不由而照之於天하니 亦因是也라
시이성인 불유이조지어천 역인시야

저것과 이것은 상대적인 설(說)이다. 그러나 삶이 있으므로 죽음이 있고, 죽음이 있으면 반드시 삶이 있는 것이다. 가(可)함이 있으므로 불가(不可)함이 있고, 불가(不可)함이 있으므로 가(可)함이 있는 것이다. 옳음으로 말미암아 그릇됨이 있고 그릇됨을 말미암아 옳음이 있는 것이다. 따라서 성인(聖人)은 상대적(相對的)인 견해(見解)에서 벗어난지라 진심(眞心)에 비추어 보는 것이다. 이것이야말로 큰 바름이다.

▌某解

세상 사람은 대개 피차(彼此)의 설(說)에 거처한다. 그런 까닭에 여기와 저기를 대별하며 나의 사상(思想)과 남의 사상(思想)을 견주어 다툰다. 중도(中道)의 설(說)에 세속(世俗)의 약속과 관습(慣習)과 기욕문화(嗜欲文化)가 약간의 습관적 방해를 한다. 세상은 범부의 견해가 우선하여 적당히 굴러가는듯하다. 그러기에 성인의 지혜가 필요한 것이다. 어떻게 하면 세상이 시비(是非)를 쉬고 맑고 향기롭게 될 수 있을까? 세상 속의 상대적(相對的) 견해(見解)로는 불가(不可)하다. 장자(莊子)의 말을 들어본다.

"성인(聖人)은 상대적(相對的)인 견해(見解)에서 벗어난지라 진심(眞心)에 비추어 보는 것이다. 이것이야말로 큰 바름이다."

장자(莊子)는 자기의 진심(眞心)에 비추어 보는 이가 큰 바름을 행할 수 있다고 한다. 이것이 완전하고 유일한 해답일 것이다. 아쉽게도 이 말씀에 의지하고 따르는 이는 적다. 그러나 이 길이 아니면 참 평등(平等), 참 자유(自由)를 온전히 실현할 방법은 없다. 그러므로 모든 사람이 이 도(道)를 배워야 하는 것이다. 하나의 등불이 켜지면 이어서 다른 등불이 켜 질 것이다. 범부 범부가 도안(道眼)이 열리면 세상 가운데서 참 평등(平等), 참 자유(自由)가 넓혀져 밝은 세상이 열리는 것이다. 상대적 견해 밖의 세계가 범부의 진심에 갖추어 있는 것이다. 범부 범부가 도안(道眼)으로 소요(逍遙)하게 되는 때를 장자(莊子)는 기대하며 기다리는 것이다. 장자(莊子)가 인생의 절대(絶對)와 상대(相對)를 아울러 말한다.

"삶이 있으므로 죽음이 있고, 죽음이 있으면 반드시 삶이 있는 것이다."

삶과 죽음의 실체(實體)를 이해하기만 하여도 인생(人生)이 바뀌는 줄 아는 이가 많지 않다.

12.

도추 道樞

저것과 이것의 관념(觀念)이 그친 경지가 도추(道樞)이다.

是亦彼也요 彼亦是也라 彼亦一是非요 此亦一是非니
시역피야 피역시야 피역일시비 차역일시비

果且有彼是乎哉아 果且無彼是乎哉아 彼是가 莫得其偶면
과차유피시호재 과차무피시호재 피시 막득기우

謂之道樞니 樞는 始得其環中하여 以應無窮하나니
위지도추 추 시득기환중 이응무궁

是亦一無窮이오 非亦一無窮也라 故로 (老子) 曰 莫若以明이오
시역일무궁 비역일무궁야 고 왈 막약이명

이것이 저것이며 저것 또한 이것이다. 저것도 하나의 시비(是非)이며, 이것도 하나의 시비(是非)이다. 과연 저것과 이것은 있는 것인가? 아니면 저것과 이것은 없는 것인가?

저것과 이것의 관념(觀念)이 그친 경지(境地)를 도추(道樞)라 한다. 도추(道樞)의 경지라야 비로소 참 주인공(空寂靈知)에 회복하여 무궁한 변화를 쓰는 것이다. 시(是)도 하나의 무궁변화의 기미(機微)요, 비(非)도 또한 하나의 무궁변화의 한 기미(機微)이다. 그러므로 (老子가) "대도(大道)에 밝음만 같지 못하다"고 한 것이다.

某解

도추(道樞)란 저것과 이것의 관념(觀念)이 그쳐, 진심(眞心)이 항상(恒常)한 경지이다. 유가(儒家)의 중용(中庸)과 불가(佛家)의 중도(中道)가 장자

(莊子)의 도추(道樞)와 통한다. 도추(道樞)란 손(損)과 지(止)의 지극함이라 범부의 정(情)이 있지 아니하다. 이 문을 열어젖힘을 일러 개오(開悟)라 한다. 개오(開悟) 연후의 시(是)와 비(非)는 속정(俗情)의 시비(是非)에 물들지 않는지라, 곧 대도(大道)의 기미(機微)를 나투는 것이다. 도추(道樞)에서야 장자를 만난다. 도추(道樞)를 언어(言語)로 헤아리는가? 설화(舌禍)가 기다린다.

고시(古詩)를 본다.

日月爲燈燈不盡　해와 달을 등불 삼나니, 다 함 없고
乾坤爲屋屋無辺　건곤(乾坤)이 집이라, 집 가이없네.
此身隨處生涯足　이 몸 발길 따라 생애가 족하거니
飢食松花渴飮泉　주리면 솔 꽃, 목마르면 샘물 마시네.

건곤(乾坤)으로 집 삼고, 때 따라 발길 따라 소요(逍遙)하나니, 인생에 더할 것도 모자람도 없다. 배고프면 세초(細草)로 창자를 달래고 목마르면 물 마신다. 종일토록 정념(情念)이 없는 풍도(風道)여! 장자(莊子)의 청한(淸閑)일세라!

13.

천지일지 天地一指

천지는 하나의 손가락이다.

以指로 喩指之非指는 不若以非指로 喩指之非指也며
이지 유지지비지 불약이비지 유지지비지야

以馬로 喩馬之非馬는 不若以非馬로 喩馬之非馬也니
이마 유마지비마 불약이비마 유마지비마야

天地는 一指也요 萬物一馬也라
천지 일지야 만물일마야

喩(유): 깨우치다

손가락(眞心)으로써 손가락(眞心)을 손가락(眞心)이 아니라고 하는 것은, 손가락(眞心)이 아닌 것으로써 손가락(眞心)을 손가락(眞心)이 아니라고 하는 것만 같지 못하다. 말(馬)로써 말(馬)을 말(馬)이 아니라고 말하는 것은 말(馬)이 아닌 것으로써 말(馬)을 말(馬)이 아니라고 하는 것만 같지 못하다. 천지(眞心)도 하나의 손가락(眞心)이며, 만물은 한 마리의 말일 따름이다.

▮某解

천지간에 모든 모습 있는 것은 모두 변화한다. 급하게 혹은 느리게 변화(變化)한다. 이 가운데 변하지 않는 것이 있으니 자성(自性)이다. 자성(自性)을 밝힌 이는 변화를 부리나 변화에 초연(超然)하다. 자성(自性)에 어두운 이는 변화에 굴려지거나 변화의 주체가 조물주라 여기며 스스로 그 노예가 된다. 변화의 주인(主人)이 변화의 머슴이 된다는 것은 슬픈 일이 아닐 수 없다. 그러나 세상의 대개가 변화의 머슴이 되어, 조물자

(造物者)와 신(神)을 존숭(尊崇)하여 의지하는 것이다. 산(山)은 산(山)이나 변화의 관점에서 보면, 흙덩이나 돌맹이나 티끌에 다름 아니니다. 그러므로 산(山)은 산(山)이면서 산(山)이 아닌 것이다. 양변(兩邊)을 적연(寂然)히 관(觀)하는 이를 바른 사람이라 하겠다.

고자(告子)가 성(性)을 무선불무선(無善不無善)이라한데 대해 중년(中年)의 맹자(孟子)가 힐난(詰難)하였다. 그 때 말(馬)에 비유하며 긴 논변을 한다. 그런 뒤, 맹자의 노년(老年)에 견처(見處)가 밝아져 고자(告子)의 무선불무선(無善不無善)이 바른 지견(知見)이라고 고쳐 말한다. 맹자 고자장(告子章)에 보인다. 위의 장자(莊子) 지마설(指馬說)은 맹자가 미혹(迷惑)하면서 도(道)를 설한 때를 꾸짖은 것이다. 그 내용은 성(性)은 선(善)과 악(惡)에 속하지 않는다는 것이다. 맹자는 중년(中年), 노년(老年), 만년(晩年)에 걸쳐 학(學)의 삼변(三變)을 보인다. 맹자는 만년(晩年)의 설만이 밝다. 형색천성설(形色天性說)이 그것이다. 위의 지설(指說)을 진심(眞心)을 바꾸어 읽으면 이해가 쉬울 듯하다.

"진심(眞心)으로써 진심(眞心)을 진심(眞心)이 아니라고 하는 것은, 진심(眞心)이 아닌 것으로써 진심(眞心)을 진심(眞心)이 아니라고 하는 것만 같지 못하다."

손가락 하나의 가리킴에 진심(眞心)이 온전히 드러나 있음을 보게 된다면, 일지두신선(一指頭神仙)의 눈(眼目)을 얻은 것이라 하겠다.

14.

도道가 행해짐에 만사萬事가 이루어지다

可乎는 可요 不可乎는 不可라 道는 行之而成하고 物은 謂之而然한다 惡乎然가 然於然이요 惡乎不然인가 不然於不然이다

옳은 것은 옳은 것이고 옳지 않은 것은 옳지 않은 것이다. 도(道)가 행해짐에 만사(萬事)가 이루어지고 사물(事物)은 그렇게 이름 짓자 그렇게 불려 지게 된 것이다. 어찌하여 그런가? 본래(本來) 그러하므로 그런 것이다. 어찌하여 그렇지 않은가? 그렇지 아니함으로 그렇지 않은 것이다.

某解

도(道)가 만사(萬事)를 이루나 이루는 바가 없고, 물물(物物)과 사사(事事)에 이름 붙이나 물물(物物)과 사사(事事)가 그 이름에 속하지 아니한다. 어찌하여 그런가? 본래(本來) 그러하므로 그런 것이다. 어찌하여 그렇지 않은가? 그렇지 아니함으로 그렇지 않은 것이다. 천하에 가(假)가 있고 정(正)이 있는 것은 소지(小知)와 대지(大知)가 있기 때문이다.

15.

무성여훼도통위일 無成與毁道通爲一

본래 이루어짐도 이지러짐도 없나니, 대도(大道)는 통하여 하나이다.

物은 固有所然하고 物은 固有所可니 無物不然하고
물 고유소연 물 고유소가 무물불연

無物不可하다 故로 爲是擧 莛與楹, 厲與西施는 恢恑憰怪요
무물불가 고 위시거 정여영 려여서시 회궤휼괴

道通爲一이니라 其分也는 成也요 其成也는 毁也니
도통위일 기분야 성야 기성야 훼야

凡物은 無成與毁요 復通爲一이니라
범물 무성여훼 복통위일

만물(萬物)은 참으로 본래 그러함이 있으며, 물물(物物)마다 본래 그러함이 갖추어져 있다. 어떤 사물이건 본래 그러함이 없지 않으며 어느 것이라도 본래 그러함이 없는 것은 없다. 그러므로 예를 들건대, 풀줄기(莛)와 기둥(楹), 문둥병환자(厲)와 서시(西施)를 대조해 보인다면 매우 괴이하고 야릇한 대조이지만 대도(大道) 가운데에서는 통(通)하여 하나인 것이다. 이지러짐은 곧 이루어짐이며 이루어짐은 곧 이지러짐이다. 하지만 만물은 본래 이루어짐도 이지러짐도 없이 다 함께 하나인 것이다.

某解

무성여훼(無成與毁)는 이루어짐도 이지러짐도 없다는 뜻이요, 도통위일(道通爲一)은 만물(萬物)은 본래 이루어짐도 이지러짐도 없이 다 함께 하

나라는 의미이다.

이 목(目)은 노자(老子)의 도법자연(道法自然)을 해설한 것이다. 도법자연(道法自然)이란 도(道)는 스스로 그러함(自然)을 본받는다는 뜻이다. 다시 말해 도(道)는 있는 그대로의 본래(本來)에, 있는 그대로 계합(契合)하는 것이다. 여기서 있는 그대로란 무정(無情)하여 자성(自性)의 본연(本然)을 회복한 것이다. 장자(莊子)는 사람의 자성(自性)이 본래 이루어짐도 이지러짐도 없다고 한다.

山自無情碧　산은 무정(無情)하게 푸르고,
雲自無情白　구름은 무정(無情)하게 희도다.
其中閑睡老　그 중에 한가히 조는 노인(老人)네,
又是無情客　또한 무정(無情)의 나그네로다.

누가 산과 구름을 아는가? 누가 무정(無情)을 아는가? 산과 구름을 벗하며 무정(無情)도 잊은 나그네가 그대 곁을 지나간다네!

碧注

* 莛(정): 줄기. 대들보.
* 楹(영): 기둥.
* 厲(려): 괴롭다. 문둥병.
* 恢(회): 넓다.
* 恑(궤): 헐어버리다.
* 憰(휼): 속이다.
* 怪(괴): 기이하다.
* 毁(훼): 헐다. 상처 입히다.

16.

부지기연위도 不知其然謂道

왜 그럴게 되는지 알지 못함을 도(道)라 한다.

唯達者라야 知通爲一이니 爲是不用 而寓諸庸한다
유달자 지통위일 위시불용 이우제용

庸也者는 用也요 用也者는 通也며 通也者는 得也니
용야자 용야 용야자 통야 통야자 득야

適得而幾矣라 因是已오 已而不知其然을 謂之道라
적득이기의 인시이 이이부지기연 위지도

오직 도(道)에 통달한 사람이라야 만물과 하나임을 안다. 자기 견해가 옳다고 고집 않고 자연(自然)의 중용(中庸)에 맡겨 둔다. 용(庸)은 무념(無念)으로 마음을 용(用)하는 것이다. 무념(無念)으로 용(用)하면 도(道)에 통(通)하고, 통(通)하면 도(道)를 자득(自得)하여, 적연(適然)한 도기(道機)가 항상(恒常)한다. 다만 스스로 그러함(自然)에 맡길 뿐, 이미 그러함에 왜 그렇게 되는지를 알지 못하는 것을 일러 도(道)라 하는 것이다.

某解

장자(莊子)가 공자(孔子)의 중용설(中庸說)을 해설 하였다. "중용(中庸)에 맡겨 둔다."로 시작하여 "왜 그렇게 되는지를 알지 못하는 것을 일러 도(道)라 한다."까지의 설명에 군더더기가 없다. 장자(莊子)가 중용(中庸)이 성(性)의 대용(大用)임을 밝혔다. 장자(莊子)가 설명한다.

"무념(無念)이면 도(道)에 통(通)하고, 도(道)에 통(通)하면 적연(寂然)하다. 적연(寂然)하면 자연(自然)에 맡길 뿐, 왜 그러한지 알지 못하는 경지를 도(道)라 한다. 달사(達士)라야 도(道)와 하나가 되는 것이다."

중용(中庸)을 본다.

"성(誠)하면 밝아지고, 밝으면 성(誠)한다. 오직 천하의 지성(至誠)이라야 능히 성(性)을 온전히 한다.(誠則明矣요 明則誠矣라 惟天下至誠이라야 爲能盡其性이니라.)"

성(誠)은 성(惺)이다. 지성(至誠)에 이른 이가 달사(達士)요, 지성(至誠)에 합하면 도통적연(道通寂然)하여 성성(惺惺)하다. 공자와 장자가 거처를 달리하나 그 도(道)는 하나로 통(通)함을 보았다.

碧注

* **達者**(달자): 천하지성자(天下至誠者)
* **知通爲一**(지통위일): 일이관지(一以貫之).
* **庸**(용): 용(用). 대기(大機)지용(之用). 스스로 그러함에 나아가다.
* **寓諸庸**(우제용): 자연(自然)의 대용(大庸).
* **自然**(자연): 도법자연(道法自然)의 줄인 말. 출처는 노자(老子).
* **用**(용): 대기대용(大機大用).
* **通**(통): 도(道)에 통(通)하여 적연(寂然)함.
* **得**(득): 적연(寂然)히 천연(天然)에 맡겨 비춤에 나아감.
* **適得而幾**(적득이기): 적이상조(寂而常照)의 기미(機微).

17.

천조양행 天鈞兩行

범부가 옳고 그름에서 쉬게 하는 가르침을 양행(兩行)이라 한다.

勞神明爲一 而不知其同也를 謂之朝三이니 何謂朝三인가
노신명위일 이부지기동야 위지조삼 하위조삼

狙公賦芧 曰朝三而暮四하니 衆狙皆怒한다
저공부서 왈조삼이모사 중저개노

曰然則 朝四而暮三하니 衆狙皆悅이라
왈연즉 조사이모삼 중저개열

名實未虧而喜怒爲用은 亦因是也라
명실미휴이희노위용 역인시야

是以로 聖人은 和之以是非 而休乎天鈞하니 是之謂兩行이다
시이 성인 화지이시비 이휴호천조 시지위양행

정신(神明)을 수고롭게 하여 하나가 되려 하나 끝내 하나임을 알지 못한다. 이를 조삼(朝三)이라 일컫는다. 조삼(朝三)이란 무엇인가? 원숭이 부리는 사람이 도토리를 원숭이에게 주면서 말하였다. “아침에 세 개, 저녁에 네 개를 주겠다.” 그러자 원숭이들이 모두 벌컥 화를 냈다. 그래서 다시 말하였다. “그러면 아침에 네 개, 저녁에 세 개 주겠다.” 이에 원숭이들이 모두 좋아하였다.

이름과 내용이 달라지지 않았으나 기쁨과 노여움이 일어난 것이다. 또한 대시(大是)에 맡겨야 할 따름인 것이다. 그러므로 성인(聖人)은 시비(是非)를 화통(和通)하여 천도(天道)에서 쉬게 하는데 이를 양행(兩行)이라 일컫는다.

▮ 某解

범부는 앞뒤와 이름만 바뀌어도 새롭게 여긴다. 哂!

18.

미시유물 未始有物

애당초 정념(情念)은 없다.

古之人이 其知有所至矣라 惡乎至인가 有以爲未始에
고지인 기지유소지의 오호지 유이위미시

有物者니 至矣 盡矣에 不可以可矣라 其次는 以爲有物矣
유물자 지의 진의 불가이가의 기차 이위유물의

而未始有封也라 其次는 以爲有封焉 而未始有是非也라
이미시유봉야 기차 이위유봉언 이미시유시비야

是非之 彰也에 道之所以虧也라 道之所以虧는
시비지 창야 도지소이휴야 도지소이휴

愛之所以成이다 果且有成與虧乎哉아
애지소이성 과차유성여휴호재

果且無成與虧乎哉아
과차무성여휴호재

옛사람은 그 지혜(智慧)가 지극(至極)하였다. 무엇을 지극하다고 하는가? 본래의 진심(眞心)에는 하나의 물(物)도 없으므로 지극히 온전하여 아무것도 보탤 것이 없는 경지이기 때문이다. 그 다음은 물(物)은 있으나 구별이 없는 경지이다. 그 다음은 물(物)의 구별은 있지만 시(是)와 비(非)가 없는 경지이다. 그러나 시비(是非)와 분별(分別)이 나타남에 도(道)가 가리어졌고, 도(道)가 가려지자 칠정편애(七情偏愛)의 망동(妄動)이 이루어 졌다. 그런데 이루어짐과 이지러짐이 과연 있는 것인가, 아니면 이루어짐과 이지러짐이 없는 것인가?

某解

물(物)이란 정념(情念)이다. (未始有物이란 本來無物의 뜻이다.)

19.

시불용제용위명 是不用諸庸謂明

스스로 그러함에 소요함을 청정광명(淸淨光明)이라 한다.

有成與虧故로 昭氏之鼓琴也요 無成與虧故로
유성여휴고 소씨지고금야 무성여휴고

昭氏之不鼓琴也라 昭文之 鼓琴也와 師曠之 枝策也와
소씨지불고금야 소문지 고금야 사광지 지책야

惠子之 據梧也는 三子之知幾乎아 皆其盛者也故로
혜자지 거오야 삼자지지기호 개기성자야고

載之末年이다 唯其好之也 以異於彼니 其好之也는
재지말년 유기호지야 이이어피 기호지야

欲以明之라 彼非所明而明之故로 以堅白之昧終하였고
욕이명지 피비소명이명지고 이견백지매종

而其子又以文之綸終했으나 終身無成했다.
이기자우이문지륜종 종신무성

若是而可謂成乎아 雖我亦成也라 若是而不可謂成乎면
약시이가위성호 수아역성야 약시이불가위성호

物與我는 無成也라 是故로 滑疑之耀를 聖人之所圖也에
물여아 무성야 시고 골의지요 성인지소도야

爲是不用而寓諸庸하니 此之謂以明이라.
위시불용이우제용 차지위이명

이루어짐과 이지러짐이 있는 까닭은 옛날 소문(昭文)이 거문고를 탔을 때이다. 이루어짐과 이지러짐이 없는 것은 소문이 거문고 타기 이전이기 때문이다. 소문(昭文)이 거문고를 것, 사광(師曠)이 북채로 박자를 짚었던 것, 혜자(惠子)가 오동나무 책상에 기댄 채 변설을 늘어놓은 것, 이 세 사람의 재주는 극치에 다다랐으며, 말년에 이르기

까지 그 일을 그만두지 않았다. 이 세 사람의 좋아하는 바가 지나쳐 자신들의 재주를 세상 사람들에게 펼치고자 애를 썼다.

혜자(惠子)의 경우, 자신도 도(道)에 밝지 못하면서 남을 가르치려 했으므로 견백론(堅白論)이란 어리석은 궤변으로 시종(始終)한 것이다. 소문(昭文)의 경우도 아들로서 아버지의 손재주만 흉내 냈을 뿐이므로 평생 동안 아무 것도 이룬 게 없다. 이를 성공이라고 한다면 나 역시 성공하였다고 해야 할 것이다. 혹 성공이라 할 수 없다면 만물과 나는 아무 것도 이룬 것이 없으리라.

그러므로 도(道)를 어지럽히는 빛을 없애는 것은 성인이 도모하는 바이다. 성인은 상대적 옳음에 머물지 않고, 스스로 그러함에 맡겨 둔다. 이를 본디 밝음(淸淨光明)이라 한다.

某解

소문(昭文)이 거문고를 탄 것과 사광(師曠)이 북채로 박자를 짚었던 것과 혜자(惠子)가 오동나무 책상에 기댄 채, 견백론(堅白論)을 늘어놓은 것을 장자(莊子)는 가벼운 재주와 천박한 주장으로 세상을 어지럽힌 것이라 하였다. 음률(音律)은 자연(自然)의 청명(淸明)을 드러내어야 하고, 박자(拍子)는 자연의 순리(順理)에 맞아야 하며, 주장(主張)은 천도(天道)에 어긋나지 않아야 한다. 소문과 사광과 혜자는 그 바름에 이르지 못했으면서도 평생을 교만(驕慢)에 거처(居處)하여 자대(自大)했던 것이다. 무릇 세상의 스승이고자 하는 이는 그 바름을 얻어야 한다. 그 바름을 얻지 못하고서 자대자시(自大自是)하는 것은 도(道)를 어지럽히는 것이다. 고로 성인(聖人)은 세상을 어지럽히는 빛을 없애는 것을 도모(圖謀)하는 것이다. 장자(莊子)가 이른다.

"성인은 상대적 옳음에 머물지 않고, 스스로 그러함에 맡겨 둔다. 이를 본디 밝음(淸淨光明)이라 한다."

지인(至人)은 본래의 청정광명(淸淨光明)에 거처한다. 다만 그러할 뿐 다른 일이 없다.

碧注

* **虧**(휴): 이지러지다.
* **昭氏**(소씨): 소문(昭文)
* **曠**(광): 밝다.
* **據**(거):의거하다.
* **載**(재): 싣다.
* **綸**(륜): 낚시줄.
* **滑**(골): 어지럽다. 미끄럽다(활).
* 견백론(**堅白論**): 장자에서 견백론(堅白論)은 혜시(惠施)의 설이라 한다. 그러나 사실(史實)에는 전국시대 조(趙)나라 공손룡(公孫龍)의 궤변이라 한다. 그 변에, 여기에 단단하고(堅) 흰(白)돌이 있다. 눈으로 보면 흰(白) 것만을 알게 되고 만져 보면 단단한(堅) 것을 알게 된다. 그러하니 단단하고(堅) 흰(白)돌이란 단단한(堅) 돌과 흰(白) 돌, 두 가지라는 것이다. 공손룡(公孫龍)은 혜시(惠施)와 더불어 명가(名家)의 사람이다.
* 논어(論語)의 견백론(堅白論)은 도(道)의 내용을 설명한다. 마이불린(磨而不磷)이요 날이불치(涅而不淄)라, 도(道)는 불변(不變)이니 단단하다(堅)고 할 수 있으며, 또한 검은 물을 들여도 물들지 않으니 희다(白)고 할 수 있는 것이라 한 것이다. 혜시(惠施)의 설과 같지 아니하다.

20.
변설 辨說

今且有言於此에 不知其與是類乎요 其與是不類乎인즉
類與不類는 相與爲類 則與彼無以異矣라.

가령 여기에 하나의 변설(辨說)이 있다고 하자. 그것이 성인(聖人)의 지혜(智慧)와 같은가? 아니면 다른가? 같든 다르든 간에 그것이 성인(聖人)의 도(道)에 부합(符合)하면 그 변설(辨說)은 성인(聖人)의 도(道)와 아무런 차이가 없는 것이다.

某解

이 설(說)과 저 설(說)이 하나의 주장이라 말하지 말라. 그 설(說)이 성인(聖人)의 도(道)에 부합(符合)하면 그 변설(辨說)은 바른 설(說)이다.

21.

하위유무 何爲有無

무엇을 유(有)라, 무(無)라 하는가?

(雖然이나 請嘗言之하노니) 有始也者면 有未始有始也者일지라
유 시 야 자 유 미 시 유 시 야 자

有未始에 有夫未始는 有始也者라 有有也자이고 有無也者니
유 미 시 유 부 미 시 유 시 야 자 유 유 야 유 무 야 자

有未始에 有無也者이고 有未始有夫未始有無也者라
유 미 시 유 무 야 자 유 미 시 유 부 미 시 유 무 야 자

俄而有無矣而 未知有無之이니 果孰有孰無也라
아 이 유 무 의 이 미 지 유 무 지 과 숙 유 숙 무 야

今에 我則已有謂矣라 而未知吾所謂之는 其果有謂乎아
금 아 즉 이 유 위 의 이 미 지 오 소 위 지 기 과 유 위 호

其果無謂乎라
기 과 무 위 호

(비록 그러하나 이야기 해보자) 처음(始)이 있으면, 처음 이전이 있고, 처음 이전의 이전이 있을 것이다. 유(有)가 있고 무(無)가 있다면, 유무(有無) 이전(以前)이 있고, 유무(有無) 이전(以前)의 이전(以前)이 있다. 그런데 홀연히 유(有)와 무(無)가 생긴다. 세상 사람들은 유(有) 혹은 무(無)라고 주장하지만, 어떤 것이 유(有)이고 어떤 것이 무(無)인지 알지 못하겠다. 지금 나는 이미 변설을 하였으나 나의 변설이 과연 유(有)에 속하는 것인가 무(無)에 속하는 것인가 알지 못하겠다.

某解

허공은 만유(萬有)를 포용하나 모습이 없으며 만유(萬有)의 온갖 변화에도 늘 고요하여 무심(無心)하다. 허공은 불에 타지 않고, 물에 젖지 아니하며, 그 수(壽)를 알 수 없다. 허공은 눈앞에 있으나, 보되 볼 수 없는 것이 아닌가? 찾으면 없으나, 없다고 할 수 없지 않은가? 이러한 허공을 유(有)라 할 것인가? 무(無)라 할 것인가? 아마도 허공은 유무(有無) 밖의 진유(眞有)일 것이다. 누가 이 허공에 시(始)와 종(終)을 둘 수 있을 것인가?

사람의 자성(自性)이 허공과 닮았다. 그런 까닭에 성인이 천(天)이라! 천(天)이라! 하는 것이다. 천(天)이 곧 허공이다. 자성(自性)이 허공과 닮았으나 다른 하나가 있다. 허공은 영지(靈知)가 없으나, 자성(自性)은 영지(靈知)가 만유를 포용하여 더불어 하나인 것이다. 이 도리가 장자의 본지(本旨)이다. 자성(自性)에 계합하면 장자의 친절을 보게 될 것이다. 장자의 설명을 듣고 긍정(肯定)하는 바가 있어야 장자의 다른 설명에 귀가 곧추 서지 않겠는가?

대저 세재(世才)는 유(有)와 무(無)를 잘 설명하고 사용한다. 그러나 무엇을 유(有)라 하고 무(無)라 하는지 분명하지 아니하다. 지금의 학자들이 그러하다. 고로 장자가 "지금 나는 이미 변설을 하였으나 나의 변설이 과연 유(有)에 속하는 것인가 무(無)에 속하는 것인가 알지 못하겠다."라 한 것이다.

碧注

* **始**(시): 시(始)를 두면 그 이전이 있다.
* **有無**(유무): 유와 무의 개념을 정한 후, 유무논쟁이 가능하다.

22.

물아위일 物我爲一

만물은 나와 더불어 한 몸이다.

天下에 莫大於秋毫之末 而大山이 爲小하고 莫壽於殤子
천하 막대어추호지말 이대산 위소 막수어상자

而彭祖는 爲夭하다 天地與我竝生하고 而萬物與我爲一이다.
이팽조 위요 천지여아병생 이만물여아위일

旣已爲一矣면 且得有言乎아 旣已爲之一矣면
기이위일의 차득유언호 기이위지일의

且得無言乎아 一與言이 爲二요 二與一이 爲三이니
차득무언호 일여언 위이 이여일 위삼

自此以往은 巧曆不能得이니 而況其凡乎아! 故로 自無適有
자차이왕 교역불능득 이황기범호 고 자무적유

以至於三이니 而況自有適有乎!아 無適焉은 因是已라.
이지어삼 이황자유적유호 무적언 인시이

천하에 가을 짐승의 터럭 끝보다 큰 것은 없고, 태산도 터럭 끝보다 작다. 어려서 죽은 아이보다 장수한 이는 없고 팽조는 요절한 것이다. 천지도 나와 함께 생겼고, 만물도 나와 더불어 한 몸이다. 이미 하나인데 달리 무슨 말이 있겠는가? 그러나 이미 하나라고 말했을진대 말이 없다고 할 수 있겠는가? 하나의 말이 둘이 되고, 둘과 하나가 셋이 된다. 이렇게 나아가면 교능(巧能)한 계산자라도 헤아릴 수 없거늘 어찌 보통 사람이 셈 할 수 있겠는가! 따라서 (내가) 무(無)에서 유(有)로 나아가 셋이 되는데, 유(有)에서 유(有)로 나아가는 경우에 있어서랴! (情念을 잊고) 무적(無適)의 대시(大是)에 합(合)

할 뿐이다.

▮某解

"천지여아병생(天地與我竝生) 이만물여아위일(而萬物與我爲一)"과 "무적언인시이(無適焉因是已)" 두 구(句)는 뒷날의 수많은 현사(賢士)들이 배우고 음미하며 새기고 읊었다. 깊은 뜻에 합한 이로는 왕유(王維), 백거이(白居易), 유종원(柳宗元), 구양수(歐陽修), 범중엄(范仲淹), 장방평(張方平), 소식(蘇軾), 소철(蘇轍), 정호(鄭顥), 장상영(張商英), 김대현(金大鉉) 등이 보인다.

"천지도 나와 함께 생겼고, 만물도 나와 더불어 한몸이다."

"무적(無適)의 대시(大是)에 합할 뿐이다."

에 일관(一貫)을 이루면, 도(道)를 좋아한다고 할만하다.

▮碧注

* **一與言**이 爲二요: 하나와 하나라 하는 가리킴이 합하여 둘이 된다.
* **無適**(무적)의 大是(대시): 도(道)를 닦아 도달함이 없이 대시(大是:큰 바름)에 계합(契合)하는 것. 적(適)은 도달하다-이니, 무적(無適)은 본래(本來)의 뜻이다. 대시(大是)는 대도(大道)이다. 대도(大道)를 구함에 그 구경(究竟)은 도달하는 것이 아니다.
* 진심(眞心)은 무적각체(無適覺體) 즉 본래각체(本來覺體)이다. 공부의 차례와 수행이 없지 않으나, 구경(究竟)은 본래각체(本來覺體)이다. 논리적 모순이 있는 듯한 설명으로써 속견(俗見)의 사유로는 이해가 쉽지 않다. 직언하면 진심은 본래각체(本來覺體)이므로 대각(大覺)을 이룬 이는 본래를 말하는 것이다.

23.

언진즉팔상 言畛則八象

언어의 경계를 두어 팔상(八象)을 나누다.

夫道는 未始有封하고 言은 未始有常이니 爲是而有畛也라
부도 미시유봉 언 미시유상 위시이유진야

請言其畛에 有左有右, 有倫有義, 有分有辯, 有競有爭을
청언기진 유좌유우 유륜유의 유분유변 유경유쟁

此之謂八象(德)이라
차지위팔상

무릇 도(道)는 무시무종(無始無終)하고, 방설(方說)은 무유정법(無有定法)이다. 그러므로 방설(方說)은 의미의 분별(分別)과 경계(境界)가 생기는 것이다. 그 분별에 대해 말해 보자. 왼쪽(左)을 두면 오른쪽(右)이 있고, 논(倫)을 두면 의(義)가 있고, 분론(分論)을 두면 변설(辨說)이 있고, 겨룸(競)을 두면 다툼(爭)이 있다. 이를 팔상(八象)이라 한다.

某解

팔덕(八德)은 뒷사람의 필사에 의한 오류(誤謬)이다. 원문(原文)의 팔덕(八德)을 팔상(八象)으로 고쳤다.

碧解

* 畛(진): 경계. 두렁길. 邊(변).

24.

변자불견 辯者不見

변설(辨說)하는 사람은 도(道)를 보지 못한다.

六合之外에 聖人은 存而不論하며 六合之內에 聖人은
육합지외 성인 존이불론 육합지내 성인

論而不議한다 春秋는 經世先王之志하니
논이불의 춘추 경세선왕지지

聖人은 議而不辯한다 고로 分也者는 有不分也오
성인 의이불변 분야자 유불분야

辯也者는 有不辯也라 曰何也오 聖人은 懷之하고 衆人은
변야자 유불변야 왈하야 성인 회지 중인

辯之以相示也한다 故로 曰辯也者는 有不見也라
변지이상시야 고 왈변야자 유불견야

성인(聖人)은 육합(六合)바깥에 대해서는 조존(照存)할 뿐, 말하지 않고, 육합(六合) 안에 대해서도 골간(骨幹)을 말할 뿐, 시비세진(是非細塵)은 논하지 않는다. 춘추(春秋)로 세상을 다스리는 것이 선왕(先王)의 뜻이나, 성인(聖人)은 대의(大義)만 밝힐 뿐 시비(是非)는 변설하지 않는다. 그러므로 분별(分別)하나 분별이 아니요, 변설(辨說)하나 변설이 아니다. 어찌하여 그런가? 성인(聖人)은 천지만물을 품지만, 범부들은 상대적 분별로 서로의 견해(見解)를 주장하기 때문이다. 그러므로 "변설(辨說)하는 사람은 도(道)를 보지 못한다"고 하는 것이다.

▌某解

성인(聖人)은 무정(無情)으로 세상을 품지만, 범부(凡夫)는 유정(有情)으로 주객(主客)을 두고 다투어, 이것과 저것을 두어 그 옳음(是)을 구한다.

25.

불칭불언 不稱不言

대도(大道)는 이름 지을 수 없고, 말로 이를 수 없다.

夫大道는 不稱이요 大辯은 不言이라 大仁은 不仁이요 大廉은
부대도 불칭 대변 불언 대인 불인 대렴

不嗛이며 大勇不忮라 道는 昭而不道하고 言은 辯而不及하며
불겸 대용불기 도 소이부도 언 변이불급

仁은 常(固)而不成하고 廉은 淸而不信하며 勇은 忮而不成이라
인 상 이불성 렴 청이불신 용 기이불성

五者는 刓(=圓)而幾向方矣라 故로 知止(七情)其所不知로
오자 완 이기향방의 고 지지 기소부지

至矣라 孰知 不言之辯과 不道之道가 若有能知면
지의 숙지 불언지변 부도지도 약유능지

此之謂天府라 注焉而不滿하고 酌焉而不竭하나니
차지위천부 주언이불만 작언이불갈

而不知其所由來로 此之謂葆光이라
이부지기소유래 차지위보광

무릇 대도(大道)는 이름이 없고, 큰 말은 불언(不言)이다. 대인(大仁)은 불인(不仁)이요, 대렴(大廉)은 겸손(謙遜)이 아니며, 대용(大勇)은 대도(大道)를 거스르지 아니한다. 도(道)를 밝혀 드러냈다고 하면 도(道)가 아니며, 말로써 분별해도 미치지 못하고, 인(仁)의 상(象)이 있으면 두루하지 못하며, 백이(伯夷) 숙제(叔齊)처럼 청렴(淸廉)하여 맑기만 하면 미덥지 못하고, 용기가 자로(子路)처럼 대도(大道)를 거스르면 참되지 못하다. 도(道), 언(言), 인(仁), 염(廉), 용(勇) 이 다섯 가지는 본디 참되나 사람들의 견해(見解)가 정(情)에 치우쳐 모나게

되었다. 그러므로 칠정(七情)의 견해를 그칠 줄 아는 바로써 앎이 없는 데에 이르는 것이다. 누가 있어 불언(不言)의 변(辨)과 부도(不道)의 도(道)를 아는가? 만약 이를 알면 천부(天府)라 이름 하리라. 천부(天府)에는 물을 부어도 차지 않고, 퍼내도 마르지 않는다. 그러나 어찌하여 그런지 까닭을 알 수 없으므로 이를 일러 보광(葆光,眞光寶藏)이라 한다.

某解

대도(大道), 대변(大辯), 대인(大仁), 대염(大廉), 대용(大勇) 다섯으로 나누어 설했으나, 근본은 대도(大道) 하나이다. 대도(大道)에 통(通)하면 나머지는 절로 따른다. 대도(大道)를 행하는 것은 진심(眞心)을 밝혀 진심(眞心)에 거처함이다. 진심(眞心)은 무상(無象)하고 무시상재(無始常在)하여 진광(眞光)을 보장(寶藏)하므로 보광(葆光)이라 한다. 진심(眞心)이 그러하나 어찌하여 그런지 까닭을 알 수 없으므로 이를 일러 보광(葆光)이라 하는 것이다.

장자(莊子)가 대도(大道)는 모습 없고, 대언(大言)은 세외(世外)를 설하며, 대인(大仁)은 절성기지(絶聖棄智) 즉 성인의 명상(名相)을 쉬고 지혜를 버린 연후에 나아갈 수 있다고 하며, 대도(大道)는 적연부동(寂然不動)이라 부어도 차지 않고(注而不滿), 퍼내도 마르지 않는다(酌而不竭) - 고 한다. 또한 대도(大道)는 본래 대광명(大光明)이라 대도(大道)를 깨쳐서 밝아졌다고 하면 참 도(道)가 아니다(昭而不道) - 라 하나니, 공부인은 이 말씀에서 대의(大意)를 얻어야 할 것이다.

차목(此目)은 노자(老子)의 설요(說要)를 해설하였다. 진심(眞心)의 체(體)를 설하여 '注而不滿 酌而不竭'이라 하고, 진심의 경지를 설하여 '昭而不道' 하였으며, 참 인(仁)은 무정(無情)으로 소요(逍遙)한 연후에 거닐 수 있음을 설하였다. 장자(莊子)가 이른다.

"누가 있어 불언(不言)의 변(辨)과 부도(不道)의 도(道)를 아는가?"

대도(大道)는 세언(世言)으로 이해하기 어렵다. 그 까닭은 배우는 이가 정념(情念)에 거처하기 때문이다. 만약 홀연히 정념(情念)을 쉬면 장자(莊子)의 친절한 가르침을 보게 될 것이다. 정념(情念)을 쉰 이후에 장자(莊子)의 가르침이 위대하다는 것을 알 수 있는 것이다.

碧注

* **廉**(염): 청(淸).
* **嗛**(겸): 겸손(謙遜)하다.
* **忮**(기): 해치다.
* **酌**(작): 퍼내다.
* **竭**(갈): 마르다.
* **刓**(완): 원(圓).
* **葆光**(보광): 보(葆)는 천연. 광(光)은 청정광명(淸淨光明).
* **大道不稱**(대도불칭): 대도(大道)는 모습 없어 이름 지을 길 없다.
* **大辯不言**(대변불언): 대언(大言)은 육합(六合) 밖이라, 세언(世言)이 닿지 아니한다.
* **大仁不仁**(대인불인): 대인(大仁)은 무위(無爲)의 인(仁)이라, 성인(聖人)과 그 지혜(智慧)도 용납하지 아니한다.
* **大廉不嗛**(대염불겸): 큰 청렴검소(淸廉儉素)는 겸손(謙遜)이 아니다.
* **大勇不忮**(대용불기): 대용(大勇)은 남을 해(害)하지 아니한다.
* **昭而不道**(소이부도): 밝혔다고 하면 참 도(道)가 아니다.
* **注而不滿**(주이불만): 부어도 차지 않는다.
* **酌而不竭**(작이불갈): 퍼내도 마르지 않는다.

26.
덕德의 밝기

故로 昔者에 堯問於舜曰 我欲伐 宗, 膾, 胥敖하고 南面이나 而不釋然하니 其故何也오 舜曰 夫三子者는 猶存乎 蓬艾之閒이니 若不釋然이면 何哉아 昔者에 十日이 竝出하면 萬物이 皆照하나니 而況 德之進乎日者乎아!

옛날 요(堯)가 순(舜)에게 물었다. "나는 종(宗), 회(膾), 서오(胥敖) 세 나라를 정벌하려 하네. 그러나 임금 자리에 있으면서도 어쩐지 마음이 확연(廓然)하지 않으니 왜 그런 것일까?"

순(舜)이 말하였다. "세 나라는 아직 쑥풀이 무성한 미개한 부족국가입니다. 마음이 꺼림칙한 것은 어쩐 일이십니까 옛적에 열개의 태양이 일시에 만물을 샅샅이 비춘 일이 있습니다. 하물며 마음의 덕(德)이 태양보다 밝다면 무슨 거리낌이 있겠습니까."

某解

불석연(不釋然)은 덕(德)이 탁연(卓然)하지 못함이다. 요(堯)임금이 그 밝음에 미진(未盡)함이 있음을 장자가 말한 것이다. 조철(朝徹)은 도(道)에 밝아짐이요, 견독(見獨)은 도가 현현(顯現)함이요, 무고금(無古今)은 도가 현전(現前)함이요, 무사한한(無事閑閑)은 도가 십이시(十二時)에 항상함이다. 장자의 말씀이 여기에 이르렀다. 설해(說解)를 통해 장자의 견처(見處)가 높디높음을 볼 수 있다.

27.

사생무변어기 死生無變於己

사생(死生)이 그를 움직일 수 없다.

齧缺이 問乎王倪曰 子不知利害則 至人도
설결 문호왕예왈 자부지이해즉 지인

固不知利害乎아 王倪曰 至人은 神矣라!
고부지이해호 왕예왈 지인 신의

大澤焚而不能熱하고 河漢沍而不能寒하며
대택분이불능열 하한호이불능한

疾雷破山(而不能傷)하고 (飄)風振海而不能驚이라
질뇌파산 표풍진해이불능경

若然者는 乘雲氣하고 騎日月하며 而遊乎 四海之內하여
약연자 승운기 기일월 이유호 사해지내

死生無變於己니 而況利害之端乎아
사생무변어기 이황이해지단호

설결(齧缺)이 왕예(王倪)에게 물었다.

"선생님은 이해(利害)를 모르시는데, 지인(至人)은 참으로 이해(利害)를 모르는 것입니까?"

왕예(王倪)가 대답하였다.

"지인(至人)은 신령(神靈)하다네. 큰 연못을 말릴 불이라도 그를 태울 수는 없으며, 황하(黃河)와 한수(漢水)를 꽁꽁 얼게 하는 추위도 그를 춥게 할 수 없다네. 사나운 우뢰가 산을 부수고 표풍(飄風)이 바다를 흔들어도 그는 놀라는 일이 없다네. 이러한 이는 구름을 타고 해와 달을 부리면서 세상 바깥에서 소요(逍遙)한다네. 사생(死生)

이 그를 움직일 수 없거늘 어찌 이해(利害) 따위겠는가!"

▓ 某解

설결(齧缺)의 뜻은 정(情)으로 자신을 갉아 먹는 것을 막음이니 곧 도(道)를 배우는 사람이요, 왕예(王倪)는 어린이의 천진(天眞)을 회복한 도인(道人)이란 뜻이다. 장자가 우언(寓言)으로 가설(假設)한 인물인 것을 알 수 있다. 제물론 불칭불언(不稱不言)에서는 진심(眞心)의 체(體)를 설하여 '注而不滿주이불만 酌而不竭작이불갈'이라 하였고, 제물론 사생무변어기(死生無變於己)에서는 '焚而不能熱분이불능열 沍而不能寒호이불능한 雷而不能傷뇌이불능상 風而不能驚풍이불능경'이라 한다. 이는 천지가 몰괴(歿壞)하여도 진심(眞心)은 적연부동(寂然不動)하여 두렷하거니, '사생(死生)이 어찌 진심(眞心)에 영향을 끼치겠는가?'라는 장자의 설명이다. 도(道)가 이러하거늘 이해(利害) 따위가 진심(眞心)에 간섭할 수 있겠는가?

▓ 碧注

* **齧缺**(설결): 가유의 인물. 정(情)으로 자신을 갉아 먹는 것을 막음
* **王倪**(왕예): 가유의 인물. 어린이의 천진(天眞)을 회복한 도인(道人)
* **焚而不能熱**(분이불능열): 불이 태울 수 없음.
* **沍而不能寒**(호이불능한): 추위가 춥게 할 수 없음.
* **雷而不能傷**(뇌이불능상): 우레가 상하게 할 수 없음.
* **風而不能驚**(풍이불능경): 대풍이 놀라게 할 수 없음

28.

성인聖人은 홀로 우둔愚鈍하다

瞿鵲子는 問乎長梧子曰 吾聞諸夫子하노니 聖人은
不從事於務하여 不就利하고 不違害한다. 不喜求하며 不緣道한다
無謂有謂하며有謂無謂하며 而遊乎塵垢之外한다. 夫子는
以爲孟浪之言 而我以爲妙道之行也라 한다. 吾子는
以爲奚若(何知)인가 長梧子曰 是는 皇帝之所聽熒也인데
而丘也로 何足以知之랴! 且汝亦大早計이다. 見卵而求時夜하고
見彈而求鴞炙한다. 予嘗爲女妄言之하니 女以妄聽之奚아
旁日月 挾宇宙할까 爲其脗合하고 置其滑涽하여 以隷相尊한다.
衆人役役을 聖人이 愚芚하고 參萬歲而一成純한다 萬物盡然
而以是相蘊하라. 予惡乎知說生之非惑邪아!
予惡乎知惡死之非弱喪而不知歸者邪아! 麗之姬는
艾封人之子也라 晉國之始得之也에 涕泣沾襟했으나
及其至於王所하여 與王同筐牀하고 食芻豢 而後悔其泣也라.
予惡乎知夫死者 不悔其始之蘄生乎아!

구작자(瞿鵲子)가 장오자(長梧子)에게 물었다.

"제가 공자(孔子)에게서 들었습니다. '성인(聖人)은 세상일을 좇지 않으며, 이(利)를 추구하지 않고, 해(害)를 피하지도 않는다, 무엇을 추구하지 않으며 도(道)를 따르지도 않는다. 무언(無言)으로 가르침

으로써 이르고, 유언(有言)의 내용은 무언(無言)으로 돌아가며, 이러히 속진(俗塵) 밖에 노닌다.'라는 말에 대해 공자(孔子)는 실없는 말이라고 하셨습니다. 저는 묘도(妙道)의 행(行)을 보인 것이라고 생각합니다. 선생님은 어떻게 생각하십니까?"

장오자(長梧子)가 답하였다.

"이는 황제(黃帝)가 들어도 이르지 못하겠거늘, 공자(孔子)가 어찌 이를 알겠는가! 그대도 서둘러 판단하는 것 같네. 달걀을 보고 새벽닭소리를 기다리고, 화살을 보자 새 구이(鴞炙, 효적)를 찾는 격이구나. 이제 자네에게 허튼 소리를 할 터이니 그대도 그리 알고 들어보게나.

성인(聖人)은 해와 달에 기댄 채 우주를 옆에 끼고, 낀 채, 입술을 합치듯(脗合) 만물(萬物)과 하나가 되고, 무형무적(無形無迹)의 혼돈(混沌)인 채로 도심(道心)과 속심(俗心)의 차별을 두지 않는다네. 세상사람들은 형(形)과 명(名)을 따라 수고롭지만, 성인(聖人)은 홀로 우둔(愚鈍)하여 만세토록 천진(天眞)을 한 결 같이 지니며, 만물의 태연(泰然)에 무정(無情)하여 시비곡절(是非曲折)이 끊어졌다네."

장오자(長梧子)가 이어 말한다.

"삶을 좋아함이 미혹(迷惑)이 아닌지 내 어찌 알겠는가. 죽음을 싫어하는 것이 어려서 떠난 고향으로 다시 돌아감을 잊은 것이 아닌줄, 내 어찌 알겠나? 여희(麗姬)는 애(艾)라는 곳, 국경지기의 딸인데, 진(晉)나라가 처음 여희(麗姬)를 강제로 데려 왔을 때에는 너무 울어서 옷깃이 젖었지만, 진(晉)나라 임금과 함께 화려한 생활을 하고 맛있는 음식을 먹게 되자, 눈물 흘린 일을 후회하였다고 하네. 이와 마찬가지로 이미 죽은 사람들도 처음에 삶을 좋아하며 고집했던 것을 후회하고 있지 않을지, 내 어찌 알겠는가!"

29.
각몽 覺夢

瞿鵲子問乎 長梧子答曰 夢飮酒者가 旦而哭泣하고
구작자문호 장오자답왈 몽음주자 단이곡읍

夢哭泣者가 旦而田獵한다. 方其夢也에 不知其夢也라
몽곡읍자 단이전렵 방기몽야 부지기몽야

夢之中에 又占其夢焉하다가 覺而後知에 其夢也라
몽지중 우점기몽언 각이후지 기몽야

且有大覺而後에 知此其大夢也라 而愚者는 自以爲覺하여
차유대각이후 지차기대몽야 이우자 자이위각

竊竊然知之한다 君乎 牧乎 固哉!저 丘也與女 皆夢也라
절절연지지 군호 목호 고재 구야여여 개몽야

予謂女夢도 亦夢也라 是其言也 其名爲弔詭이다.
여위여몽 역몽야 시기언야 기명위조궤

萬世之後라도 而一遇大聖이면 知其解者면 是旦暮遇之也니라
만세지후 이일우대성 지기해자 시단모우지야

장오자(長梧子)가 이어 말한다.

"꿈속에서 유쾌하게 술을 마신 사람이 아침이 되면 우울한 현실에 울고, 꿈속에서 울던 사람이 아침이 되자 사냥을 떠나기도 한다네. 꿈을 꾸고 있을 때에는 그것이 꿈인 줄 모르고, 또 꿈속에서 그 꿈을 점치기도 하다가 꿈에서 깨어난 뒤에야 꿈인 줄 알게 되는 것이네. 큰 깨달음이 있은 연후라야 우리의 삶이 한바탕 꿈인 줄 알게 되는 것일세. 그러나 어리석은 사람은 스스로 깨달았다고 자처하고 자만하여 아는 체하면서, 왕이니 목동이니 하는 모습과 이름놀이에 묻혀 있으니 참으로 어리석구나, 공자(孔子)와 그대도 또한 꿈꾸고 있는 사람일세. 자네에게 꿈꾼다고 말하는 나의 말도 또한 꿈이라네. 이런 말은 매우 기이한 이야기일세. 만세(萬世) 뒤라도 대성(大聖)을 만나 각몽(覺夢)의 뜻을 알게 된다면, 그것은 아침과 저녁으로 대성(大聖)을 만나 뵙는 것과 같은 행운이라네."

▌某解

구작자(瞿鵲子)는 놀라서 두리번거리는 까치의 뜻이요 장오자(長梧子)는 큰 벽오동나무란 의미로써 방외진인(方外眞人)의 별칭이다. 둘 다 가유(假有)의 인물이다. 각몽(覺夢)이란 개오(開悟)의 뜻이다. 사람들은 꿈꿀 때는 그것이 꿈인 줄 모르다가, 꿈에서 깬 뒤에야 꿈인 줄 알게 되는 것이다. 선말(鮮末)에 월창거사(月窓居士)가 있었다. 그는 한양에서 살다가 개오(開悟) 후, 안동에서 살았는데, 술몽쇄언(述夢鎖言) 한 권을 남겼다. 그 내용이 각몽(覺夢)의 쇄설(瑣說)이다. 장자의 의취와 통한다. 최남선, 이원세, 노재찬 등은 조선의 오대명저(五大名著)로 꼽았다.

대저 범부의 인생노정은 칠정(七情)의 몽환(夢幻)에 묻혀 지내다가, 시절인연을 맞아 깨달음이 있은 후, 범부의 삶이 한바탕 꿈인 줄 확연히 알게 되는 것이다. 꿈에서 깨면 장자의 지혜를 엿보며 존숭하게 된다.

▌碧注

* **瞿鵲子**(구작자): 놀라서 두리번거리는 까치. 범부의 가칭.
* **長梧子**(장오자): 큰 벽오동나무. 방외진인(方外眞人)을 가칭.

30.
참으로 옳다면, 구태여 말할 필요가 없다

既使我與若辯矣에 若勝我하고 我不若勝하면 若果是也오
我果非也邪아 我勝若하고 若不吾勝하면 我果是也아
而果非也邪아 其或是也요 其或非也邪아 其俱是也요
其俱非也邪아 我與若 不能相知也則 人固受黮闇이니
吾誰使正之랴 使同乎若者 正之면 旣與若同矣니 惡能正之랴!
使同乎我者正之면 旣同乎我矣니 惡能正之랴!
使異乎我與若者 正之면 旣異乎 我與若矣니 惡能正之랴!
使同乎我與若者 正之면 旣同乎我與若矣니 惡能正之랴!
然則我與若與人이 俱不能相知也 而待彼也邪아
化聲之相待나 若其不相待면 和之以天倪로 因之以曼衍이니
所以窮年也라 何謂和之以天倪인가 曰 是不是요 然不然이다.
是若果是也 則是之異乎不是也아 亦無辯이다.

장오자(長梧子)가 말한다.

"나와 그대가 논쟁을 벌였다고 해보세. 그대가 나를 이기고 내가 그대에게 지면, 진정 그대는 옳고 나는 그른 것일까? 내가 그대를 이기고 그대가 내게 지면, 정녕 나는 옳고 그대는 그른 것일까? 한쪽은 옳고 다른 쪽은 그른 것일까? 아니면 둘 다 옳거나 둘 다 그른 것일까? 나도 그대도 어떤지 알 수 없다는 것일세.

그런데 다른 사람들도 어둠(黮闇,妄想)에 가려져 있으니 누구에게 그 바름을 물어볼 수 있겠는가! 그대와 의견이 같은 사람에게 물어보면, 이미 그대와 같은 생각이므로 어찌 바르게 판단할 수 있겠는가! 나와 의견이 같은 사람에게 물어 본다면, 벌써 나와 같은 의견을 갖고 있으므로 어떻게 바름을 가려 줄 수 있겠는가! 나와 그대와도 다른 의견을 가진 사람에게 물으면, 이미 두 사람 모두와 의견이 다르므로 어떻게 바름을 말할 수 있겠는가! 나와 그대와도 입장이 같은 사람에게 물어보면, 우리 둘 모두와 의견이 같으므로 어떻게 바름을 가려 줄 수 있겠는가! 그렇다면 나도 그대도 또 어느 누구도 누가 옳은지 알 수 없는데, 그 누구를 기다려야만 할 것인가? 변화하는 것에 기대하는 것은 기대할 바 없는 것과 같은 것이다.

천예(天倪. 天然大道)로써 모든 주장을 조화(造化)하고, 만연(曼衍)으로 바탕 삼음이라사 삶의 근본이 되는 것이다. 옳다(是)는 주장이 있으면 옳지 않다(不是)는 주장이 따르고, 그렇다(然)는 주장이 있으면 그렇지 않다(不然)는 주장이 생긴다네. 만일 옳다는 주장이 참으로 옳다면, 옳다는 주장이 옳지 않다는 것과 다르다고 구태여 말할 필요가 없다네."

碧注

* **黮闇**(담암): 어두운 모양. 알기 어려운 문제.
* **天倪**(천예): 천연대도(天然大道). 천진한 어린이. 적아(赤兒).
* **曼衍**(만연): 아름다운 순행.
* **無辯**(무변): 말할 것 없다. 주장이 참으로 옳다면, 반대의 주장과 다툴 것 없다. 왜나하면 참으로 옳은 것은 옳기 때문이다. 무어 세작(世雀)들과 쟁론(爭論)하며 다툴 게 있으랴!

31.

사생인의死生仁義를 잊다

사생(死生)과 인의(仁義)를 잊다.

然若果然也則然之異乎아 不然也亦無辯이라 (入大道면)
연 약 과 연 야 즉 연 지 이 호 불 연 야 역 무 변

忘年忘義하여 振於無竟이라 故 (至人者는 無情이라)
망 년 망 의 진 어 무 경 고

寓諸無竟이니라.
우 제 무 경

장오자(長梧子)가 말한다.

"그렇다는 주장(見解)이 실제로 그렇다면, 다른 견해(異見)와 그러하지 않다(不然)는 것에 대하여 말할 것이 없다. (大道에 들면) 나이(歲月)와 인의(仁義)도 잊은 채, 아무 것도 없는 경지(境地)에 나아간다. 그러므로 지인(至人)은 정념(情念)의 모습과 이름이 없는 경지(境地)에 맡기는 것이다."

某解

대도(大道)에 들면 아무 것도 없다. 그런 까닭에 달사(達士)는 무일물(無一物)이라 한다. 없다는 것은 정념(情念)이다. 범부는 이런 견해와 저런 견해, 그러함과 그렇지 아니함의 변별이 끝없이 펼쳐지는 정념(情念)의 바다가 없다는 것이다. 그러므로 지인(至人)은 오직 모습과 이름 없는 진심(眞心)에 맡겨 방외(方外)에 소요(逍遙)하는 것이다.

32.

망량 罔兩

밖의 엷은 그늘

罔兩이 問景曰 曩에 子行하고 今에 子止하고 曩에 子坐하고
망량 문경왈 낭 자행 금 자지 낭 자좌

今에 子起하니 何其無特操與아 景曰 吾有待而然者耶아
금 자기 하기무특조여 경왈 오유대이연자야

吾所待又有待而然者耶아 吾待는 蛇蚹 蜩翼耶아
오소대우유대이연자야 오대 사부 조익야

惡識所以然하며 惡識所以不然할까
오식소이연 오식소이불연

망량(罔兩, 그림자 밖의 엷은 그늘)이 그림자(景)에게 물었다.

"그대는 얼마 전에는 걷더니 지금은 멈추고, 아까는 앉아 있다가 지금은 서 있는구려. 어찌하여 한결같지 못하오."

그림자가 대답하였다.

"나는 의지(依支)하는 바가 있어서 그런 것이 아닌가 하오. 또한 내가 의지하는 것도 기대는 게 있어서 그럴 것이오. 혹시 내가 의지하는 것이란 뱀의 비늘이나 매미의 날개 같은 것이 아닌가 하오. 어찌 그 까닭을 알겠으며, 어찌 그렇지 않은 까닭을 알겠소.

某解

망량(罔兩)은 그림자 밖의 엷은 그늘이요, 경(景)은 영(影)이니 그림자이다. 망량(罔兩)과 경(景)은 실체(實體)에 의지(依支)해서 나타는 허상(虛像)이다. 장자(莊子)가 허상(虛像)을 따르는 범부들의 망견(妄見)을 지적하는 것이다.

33.
장주莊周와 호접胡蝶

昔者에 莊周가 夢爲胡蝶하여 栩栩然胡蝶也에
석자 장주 몽위호접 허허연호접야

自喩適志與하고 不知周也라. 俄然覺則 蘧蘧然周也.
자유적지여 부지주야 아연각즉 거거연주야

不知周之夢爲胡蝶과 胡蝶之夢爲周與라 周與胡蝶은
부지주지몽위호접 호접지몽위주여 주여호접

則必有分矣라 此之謂物化니라.
즉필유분의 차지위물화

언젠가 장주(莊周)가 나비가 된 꿈을 꾸었다. 스스로 유쾌하게 훨훨 날아다니면서도 자신이 장주(莊周)임을 알지 못했다. 그러다가 문득 깨어나 보니 자신은 바로 장주(莊周)였다. 장주(莊周)가 꿈에 나비가 된 것인지 나비가 꿈에 장주(莊周)가 된 것인지 알 수 없었다. 장주(莊周)와 나비에는 반드시 한 주인공(主人公)이 있어 나투는 바가 있을 것이다. 이것을 물화(物化, 萬物의 轉化)라 한다.

某解

장주(莊周)가 꿈에 나비(胡蝶)가 되었으니, 나비는 꿈속의 환영(幻影)이다. 장주(莊周) 역시 세상의 몽환(夢幻) 속에 거처한다면 장주(莊周) 역시 환영(幻影)이다. 장주(莊周)와 나비로 물화(物化)하는 주인공(主人公)이 있으니, 그가 장주(莊周)와 나비의 실제 주인공(主人公)이다. 그 주인공의 이름이 진심(眞心)이다. 장주(莊周)와 나비는 실체(實體)에 의지(依支)해서 나타난 한 때의 허상(虛像)인 것이다. 실체(實體)란 진심이다. 만약 허상(虛像)이 허상(虛像)인 줄 뚜렷하게 알게 된다면, 방외(方外)에 한 발을 내딛는 것이라 하겠다.

碧注

* **罔兩**(망량): 그림자 밖의 엷은 그늘.
* **景**(경): 영(影).
* **曩**(낭): 접 때. 앞서. 이전에.
* **蚹**(부): 뱀의 배 비늘, 달팽이.
* **蜩**(조): 매미
* **栩**(허): 기뻐하는 모양. 상수리나무.
* **蘧**(거): 연(蓮). 술패랭이꽃.
* **物化**(물화): 만물의 끝없는 유전(流轉).

장자직해 제3편

양생주 養生主

1.

전생양신 全生養身

삶을 온전히 하려면 참나를 밝혀야 한다.

吾生也는 有涯하나 而知也는 無涯라 以有涯隨無涯하면
오 생 야 　 유 애 　 이 지 야 　 무 애 　 이 유 애 수 무 애

殆已요 已而爲知者는 殆而已矣라 爲善에 無近名하고
태 이 　 이 이 위 지 자 　 태 이 이 의 　 위 선 　 무 근 명

爲惡에 無近刑하며 然督以爲經하라 可以保身하고
위 악 　 무 근 형 　 연 독 이 위 경 　 가 이 보 신

可以全生하며 可以養身하면 可以盡年이니라
가 이 전 생 　 가 이 양 신 　 가 이 진 년

우리의 삶은 끝이 있으나, 무루(無漏)의 지혜(智慧)는 끝이 없다. 끝이 있는 것으로써 끝없는 근원을 좇으면 위태로울 뿐이다. 이미 위태로운 데도 지식(知識)을 따르면 더욱 위험할 따름이다. 선(善)을 행함에 이름 드러나기를 멀리하고, 혹 그릇됨을 행하게 되더라도 형벌 받는 일은 가까이는 하지 말며, 손정반조(損情返照)의 길을 따르면 몸을 지킬 수 있고, 삶(生)을 온전히 할 수 있으며, 자기를 올곧게 밝힐 수 있으므로 천수(不亡淸淨之壽)를 누릴 수 있으리라.

▌某解

어찌 몸을 나로 삼는 견해로써 몸 밖의 삶을 알 수 있으랴! 몸을 나로 삼는 견해는 세상을 어지럽히고 자기를 망치게 되니 위태로운 것이다. 위태로운 줄 알면서도 따르면 더욱 위태한 것이다. 참 삶은 이름 드러나

기를 멀리하고, 법도를 거스르지 말며, 세상사에 한 걸음 물러나 양보하고 포용하며 성(性)을 반조(返照)하는 공부(工夫)에 거처해야 조금은 자기(自己)를 자기(自己)답게 보존(保存)할 수 있는 것이다. 여기에 오래 살고 일찍 죽는 것은 포함되지 않는다.

본문 緣督以爲經(연독이위경)의 고주(古注)에 緣은 順, 督은 理, 爲經은 爲常이라 즉 順理爲常(순리위상)이라 함은 도(道)에 합했음을 의미하나 장자는 공부 지어 감을 말한 것이다. 연독(緣督)은 사사(事事)의 연(緣)에 정(情)이 나타남을 경계(警戒)함이요, 爲經(위경)은 성(性)을 반조(返照)하는 것이다. 줄여 이르면 손정반조(損情返照)이다. 정(情)을 덜고 성(性)을 반조(返照)하는 뜻이다. 정(情)을 더는 것은 망기(忘己)함이요, 성(性)을 반조(返照)하는 것은 상도(常道)에 가깝다. 망기(忘己)와 반조(返照)가 정일(精一)하면 상로(上路)이다. 상도(常道)는 중용(中庸)이다. 중용(中庸)은 공자의 말이다. 중용(中庸)이 곧 자성(自性)의 상도(常道)이다. 어찌하여 정(情)을 덜고 또 덜어야 하는가? 정(情)의 내용이 환(幻)이기 때문이다. 그러기에 정념(情念)을 일러 공자는 사(邪)라 하였고, 노자는 허(虛)라 하였으며, 장자는 무(無)라 하였고, 불씨(佛氏)는 본무(本無)라 하였다.

碧注

* **損情返照**(손정반조): 정(情)을 덜고 성(性)을 반조(返照)하는 공부.
* **忘己中庸**(망기중용): 망아(妄我)를 잊고 진아(眞我)의 대용(大用)에 나아감. 손정반조(損情返照) 다음의 경지(境地).
* **中庸**(중용): 중(中)은 성(性)이요, 용(庸)은 무사대용(無事大用)이다.

2.

포정 庖丁

庖丁은 爲文惠君 解牛에 手之所觸과 肩之所倚와 足之所履와
膝之所踦는 砉然嚮然히 奏刀는 騞然히 莫不中音.
合於桑林之舞하여 乃中經首之會라. 文惠君曰 譆善哉라!
技蓋至此乎아. 庖丁은 釋刀하고 對曰 臣之所好者는 道也요
進乎技矣니다 始臣之解牛之時에 所見이 無非全牛者였으나
三年之後에 未嘗見全牛也니다
方今之時에 臣은 以神遇而 不以目視오니
官知之而神欲行이오이다. 依乎天理하여 批大郤하며 導大窾함은
因其固然이오 枝經肯綮之未嘗이니 而況大軱乎이까! 良庖는
歲更刀割也오 族庖는 月更刀折也니다 今에 臣之刀는
十九年矣에 所解數千牛矣로되 而刀刃이 若新發於硎이오이다.
彼節者 有閒而 刀刃者 無厚오니 以無厚로 入有閒하여
恢恢乎其於遊刃에 必有餘地矣니 是以十九年 而刀刃이
若新發於硎이오이다. 雖然이나 每至於族에 吾見其難爲하고
怵然爲戒하여 視爲止하고 行爲遲하니 動刀甚微에 謋然已解하여
如土委地하나이다. 提刀而立하고 爲之四顧하며 爲之躊躇하여
滿志하고 善刀而藏之하나이다. 文惠君曰 善哉저!
吾聞庖丁之言하고 得養生焉이라.

포정(庖丁)이 문혜군(梁惠王)을 위해 해우(解牛)한 일이 있다. 그가 손을 놀리고 어깨를 기울이고 발로 밟고 무릎을 구부리는 동작에 따라 서걱서걱 뼈 발라내는 소리, 칼로 가르는 소리가 음률에 맞았다. 포정(庖丁)의 동작은 상림(桑林)의 춤에 합하고 그 절도(節度)는 경수(經首)의 음절에도 들어맞았다. 이를 본 문혜군(梁惠王)이 말하였다.

"참으로 훌륭하도다. 재주가 어찌 해서 이런 경지에 이를 수 있는가?"

포정(庖丁)이 칼을 놓고 답하였다.

"제가 좋아하는 바는 도(道)입니다. 도(道)로써 기예(技藝)에 나아갔을 따름입니다. 처음 제가 해우(解牛)할 때에는 보이는 것은 소밖에 없었습니다. 삼년이 지나자 소의 골격과 해로(解路)만이 보였습니다. 지금에 이르러서는 본성(本性)으로 소를 대하고, 눈으로 보지 않습니다. 눈의 감각 기능을 멈추고 본성(本性)의 눈에 따라 손을 놀립니다. 천리(天理)에 따라 큰 틈새를 열고 빈 곳을 쳐 나갑니다.

소의 생김새대로 칼을 움직이므로 뼈와 살을 다치게 한 적이 없습니다. 하물며 큰 뼈가 무슨 장애(障礙)가 되겠습니까! 재주 있는 백정(白丁)이 해마다 칼을 바꾸는 것은 살을 가르기 때문입니다. 보통의 백정이 다달이 칼을 교체하는 것은 뼈를 건드리기 때문입니다. 저의 칼은 십구 년이 되었으며 그동안 잡은 소는 수천마리나 됩니다. 그러나 칼날은 지금 막 숫돌에 간 것 같습니다.

소의 뼈마디에는 틈새가 있고 칼날은 두께가 거의 없을 정도로 날카롭습니다. 두께 없는 칼로 벌어져 있는 뼈마디 사이에 넣으므로 공간이 널찍해서 칼날을 움직이기에 여유가 있습니다. 따라서 십구 년이나 사용했어도 칼날은 방금 숫돌에 간 듯합니다. 하지만 칼날이 뼈와 살이 연결된 곳에 이를 때마다 어려움을 느낍니다. 저는 조심조심하여 경계(警戒)를 늦추지 않고 눈길을 모으고 손놀림을 천천히 하면서 칼날을 매우 세밀하게 움직입니다. 어느 결에 뼈와 살이 확연하게 갈라져 흡사 흙덩이가 땅에 떨어지는 것 같습니다. 칼을 들고 일어나서 사방을 살펴보고 머뭇거리다가 만족하면 칼을 잘 닦아 둡니다."

이에 문혜군(梁惠王)이 말하였다.

"훌륭하구나. 내가 포정(庖丁)의 말을 듣고, 양생(養生)의 도(道)를 얻었도다."

某解

포정(庖丁)이 도(道)가 있다고 함은, 자연(自然)에 합한다는 비유이다. 자연(自然)이란 스스로 그러함이니 곧 '있는 그대로'이다. '본성(本性)의 있는 그대로'가 곧 천연(天然)의 도(道)이다. 노자(老子)가 도법자연(道法自然)이라 하였다. 조심조심하여 경계(警戒)를 늦추지 않음은 양생법(養生法)이다.

碧注

* **庖丁**(포정): 포(庖)는 요리사. 정(丁)은 이름.
* **文惠君**(문혜군): 양(梁)나라 혜왕(惠王). 맹자에 양혜왕이 보인다.
* **膝**(슬): 무릎.
* **踦**(기): 절뚝발이.
* **砉**(획): 뼈를 바를 때의 소리.
* **嚮**(향): 향하다. 접때.
* **騞**(획): 줄곧 가다. 백정 칼 쓰는 소리.
* **譆**(희): 감탄할.

* 欲(신욕): 정신의 작용.
* 桑林之舞(지무상림): 상(商)나라 탕왕(湯王)이 만든 무악(舞樂).
* 肯綮(긍경): 사물의 긴요한 곳. 급소.
* 良庖(양포): 솜씨 좋은 백정.
* 硎(형): 숫돌.
* 游刃(유인): 칼날을 마음대로 움직임.
* 怵然(출연): 두려워하는 모양.
* 謋然(획연): 빠른 모양.
* 謋(획): 재빠른 모양.

3.
우사右師의 락樂

公文軒은 見右師而驚曰 是何人也오 惡乎介也아 天與아 其人與아 曰 天也오 非人也라. 天之生은 是使獨也라. 人之貌는 有與也니 以是로 知其天也오 非人也라. 澤雉는 十步一啄하고 百步一飮하나 不蘄畜乎樊中이라 神雖旺이나 不樂也라.

공문헌(公文軒)이 우사(右師)를 보자 놀라 말하였다.

"이 어찌된 사람인가! 어찌하여 한 발이 잘렸을까? 하늘이 그랬는가? 사람이 그랬는가?"

우사(右師)가 대답하였다.

"하늘이 그런 것이지 사람이 그런 것이 아닐세. 하늘이 나를 세상에 낼 때 외발이 되게 한 것일세. 사람들은 두 다리를 갖고 있으니 내가 외발인 것은 하늘이 그렇게 한 것이지 사람의 짓이 아닐세."

우사(右師)가 이어 말한다.

"못가의 꿩은 열 걸음을 걸어서 한번 쪼아 먹고, 백 걸음을 걸어서 물 한 모금을 마시지만, 새장 속에서 길러지기를 바라지 않는다네. 먹이가 넉넉해서 기운은 왕성하겠지만, 자유롭지 않지 않은가?"

碧注

* 介(개): 발목이 잘리는 형벌. 올(兀)과 통한다.

4.

노담老聃의 사死, 애락불능입 哀樂不能入

지인(至人)에게 슬픔이나 즐거움이 끼어들지 못한다.

老聃死하니 秦佚은 弔之하여 三號而出한다 弟子曰
노담사 진일 조지 삼호이출 재자왈

非夫子之友耶?아 曰 然하다 然則弔焉若此 可乎? 曰 然하다
비부자지우야 왈 연 연즉조언약차 가호 왈 연

始也에 吾以爲至人也 而今非也라 向吾入而弔焉에
시야 오이위지인야 이금비야 향오입이조언

有老者哭之하기를 如哭其子하고 小者哭之하기를 如哭其母하니
유노자곡지 여곡기자 소자곡지 여곡기모

彼其所以會之에 必有不蘄言而言하고
피기소이회지 필유불기언이언

不蘄哭而哭而哭者이니 是遁天倍情에 忘其所受이다.
불기곡이곡이곡자 시둔천배정 망기소수

古者가 謂之遁天之刑라 適來夫子時也오 適去夫子順也라
고자 위지둔천지형 적래부자시야 적거부자순야

安時而處順하면 哀樂不能入也라 古者 謂是帝之縣解니라
안시이처순 애락불능입야 고자 위시제지현해

脂(指)窮이 於爲薪이면 火傳也 不知其盡也.
지 궁 어위신 화전야 부지기진야

노담(老聃)이 죽자 진일(秦佚)이 조상(弔喪)을 가서 세 번 곡(哭)만 하고 나왔다. 이에 제자가 물었다.

"그분은 선생님의 벗이 아닙니까?"

"벗일세."

"그렇다면 이렇게 문상(問喪)하여도 괜찮습니까?"

"그렇다네. 처음에 나는 그를 지인(至人)으로 보았으나 이제 보니 그렇지 않더구나. 조금 전 들어가서 문상(問喪)을 할 때, 늙은이는 마치 자기 자식을 잃은 듯 곡(哭)을 하고, 젊은이는 흡사 자기 어버이가 떠난 듯이 슬퍼하더구나. 그가 죽자 저처럼 사람이 모인 것은 반드시 그가 말로서 바라지 않았더라도 그렇게 하도록 한 바 있고, 곡하기를 요구하지는 않았어도 곡(哭)하도록 은연중에 시킨 바가 있기 때문이다. 이는 천도(天道)를 피하고 진실(眞實)을 등져, 본성(本性)을 잊은 것이다. 옛날에는 이를 '천도(天道)를 어긴 죄'라고 하였네. 그가 이 세상에 태어난 것은 그 때를 만난 것이고, 세상을 떠난 것도 그 때를 따르기 때문이라네. 어느 때라도 허명정안(虛明靜安)하여 순응(順應)하면 슬픔이나 즐거움은 끼어들지 못하는 것일세. 옛사람은 이런 경지를 '생명(帝)의 그물(天網)에서 벗어남'이라 불렀다네. 한 방울의 기름(遁天倍情)으로 풀 섶에 불을 놓으면, 불이 온 산에 번져 그칠 줄 모른다네.

▒ 某解

노담(老聃), 노팽(老彭)은 노자(老子)의 별칭이다. 여기서 노담(老聃)의 도(道)가 높으나, 그 문인(門人)들이 노담(老聃)의 죽음을 슬퍼함은 자성(自性)이 사생(死生) 밖에 원명(圓明)하는 것을 알지 못하는 것을 우언(寓言)으로 지적하는 것이다. 또한 유가(儒家) 묵가(墨家)의 설이 삶을 좋아하고 죽음을 싫어하는데 거처함도 지적한다. 둔천배정(遁天倍情)은 천도(天道)를 피하여 진실을 등진 것이다. 무릇 범부란 둔천(遁天)의 어두움을 짊어지고 산다. 다만 그것을 알지 못하기에 깜냥대로 즐거이 살아가는 것이다. 어찌 슬픈 일이 아닌가?

도(道)를 해설하는 이가 더러 보이나, 대개가 월지적구(刖趾適屨)라, 죽통견문(竹筒見聞)과 맹해(盲解)이다. 그러기에 장자(莊子)에 천가(千家)의 주해(注解)가 전하나 통명진전(通明眞詮)이 드물다.

한 점의 불씨가 번져 온 산을 태운다. 다시 말해 범부의 한 점 정념(情念)이 전변(轉變)하고 또 전변(轉變)하여 깊은 미혹(迷惑)에 들어 병들게 하는 것이다. 정념(情念)은 사람들의 의식(意識)을 병(病)들게 하는 원인이니, 그 원인을 제거하면 본래의 사람을 회복하게 되는 것이다. 정념(情念)이 병(病)인 줄 알지 못하고 인생을 마친다면 어찌 허망하고 슬픈 일이 아니겠는가? 대개의 범부는 정념(情念)을 자아(自我)로 여기고 정념(情念)의 골간(骨幹)을 정리하여 사상(思想)으로 삼는다. 그 사상(思想)이 다른 사상(思想)을 낳고 또 낳는다. 이러히 굴러가는 가운데 술지(術智)의 허망함을 느끼나 그 원인을 알지 못한다. 이러한 삶이 슬프지 아니한가? 그 슬픔을 노래하여 시와 음악과 미술에 여가를 보내나 근원적 불안과 공포를 피하지 못한다. 이러한 삶이 허망하지 아니한가? 모든 범부의 병통은 오직 정념(情念)에 있나니, 모름지기 지인(至人)의 해맑은 공부를 배워야 하는 것이다.

碧注

* **秦**(진): 벼 이름.
* **佚**(일): 숨다. 편안하다.
* **遁天倍情**(둔천배정): 천도(天道)를 피하고 진실을 등지다.
* **虛明靜安**(허명정안): 비고 밝으며 고요하여 정안(定安)함.
* **刖趾適屨**(월지적구): 발뒤꿈치를 깎아 신에 맞추다.
* **竹筒見聞**(죽통견문): 죽통(竹筒) 소견으로 보고 듣다.
* **脂薪火傳**(지신화전): 한 방울의 기름이 섶불되어 그칠 줄 모른다.

장자직해 제4편

인간세 人間世

인간세人間世는 세속에서 온전한 삶에 거처하는 처세방處世方을 보인다. 그것은 좌망坐忘을 자득自得하여 심재心齋에 거처하는 것이다. 심재心齋의 경지가 아니면 소요逍遙에 나아갈 수 없는 것이다.

1.
지인至人은 자신이 도道에 합한 연후에 가르친다

顔回가 見仲尼하고 請行하니 曰奚之오 曰將之衛하나이다.
曰奚爲焉가 曰回聞하오니 衛君은 其年이 壯하고 其行이 獨하여
輕用其國하고 而不見其過하며 輕用民死하니 死者는
以國量乎澤若蕉하므로 民은 其無如矣니이다.
回는 嘗聞之하온즉 夫子曰 治國去之하고 亂國就之라 하시었고
醫門에 多疾하여 願以所聞하오니 思其所行, 則庶幾其國에
有瘳乎인가! 仲尼曰 譆라! 若殆往而刑耳라!
夫道는 不欲雜이니라 雜則多하고 多則擾하며 擾則憂하니
憂而不救이라 古之至人은 先存諸己 而後存諸人이라.
所存於己者 未定에 何暇에 至於暴人之所行인가! 且若
亦知夫德之所蕩而知之所爲出乎哉아 德蕩乎名하고
知出乎爭이라 名也者는 相軋也오 知者也는 爭之器也라
二者는 凶器니 非所以盡行也라. 且德厚信矼하여 未達人氣하고
名聞不爭하여 未達人心 而强以仁義하고 繩墨之言으로
術暴人之前者면 是以人惡育其美也라 命之曰 災人이라
災人者는 人必反菑之리라. 若殆爲人菑하여
夫且苟爲悅賢而惡不肖하고 惡用而求有以異랴 若唯無詔면
王公이 必將乘人而鬪其捷이라 而目將熒之하고 而色將平之하며

口將營之하고 容將形之하며 心且成之라. 是以火救火요 以水救水니 名之曰益多라. 順始無窮하고 若殆以不信厚言하면 必死於暴人之前矣라!

안회(顔回)가 공자(孔子)를 만나 뵙고, 먼 길을 떠남에 허락(許諾)을 청하였다. 이에 공자(孔子)가 물었다.

"어디로 가려는가?"

"위(衛)나라로 떠나려 합니다."

"어찌하여 위(衛)나라로 떠나려 하는가?"

"제가 듣기에 위(衛)나라 왕은 나이가 젊은데다가 함부로 행동한다고 합니다. 나라 일을 가벼이 다스리고 자기 허물을 알지 못하고 백성의 목숨을 업수이 여겨 죽은 사람이 흡사 연못에 무성한 잡초처럼 많아서 백성들은 어찌할 바를 모른답니다. 저는 일찍이 선생님께서, '잘 다스려지는 나라는 떠나고 어지러운 나라로 들어가라, 어진 의원(醫員)에게는 환자(患者)가 많이 모이는 법이다'라고 말씀하신 것을 들었습니다. 제가 선생님의 가르침대로 다스리는 방법을 행하면 위(衛)의 병(病)도 고쳐지지 않을까 생각합니다."

공자(孔子)가 말하였다.

"아! 자네가 가면 형벌을 받는 것이 고작일 걸세. 무릇 도(道)란 잡되지 않아야 한다. 잡되면 생각이 많아지고 생각이 많아지면 어지럽게 되며, 어지러워지면 근심이 생기며, 근심이 생기면 남을 밝혀주지 못한다. 옛 지인(至人)은 먼저 자신이 도(道)에 합한 연후에 다른 사람들을 가르쳤다.

자신의 공부가 도(道)에 온전히 합하지 못했는데 난폭한 젊은 왕의 행위에 간섭할 겨를이 어디 있겠는가? 그리고 자네는 덕(德)이 어떻게 흩어지고 지식(知識)이 어떻게 해서 생기는지 알고 있는가? 덕은 명예욕(名譽慾)으로 인해 흩어지고 지식(知識)은 시비(是非)의 다툼에서 생기는 법이라네. 명예(名相)란 서로를 상하게 하고 지식(知識)은 다투는 도구(道具)에 불과하다. 명예(名相)와 지식(知識)은 사람을 천박(淺薄)하게 하는 흉기(凶器)이므로 세상에 유행하게 해서는 안 되는 것이다. 자네는 후덕(厚德)하고 신망(信望)이 두텁기는 하지만 사람의 기질(氣質)에는 밝지 못하고, 명예와 지식을 얻기 위해 다투지는 않으나, 사람의 마음(七情)을 읽어 내지는 못한다. 그런데도 억지로 인의(仁義)로서 바른 사람이 되는 길을 난폭한 왕 앞에 늘어놓는 것은 남의 결점을 빙자해 자신의 잘난 것을 팔려는 짓이 된다. 이런 자를 일러 재자(災者, 남을 해치는 자)라고 한다. 남을 해치면 그로부터 해침을 당하는 법, 자네도 이와 마찬가지로 해(害)를 입게 될 것이다. 또한 위(衛)나라 왕이 현인(賢人)을 가까이하고 어리석은 자를 미워한다면, 그 나라에도 어진 사람이 있을 터인데 어찌 자네를 쓰겠는가! 자네는 부름을 받고 위나라에 가는 것이 아닐세. 따라서 위(衛)나라 왕(王)은 필시 권세로 누르고 능숙한 말재주로 이기려 할 것이다. 그러면 자네의 눈의 어지러워 질 것이고 얼굴색은 변하며 입으로는 온갖 변명을 늘어놓고 태도는 비굴해질 것이다. 마음(七情)도 또한 상대를 따르게 될 것이다.

이것은 불로써 불을 끄려 하고, 물로써 물을 막으려는 격이다. 이를 이름하여 '군말 더하기(益多)'라고 하네. 처음부터 끌려가면 왕

(王)의 과오(過誤)는 끝없이 늘어갈 것이다. 자네가 신임도 받지 못하면서 독실(篤實)한 말을 하다가 필시 난폭한 왕(王)에게 죽임을 당할 걸세."

碧注

* 矼(강): 징검다리. 성실하다.
* 益多(익다): 군말 더하기.

2.

명名과 실實의 온전함은 성인聖人도 어렵다

기운(氣運)이 일정하지 않은 이를 멀리하라.

且昔者에 桀은 殺關龍逢하고 紂는 殺王子比干이라 是皆
修其身하여 以下傴拊人之民하고 以下拂其上者也라 故로
其君이 因其修 以擠之하니 是好名者也라. 昔者에 堯는 攻叢枝
胥敖하고 禹는 攻有扈호하다 國爲虛厲하고 身爲刑戮이라
其用兵은 不止하고 其求實은 無已하니 是皆求名實者也.
而獨不聞之乎아 名實者는 聖人之所不能勝也니 而況若乎아!
雖然이나 若必有 以也니 嘗以語我來하라! 顔回曰 端而虛하고
勉而一則可乎이까? 曰 惡惡可이랴! 夫以陽爲充하고 孔揚하며
采色不定이라 常人之所不違이라 因案人之所感하여
以求容與其心이라. 名之曰 日漸之에 德不成이니 而況大德乎아!
將執而不化하고 外合而內不訾하면 其庸詎可乎아!
然則我內直而外曲하고 成而上比하겠나이다. 內直者는
與天爲徒오 與天爲徒者는 知天子之與己 皆天之所子이오니
而獨以己言으로 蘄乎而人善之하옵고 蘄乎而人不善之邪이까
若然者는 人謂之童子이오니 是之謂與天爲徒이오며 外曲者는
與人爲徒也라. 擎跽曲拳은 人臣之禮也오며 人皆爲之하오니
吾敢不爲邪이까! 爲人之所爲者는 人亦無疵焉하오니

是之謂與人爲徒이옵고 成而上比者는 與古爲徒라.
其言이 雖教讁之實也이오나 古之有也오 非吾有也라
若然者는 雖直而不病이오나 是之謂 與古爲徒이오니
若是則可乎이까 仲尼曰 惡惡可랴! 大多政法而不諜이다.
雖固나 亦無罪일 것이고 雖然止是耳矣라 夫胡可以及化랴!
猶師心者也라.

(공자가 이어 말한다.)

"또한 옛날에 걸(桀)은 관룡봉(關龍逢)을 죽였고 주(紂)는 왕자 비간(比干)을 죽였다. 관룡봉과 비간은 수신(修身)의 공부가 있으나, 신하의 몸으로 백성을 사랑하여 따르게 만듬으로서 왕(王)을 거역한 사람들이다. 따라서 두 왕은 유덕(有德)하다는 이유로 두 신하를 모함하여 죽인 것이다. 죽음을 당한 것은 두 사람이 명예(名譽)를 좋아한 허물 탓이다. 옛적에 요(堯)는 총기(叢技)와 서오(胥敖)를 공격했고, 우(禹)는 유호(有扈)를 공격하였다. 세 나라는 모두 폐허가 되고 저들은 죽임을 당하였다. 스스로 그 살육을 감행함으로써 욕되게 되었는데, 쉴 새 없이 전쟁을 하며 현상적 실리를 추구했던 것이다. 이는 요(堯)와 우(禹)가 인(仁)을 세웠다는 명상(名相)과 실리(實利)를 구했기 때문이다. 자네는 이 이야기를 듣지 못했는가? 명(名)과 실(實)은 성인(聖人)이라 해도 온전하기가 어려운데 하물며 자네에 있어서야 어떠하겠는가? 비록 그렇기는 하지만 자네가 굳이 위(衛)나라에 가려 할 때는 필시 방책이 있을 것이다. 자, 한번 말해보게."

안회(顔回)가 말하였다.

"마음을 단허(端虛)히 하여 힘써 지키면 어떠하겠습니까?"

공자(孔子)가 이른다.

"아! 어찌 되겠는가! 위왕(衛王)은 기세가 등등해서 사나운 기운이 넘치고 자만심에 차 있으며 얼굴빛은 일정하지 않아서 범부는 그의 뜻을 어기지 못한다. 그렇게 하여 사람의 정(情)을 억눌러 상대를 제 멋대로 하려고 한다. 이런 인물을 일컬어 날마다 노력하여 소덕(小德)마저 이루지 못한다고 하는데, 하물며 대덕(大德)에 있어서랴! 그는 자기 소견에 집착할 뿐 남의 감화를 받지 않는다. 겉으로는 좇는 듯해도 내심은 반성하지 않는다. 어찌 자네의 뜻이 이루어질 수 있겠는가!"

안회(顔回)가 말하였다.

"그렇다면 제가 마음을 단허(端虛)히 하여 힘써 지키며 안으로는 올곧게 하고 밖으로는 공손히 하며 제 견해를 말하더라도 옛사람의 말을 인용하여 따르겠습니다. 마음이 올곧은 것은 하늘과 더불어 한 몸이 되는 것입니다. 하늘과 하나가 되면 천자(天子)도 자신(自身)도 모두 하늘의 자식임을 알게 됩니다. 따라서 위왕(衛王)이 홀로 자기 말만을 옳게 여기든 옳지 않게 여기든 무슨 상관이 있겠습니까. 사람들은 이러한 이를 어린 아이(天眞童子)라 일컫기도 하고, 하늘과 하나가 된 사람이라고 말하기도 합니다. 밖으로 공손한 것은 사람들과 더불어 한 무리가 된 것입니다. 손을 높이 들고 무릎을 꿇으며 허리를 구부려 인사하는 것은 신하로서 마땅한 예절입니다. 누구나 그렇게 하는데 감히 저라고 하지 않겠습니까? 세상 사람들이 행하는 대로 하면 비난을 받지 않습니다. 이를 일컬어 '사람과 더불어 한

부리가 되다'라고 합니다. 옛 사람의 말을 인용하여 그 말을 좇겠다는 것은 옛 사람과 더불어 하나가 되는 것입니다. 비록 그 말이 가르침이면서 또한 꾸짖음이라 하더라도, 실제는 옛 부터 있던 말이며 제 자신이 지어낸 말은 아닙니다. 이와 같이 하면 비록 말이 올곧더라도 화(禍)를 입지 않습니다. 이를 옛 사람과 하나가 되었다고 합니다. 이렇게 되면 되겠습니까?"

공자(孔子)가 답하였다.

"아! 어찌 된다고 하겠느냐. 방법(方法)이 너무 많아 적당하지 않네. 비록 허물은 없겠으나 단지 그 정도에 그칠 뿐이다. 어찌 위왕(衛王)을 움직일 수 있겠는가? 자네는 아직 자기 생각에 묶여 있네."

碧注

* 傴(구): 구부리다. 곱사등이.
* 拊(부): 어루만지다.
* 端虛(단허): 단박허정(端樸虛靜).
* 詎(거): 어찌. 진실로.
* 擎(경): 들, 높이 들어올릴, 높을.
* 跽(기): 꿇어앉을.
* 讁(적): 유배될, 꾸지람. 謫(적)과 同字.

3.

충허진기 沖虛眞氣

자성(自性)의 충허진기(沖虛眞氣)가 진공묘유(眞空妙有)이다.

顔回曰 吾無以進矣오니 敢問其方하나이다. 中尼曰 (心)齋하라
안 회 왈 오 무 이 진 의 감 문 기 방 중 니 왈 재

吾將語若하리라! 有(心)而爲之 其易耶아 易之者는
오 장 어 약 유 이 위 지 기 이 야 이 지 자

皞天不宜라 顔回曰 回之家貧하여 唯不飮酒
호 천 불 의 안 회 왈 회 지 가 빈 유 불 음 주

不茹葷者數月矣오니 如此 則可以爲齋乎이까
불 여 훈 자 수 월 의 여 차 즉 가 이 위 재 호

曰時祭祀之齋오 非心齋也라 回曰 敢問心齋하나이다.
왈 시 제 사 지 재 비 심 재 야 회 왈 감 문 심 재

中尼曰 若一志하라 無聽之以耳하고 而聽之以心하며
중 니 왈 약 일 지 무 청 지 이 이 이 청 지 이 심

無廳之以心하고 而聽之以氣하라! 聽之於耳하고 心止於符하라
무 청 지 이 심 이 청 지 이 기 청 지 어 이 심 지 어 부

氣也者는 虛而待物者也아 唯道集虛니 虛者는 心齋也라.
기 야 자 허 이 대 물 자 야 유 도 집 허 허 자 심 재 야

이에 안회가 말하였다.

"저는 어찌해야 될지 모르겠습니다. 선생님의 가르침을 받고자 합니다."

공자(孔子)가 안회(顔回)에게 말하였다.

"먼저 마음을 재계(齋戒)하게! 자네에게 말해 주겠네. 유심(有心)으로 재계하면 쉬이 이루어지겠는가? 쉽다고 여기는 자는 밝은 하늘(皞天, 天道)이 마땅히 여기지 않는다."

안회(顔回)가 말하였다.

"저의 집은 가난해서 술과 향채(香菜)를 먹지 못한 지가 여러 달입니다. 이를 재계(齋戒)라 할 수 있겠습니까?"

"그것은 제사(祭祀)지내기 위한 재계(齋戒)이지, 마음의 재계(齋戒)는 아닐세."

이에 안회(顔回)가 물었다.

"마음의 재계(齋戒)에 대하여 여쭙습니다."

공자가 대답하였다.

"뜻을 한결같이(精一執中)하여 귀로 듣지 말고 마음으로 들어야 한다. 나아가 마음(情念)으로만 듣지 말고 진기(眞氣)로 들어야 한다. 귀는 듣는 데 그치고, 마음(情念)을 그치는 데 부합하라. 진기(眞氣)는 충허(沖虛)해서 무엇이나 있는 그대로 받아들인다. 도(道)는 오직 충허(沖虛)에만 나타난다. 충허(沖虛)가 바로 마음의 재계(齋戒)라네."

某解

안회(顔回)는 공자의 유일한 개오문인(開悟門人)이다. 안회가 일찍 죽자 공자가 "하늘이 나를 버리는구나!" 하며 탄식하였다. 논어(論語)에 의하면, 안회(顔回)와 증석(曾皙)만이 무위(無爲)의 인(仁)에 거처하였다.(曾皙의 欲沂詠歸가 論語에 보인다.) 장자(莊子)가 공자(孔子)의 요목(要目)을 전하는 것이다. 충허(沖虛)의 진기(眞氣)가 온전함을 심재(心齋)라 한다. 장자가 심재(心齋)를 통하여 지극한 인(仁)을 설하는 것이다. 충허(沖虛)란 정념(情念)이 본무(本無)한 진심(眞心)의 형용이다. 충허(沖虛)는 자성(自性)의 적연(寂然)하고 공허(空虛)함을 가리키며, 진기(眞氣)는 자성(自性)의 청정(清淨)한 광명(光明)을 말한다. 그러므로 심재(心齋)는 자성(自性)의 본연

(本然)을 의미하는 것이다. 본연(本然)이란 자성(自性)의 염담허무(恬憺虛無)를 회복하여 진기종지(眞氣從之)하는 것이니 곧 도(道)가 온전한 경지이다. 염담허무(恬憺虛無) 진기종지(眞氣從之)는 황제(黃帝)의 말이다. 소문(素問)에 보인다.

碧注

* **一志**(일지): 정일집중(精一執中). 공문(孔門)의 공부 방법.
* **皞天**(호천): 호천(昊天)과 같다. 천도(天道)의 뜻.
* **心止於符**(심지어부): 마음(情念)을 그치는 데 부합(符合)하라. 心止於符의 解가 어렵다. 李民樹는 마음이 사물에 응할 뿐이다.— 하고, 오진탁은 마음은 부합하는 데 그친다.—고 번역한다. 이는 心이 情念을 가리키는 줄 알지 못함이요, 더구나 心이 幻인 줄 알지 못하기 때문이다. 道說의 해석에 도(道), 상(象), 심(心), 물(物), 지(止), 무(無), 무심(無心), 무위(無爲)가 난해처(難解處)이다. 하나를 알면 모두가 통하나, 하나에 막히면 전부가 서로 통하지 아니한다. 그 하나는 心이다. 부득이 李民樹와 오진탁의 역을 예로 들었다. 장자해에 정성과 노력이 돋보이기 때문이다. 두 분의 번역이 당금에 널리 읽혔다고 한다. 장자의 뜻이 넓혀지는 데 공이 있다고 하겠다. 그러나 장자를 尊崇한다면 도(道), 상(象), 심(心), 물(物), 지(止), 무(無), 무심(無心), 무위(無爲) 등의 뜻에 통찰력을 지닌 연후에 再譯解하여 허물을 씻기를 기다린다.
* **眞氣沖虛**(진기충허): 진심(眞心)의 진기(眞氣)가 허령(虛靈)하다. 진공묘유(眞空妙有)와 통한다.
* **葷**(훈): 매운 채소, 비릿할.

4.

좌치 坐馳

망심(妄心)을 그치지 못하는 것을 좌치(坐馳)라 한다.

> 顔回曰 回之未始得使는 實有回也니다 得使之也
> 안회왈 회지미시득사 실유회야 득사지야
>
> 未始有回也이오니 可謂虛乎이까 夫子曰 盡矣라 吾語若하리라!
> 미시유회야 가위허호 부자왈 진의 오어야
>
> 若能入遊其樊而 無感其名하라 入則鳴하고 不入則止하라
> 약능입유기번이 무감기명 입즉명 불입즉지
>
> 無門無毒이라 一宅而寓於不得已 則幾矣라 絶迹易하나
> 무문무독 일택이우어부득이 즉기의 절적이
>
> 無行地難이다. 爲人使에 易以僞나 爲天使에 難以僞라
> 무행지난 위인사 이이위 위천사 난이위
>
> 聞以有翼飛者矣요 未聞以無翼飛者也며
> 문이유익비자의 미문이무익비자야
>
> 聞以有知知者矣요 未聞以無知知者也라. 瞻彼闋者하라
> 문이유지지자의 미문이무지지자야 첨피결자
>
> 虛室生白이니라. 吉祥止止라 夫且不止는 是之謂坐馳라
> 허실생백 길상지지 부차부지 시지위좌치
>
> 夫徇耳目하여 內通而外於心知하면 鬼神이 將來舍니
> 부순이목 내통이외어심지 귀신 장래사
>
> 而況人乎아! 是萬物之化也라 禹舜之所紐也오
> 이황인호 시만물지화야 우순지소유야
>
> 伏羲几蘧之所行終이니 而況散焉者乎아!
> 복희궤거지소행종 이황산언자호

안회(顔回)가 말하였다.

"제가 선생님(孔子)의 가르침을 받지 못했을 때는 참으로 회(回,妄我)가 있는 줄 알았습니다. 그러나 선생님 말씀을 듣자마자 회(回,妄

我)를 잊게 되었습니다. 이를 허(虛)라고 할 수 있겠습니까?"

이에 공자(孔子)가 말하였다.

"지극하구나. 말해 주겠네. 자네는 이제 세속(世俗)의 울타리 안에 소요(逍遙)하면서 명예, 모습 따위에는 흔들리지 않게 되었다. 상대가 배우려 하면 말하고, 상대가 밖에 있거든 그만두어라. 진심(眞心)에 문(門)을 세우지도 어떤 비방(祕方)도 마련하지도 말라. 진심(眞心)에 거처하되 전일(全一)하게 하여 부득이할 때만 응답한다면 도(道)에 가깝다.

세상에서 자취를 감추기는 쉬워도, 무심(無心)으로 소요(逍遙)하기란 어려운 일이다. 사람과 더불어 논할 때는 속이기 쉽지만, 천도(天道)와 더불어 논하면 속이기 어렵다. 날개 있어 난다는 말은 들었어도, 날개 없이 날았다는 이야기는 듣지 못했네. 지혜(智慧)로 사물의 이치를 안다는 말은 들었어도, 무지(無知)로 안다는 이야기도 듣지 못했네.

저 텅 빈 곳을 보라. 텅 빈 방이지만 환하게 밝지 않은가. 모든 행복과 평화와 자유가 이 허(虛)에 머무는 것이다. 그런데도 망심(妄心)이 그치지 못하고 밖으로 달리는 것을 일러 좌치(坐馳)라 이름 한다네. 무릇 눈과 귀를 안(眞心)으로 통(通)하게 하고, 마음(眞心)의 작용이 밖을 비추면 귀신(鬼神)도 찾아온다. 하물며 사람에 있어서는 더 말 할 것이 있겠는가! 이것이 바로 화생(化生)이라네. 순(舜)임금과 우(禹)임금도 이를 따랐으며 복희씨(伏羲氏)와 궤거씨(几蘧氏)도 평생 행한 바였다. 그러니 범부(凡夫)에 있어서는 말할 것이 있겠는가?"

▩ 某解

안회(顔回)가 망아(妄我)를 잊어 허(虛)를 알았다고 한다. 허(虛)란 공(空)과 같은 뜻이다. 망아(妄我)란 범부정념(凡夫情念)에 갇힌 가아(假我)이다. 그러므로 범부가 정념(情念)을 쉬면 진아(眞我)가 나타난다. 진아(眞我)가 나타나면 도(道)에 합한 것이다. 도(道)란 진아(眞我)에 거처하여, 진아(眞我)로 만사에 응하며, 진아(眞我)를 잊지 않는 것이다. 망아(妄我)를 잊는 것을 좌망(坐忘)이라하며, 좌망(坐忘)의 경지를 허(虛)라 한다. 좌망(坐忘)은 망심(妄心)을 잊은 것이다. 잊은 내용은 환(幻)이다. 환(幻)이므로 허(虛)라 한 것이다. 안회가 좌망(坐忘)하여 세속(世俗)의 울타리 안에 소요(逍遙)하게 되었다고 공자가 평하며 공부의 구요(九要)를 이른다.(그 實은 莊子의 境地이다.)

1. 상대가 배우려 하면 말하고, 밖에 있거든 그만두어라.
2. 진심(眞心)에 문(門)도 비방(祕方)도 마련하지 말라.
3. 진심(眞心)에 거처하되 전일(全一)하게 하라.
4. 부득이할 때만 응답하라. 그리한다면 도(道)에 가깝다.
5. 자취 감추기는 쉬우나 무심소요(無心逍遙)가 어렵다.
6. 범부는 속이기 쉽지만, 천도(天道)는 속이기 어렵다.
7. 저 빈 곳을 보라. 대자유가 허(虛)에 머무는 것이다.
8. 공부에 망심(妄心)이 그치지 못함을 좌치(坐馳)라 한다.
9. 안(眞心)으로 통(通)하게 하고, 밖을 비추라.

장자(莊子)가 촬요(撮要)한 공자(孔子)의 구요(九要)를 푼다.

1. 논어(論語)에 불분불개(不憤不開)라, 도(道)를 배우려 함에 스스로 대

분심(大憤心)을 일으키지 않으면 일러주지 아니한다고 하였으며, 또한 비부(鄙夫)라도 진실되이 도(道)를 물으면 공공(空空)의 진지(眞知)에 체용(體用)을 갖추어 두드리며 설명한다고 하였다. 공부에 실과(實果)가 있어도 때가 아니면 말을 삼가야 한다. 더구나 길이 다른 이를 만나면 뒤로 물러서야 한다.

2. 이환즉진(離幻則眞)이라, 상사(上士)의 공부는 다만 환(幻)을 쉴 뿐 다른 일은 두지 아니한다. 환(幻)이란 망심(妄心)이다. 진심을 밝히는 공부에 망심을 쉬는 길 외의 방법과 비법을 두는 자는 외도(外道)이다.

3. 공부가 전일(全一)하지 못하면 잡념(雜念)이 치성(熾盛)하여 나아갈 수 없다.

4. 묵묵좌조(默默坐照)가 익어야 도(道)에 가깝다. 그러므로 고인(古人)이 뒤로 물러나 고요히 지낸 것이다. 개오(開悟) 이후의 수도(守道)에 오직 묵묵좌조(默默坐照)로써 공부한다. 옛사람이 공부에 끝이 없다고 하였다.

5. 세사(世事)에 뒤로 물러서기는 쉬우나, 무심삼매(無心三昧)가 어렵다. 무심삼매(無心三昧)가 온전하지 않으면 무심소요(無心逍遙)가 온전하지 못하다. 장자(莊子)가 무심어세(無心御世) 무위이화(無爲而化)의 여덟 자를 종요(宗要)로 삼았으나, 장자도 무심삼매(無心三昧)에는 미진한 바가 있었다. 고로 피세(避世)하여 무심삼매(無心三昧)에 묵연히 거처했던 것이다.

6. 경지(境地)의 문제(問題)이다. 그 경지에 이르지 못하면 그 경지를 알 수 없는 것이다. 공자는 개오(開悟) 즉 지천명(知天命)한 십년 뒤에 이순(耳順)의 경지에 이르렀고, 이순(耳順) 십년 후에 종심(從心)의 경지에 이르렀다. 그리고 종심(從心) 이후의 경지는 말하지 않았다. 종심(從心) 이후는 종심(從心)에 이른 연후에 절로 나아가며 범부가 헤아릴 바가 아니기 때문이다.

장자는 무위이화(無爲而化)를 이르고, 무위이화(無爲而化)에 이르는 요목(要目)을 설한다. 무위이화(無爲而化)는 공자의 종심(從心)과 통한다. 그리고 그 다음의 경지를 말하지 않는다. 무위이화(無爲而化) 이후의 경지는 성인의 스승의 경지일 것이다.

7. 장자가 망심(妄心)의 본무(本無)를 설명한다. 망심(妄心)의 본무(本無)는 진심(眞心)이 드러나게 되면 확인할 수 있다. 범부는 망심에 가리워 있으므로 범부를 깨우는 가르침은 망심(妄心)의 내용을 설명하는 것이 먼저이고, 그 다음에 망심을 통해하면 진심(眞心)을 가리켜 보이는 것이다. 이러히 성인이 친절히 설명하였으나 괴벽범부(乖僻凡夫)는 제 깜냥대로 자기 망심(妄心)을 실답다고 이해하여 망심(妄心)으로 망견(妄見)을 주장하는 것이다. 말세의 벽학(辟學)과 괴범(乖凡)이 망견(妄見)의 잡설(雜說)로써 세상을 어지럽히는 근원이다.

8. 큰 결심과 큰 공부가 필요하다. 망심(妄心)의 내용이 환(幻)이라 배워 이해했더라도 망심 쉬는 공부가 쉽지 않다. 대저 욕망의 인식(認識)과 관습(慣習)을 벗는 인식(認識)의 대전환(大轉換)을 이루기가 쉽지 않기 때문이다. 그러므로 인생이 한 바탕의 꿈이라는 사실을 깨닫지 못하면 실다이 공부에 들기 쉽지 않은 것이다. 그러하기에 장자는 공부에 실다이 들지 못하는 까닭을 좌치(坐馳)라 설명한다.

9. 허통적조(虛通寂照) 즉 진심(眞心)에 허통(虛通)하여 항상(恒常)한 적조(寂照)를 체험해야 약간의 공부가 있다고 할 수 있는 것이다.

그러므로 장자(莊子)가 허통적조(虛通寂照)를 화생(化生)이라 설명하는 것이다. 그리고 "허통적조(虛通寂照)는 순(舜)임금과 우(禹)임금도 이를 따랐으며 복희씨(伏羲氏)와 궤거씨(几蘧氏)도 평생 행한 바였다. 그러니 범부(凡夫)에 있어서는 말할 것이 있겠는가?"라 한다. 공부란 좌치(坐馳)를 벗고, 허통적조(虛通寂照)에 합하는 것이다.

碧注

* **無行地**(무행지): 무심(無心)의 경지.
* **紐**(유): 끈. 매다. 묶다.
* **未始有回**(미시유회): 가아본무(假我本無).
* **虛**(허): 허령자명(虛靈自明).
* **全一**(전일): 순일무잡(純一無雜)
* **無心逍遙**(무심소요): 천연(天然)의 행.
* **坐馳**(좌치): 망심(妄心)을 그치지 못하는 것.
* **鬼神**(귀신): 여기서는 잡념(雜念).
* **虛通寂照**(허통적조): 진심(眞心)에 허통(虛通)하여 항상(恒常)한 적(寂)과 조(照)에 나아감.

5.
오직 유덕有德이라야

葉公子高는 將使於齊에 問於仲尼曰 王은 使諸梁也甚重이라
齊之待使者는 蓋將甚敬而不急이라. 匹夫도 猶未可動也니
而況諸侯乎아! 吾甚慄之라. 子常語諸梁也에 曰凡事는
若小若大하고 寡不道以懽成이라하시고 事若不成則
必有人道之患이오 事若成則 必有陰陽之患이라.
若成若不成而後無患者는 唯有德者能之라 吾
食也執粗而不臧장爨찬하니 無欲淸之人이라.
今에 吾朝受命而夕飮氷하니 我其內熱與라!
吾未至乎事之情而 旣有陰陽之患矣니 事若不成이면
必有人道之患이니 是兩也라 爲人臣者不足以任之니
子는 其有以語我來하는가! 仲尼曰 天下에 有大戒二하니
其一은 命也오 其一은 義也오. 子之愛親은 命也니
不可解於心이오 臣之事君은 義也니 無適而非君也라
無所逃도於天地之間이라 是之謂大戒라 是以夫事其親者는
不擇地而安之니 孝之至也오 夫事其君者는 不擇事而安之니
忠之盛也라 自事其心者는 哀樂不易施乎前이라
知其不可奈何 而安之若命이니 德之至也라 爲人臣子者는
固有所不得已 行事之情 而忘其身이니

何暇에 至於悅生而惡死라! 夫子는 其行이 可矣라.
丘는 請復以所聞하노니 凡交에 近則 必相靡以信이요
交遠則必忠之以言이라 言必或傳之니
夫傳兩喜兩怒之言은 天下之難者也라. 夫兩喜는
必多溢美之言이요 兩怒는 必多溢惡之言이니 凡溢之類는 妄이라
妄則其信之也莫이요 莫則傳言者殃이라 故로 法言曰
傳其常情하고 無傳其溢言則 幾乎全이라. 且以巧鬪力者는
始乎陽하고 常卒乎陰하여 泰至則多奇巧라 以禮飮酒者는
始乎治하고 常卒乎亂하여 泰至則 多奇樂이라. 凡事亦然하여
始乎諒하고 常卒乎鄙하니 其作은 始也簡하고 其將畢也 必巨라.
夫言者는 風波也요 行者는 實喪也라. 夫風波는 易以動이고
實喪은 易以危라. 故로 忿設無由요 巧言偏辭라. 獸死에
不擇音하고 氣息이 茀然하여 於是에 竝生心厲여라 剋核太至則
必有不肖之心하여 應之 而不知其然也라.
苟爲不知其然也에는 孰知其所終이라! 故로 法言曰 無遷令하고
無勸成하여 過度益也라. 遷令과 勸成은 殆事라 美成在久요
惡成不及改라 可不愼與아! 且夫乘物以遊心하고
託不得已以養中이 至矣라. 何作爲報也오! 莫若爲致命은
此其難者라.

섭공자고(葉公子高)가 제(齊)나라에 사신으로 가게 되어 공자(孔子)

에게 물었다.

“왕(王)이 저에게 중대한 사명을 주었습니다. 제(齊)나라는 사신을 정중하게 접대하겠지만, 교섭에 있어서는 서두르지 않을 것입니다. 필부(匹夫)의 마음도 움직이기 어려운데 제후(諸侯)에 있어서는 말할 필요도 없지 않겠습니까. 저는 일을 그르칠까 매우 걱정됩니다. 선생님께서는 일찍이 저에게 ‘모든 일에 있어서 그 크고 작음에 상관없이 도(道)가 아닌 것으로 흡족하게 이루어지는 것은 적다.’고 하셨습니다. 만일 일이 잘되지 못하면 왕(王)이 주는 벌(罰)을 피할 수 없습니다. 일을 성취한다 해도 필시 음양(陰陽)의 부조화(不調和)로 인해 병(病)에 걸릴 것입니다. 일을 이루거나 못 이루거나 간에 사후에 근심 걱정이 없는 것은 오직 유덕(有德)한 사람만이 할 수 있을 것입니다. 그런데 제가 먹는 것은 거칠어 좋은 음식이 못 됩니다. 불을 거의 때지 않으므로 음식 만들 때 시원함을 바랄 것도 없습니다. 오늘 아침에 저는 왕명(王命)을 받고 저녁에 얼음을 먹었는데도 오히려 속에서는 열이 식을 줄 모릅니다. 아직 일에 나아가기도 전에 이미 음양(陰陽)의 부조화(不調和)로 인한 병(病)에 걸렸습니다. 또한 임무를 제대로 수행 못할 경우 왕(王)은 처벌을 내릴 것입니다. 이 두 가지 재앙은 신하된 제가 임무를 감당하지 못해서 생긴 것입니다. 부디 선생님께서 저에게 가르침을 내려 주시기 바랍니다.”

공자(孔子)가 말하였다.

“천하에 크게 경계할 일이 두 가지 있습니다. 하나는 천명(天命)이고 다른 하나는 의(義)입니다. 자식이 어버이를 섬기는 것은 천명(天命)으로 사람의 마음에서 없앨 수 없습니다. 신하가 왕을 섬김은 의(義)로서 어떤 경우에도 왕(王)은 왕(王)인 것입니다. 이 둘은 하늘과 땅 사이에서 피할 수 없는 것으로 이를 크게 경계할 일이라고 일컫습니다. 따라서 어버이를 섬김에 있어서는 신분의 고하를 막론하고 편안히 모셔야만 지극한 효도(孝道)라 할 수 있습니다. 또한 임금을 받드는 데 있어서 무슨 일이든 가리지 않고 편안히 섬겨야만 반듯한 충(忠)이라고 할 수 있습니다. 스스로 자기 마음을 섬기는 이는 눈앞에 어떤 일이 일어나도 슬픔과 즐거움으로 흔들리지 않습니다. 어찌할 수 없음을 알고 천명(天命)에 따르는 것은 덕(德)의 지극(至極)함입니다. 왕(王)의 신하로서 사람의 아들로서 본디 어쩔 수 없는 일이 있으니, 주어진 바를 충실히 행하고 자기 몸을 잊어야 합니다. 그러니 어느 겨를에 삶을 좋아하고 죽음을 싫어하겠습니까! 그대(葉公子高)는 제(齊)나라로 가는 게 좋겠습니다."

(공자가 섭공자고(葉公子高)에게 말한다.)

"제가 들은 바를 말씀드리겠습니다. 무릇 가까운 나라와 교류할 때에는 반드시 신의(信義)로서 존중하고 먼 나라와는 모름지기 말로써 충심(忠心)을 표시하는 것입니다. 말에는 그것을 전할 사람이 필요합니다. 양쪽이 모두 기뻐하거나 화나게 하는 말을 하기는 매우 어렵습니다. 양쪽이 모두 기뻐하면 필시 지나치게 미사여구(美辭麗句)가 많은 것이고, 모두 화를 낸다면 틀림없이 지나치게 헐뜯는 말이 많은 것입니다. 지나친 말은 사실과는 다른 망령(妄靈)된 언어(言語)입니다. 따라서 망령된 말은 미덥지 않습니다. 말에 믿음이 안 가면 이를 전한 사람은 처벌을 받게 마련입니다. 그러므로 옛말에, '있는 그대로를 전(傳)하고 지나친 말은 전(傳)하지 않으면 그 몸을 보전(保全)할 수 있다.'고 했습니다.

(공자가 섭공자고(葉公子高)에게 계속해서 말한다.)

"또한 기교(技巧)로써 겨루는 경우, 처음에는 기쁜 마음으로 시작하다가도 항상 끝에 가서는 화를 내게 되는데 지나치게 되면 간사한 기교(技巧)가 많아지게 됩니다. 예를 갖추고 술을 먹을 때도 시작은 점잖지만, 끝에 가서는 늘 난잡해집니다. 지나칠 경우에는 기이한 쾌락(快樂)을 추구하게 됩니다. 모든 일이 이와 같아서 시초(始初)에는 당당하나, 시간이 지나면 비루(鄙陋)하게 됩니다. 처음에는 간략(簡略)하다가도 마지막에 이르면 복잡(複雜)해 집니다. 무릇 말이란 바람 따라 일어나는 물결과 같고 행동에는 득실이 있습니다. 풍파는 요동하기 쉽고 득실은 위태롭기 쉽습니다. 그러므로 화가 생기는 것은 다름이 아니라 교묘(巧妙)한 언사(言辭)와 왜곡(歪曲)된 말 때문입니다. 짐승이 죽음에 이를 때에는 소리를 가리지 않으며 호흡(呼吸)은 거칠어집니다. 여기서 사나운 마음이 생기는 것입니다. 남을 지나치게 비난하면 상대도 사납게 대응하게 되지만 왜 그런지 까닭을 모르게 됩니다. 그러한 이유도 알지 못하는데 어떻게 그 다툼의 종말(終末)을 알겠습니까! 그러므로 옛말에 '왕(王)의 명령을 고치지도 말고 무리하게 명령을 수행하지도 말라'고 일렀습니다. 지나침이란 불필요함을 덧붙임이며 왕(王)의 명령을 바꾸거나 무리한 임무를 수행하는 것은 위태롭게 하는 것입니다. 좋은 일은 이루어지는 데 오랜 시간이 소요되지만, 한번 저지른 나쁜 일은 고칠 수 없습니다. 어떻게 삼가하지 않을 수 있겠습니까! 그저 세상사에 따라 마음을 유유히 하고, 부득이(不得已)한 직분에 몸을 맡긴 채, 중도(中道)를 지키는 것이 최상의 길입니다. 어찌 조작(造作)해서 왕에게 보고하겠습니까. 사실 그대로 전(傳)하는 것 보다 못합니다. 그러나 그것이 참으로 어렵습니다."

6.
어찌 삼가 하지 않을 수 있겠는가?

顔闔은 將傅衛靈公太子에 而問於蘧伯玉曰 有人於此에 其德天殺이라 與之爲無方則 危吾國이요 與之爲有方則 危吾身이라 其知는 適足以知人之過요 而不知其所以過오 若然者를 吾奈之何일까 蘧伯玉曰 善哉問乎라 戒之 愼之하여 正汝身也哉저! 形莫若就요 心莫若和라 雖然之 二者有患하니 就不欲入이요 和不欲出이라 形就而入은 且爲顚爲滅 爲崩爲蹶이요 心和而出은 且爲聲爲名, 爲妖爲孽이라.

彼且爲嬰兒에 亦與之爲嬰兒요 彼且爲無町畦에 亦與之爲無町畦휴며 彼且爲無崖에 亦與之爲無崖니 達人入於無疵라 汝不知夫螳螂乎아 怒其臂以當車轍하고 不知其不勝任也니 是其才之美者也라. 戒之, 愼之하라!

績伐而美者는 以犯之 幾矣라. 汝不知夫養虎者乎아 不敢以生物與之니 爲其殺之之怒也오 不敢以全物與之니 爲其決之之怒也라 時其飢飽에 達其怒心이라.

虎之與人異類라 而媚養己者는 順也요 故其殺之者는 逆也라.

夫愛馬者는 以筐盛矢하여 以蜃盛溺한다. 適有蚊虻僕緣하여 而拊之不時하니 則缺銜毀首碎胸이라.

意有所至而愛有所亡이니 可不愼邪아!

안합(顔闔)이 위(衛)나라 영공(靈公)의 태자(太子)를 보좌하게 되어 거백옥(蘧伯玉)에게 물었다.

"여기 어떤 사람이 있는데 천성적으로 덕이 없는 인물입니다. 그와 더불어 무도(無道)한 짓을 하면 나라가 위태로워지고, 예법(禮法)에 따르게 할 경우에는 저의 목숨이 위태롭습니다. 그의 지혜(智慧)는 남의 허물만 볼 뿐이고, 허물의 원인(原因)은 알지 못합니다. 사람됨이 이와 같으니 제가 어떻게 해야 되겠습니까?"

이에 거백옥(蘧伯玉)이 말하였다.

"잘 물었습니다. 무엇보다도 경계하고 삼가서 자신의 몸가짐을 올곧게 해야 합니다. 태도는 그에 순응(順應)하는 것이 좋고 마음은 온화(溫和)해야 좋습니다. 비록 그러하나 여전히 두 가지에도 근심이 있습니다. 따라서 몸으로 따르더라도 끌려들지 말고 온화(溫和)함을 밖으로 드러내지 않아야 합니다. 모습으로 그를 좇아 끌려들면 뒤집혀 파멸당하고 무너져 넘어지게 됩니다. 온화(溫和)함을 드러내면 나쁜 소문(所聞)이 일고 재앙을 입게 됩니다. 그가 아이처럼 놀면 함께 아이 노릇을 하고 그가 아무렇게나 굴면 함께 절도 없이 굴어야 합니다. 또한 방탕(放蕩)하게 행동하면 같이 제멋대로 해야만 종래(從來)에는 그를 허물없는 길로 인도할 수 있습니다. 당신은 사마귀(螳당螂랑)를 모르십니까? 사마귀는 자기 팔을 휘두르며 수레바퀴에 맞서려 합니다. 자기가 감당 못할 것을 모르기 때문으로 이는 자기 재주를 과신한 탓입니다. 이런 짓을 삼가고 경계해야 합니다. 자신의 훌륭함을 드러내 상대를 거역하면 위태로워집니다.

그대는 호랑이 사육사를 보신 일이 있을 테지요? 그가 짐승을 산 채로 호랑이에게 주지 않는 것은 그것을 죽이는 사이에 사나움이 생

겨날 것이기 때문입니다. 결코 먹이를 통째로 주지 않는 것은 먹이를 찢는 사이에 사나움이 생길 것이기 때문입니다. 호랑이가 배고플 때와 배부를 때를 맞추어 그 사나운 마음씨를 달래야 합니다. 호랑이와 사람은 다른 종류임에도 불구하고, 호랑이가 양육하는 사람에게 순종(順從)하는 것은 호랑이의 본성(本性)대로 사육하기 때문입니다. 따라서 사육사가 호랑이에게 물려 죽는 것은 그의 본성(本性)대로 양육(養育)하지 않은 탓입니다.

그런데 말을 사랑하는 사람은 값비싼 광주리에 말똥을 담고 대합조개로 장식된 그릇에 오줌을 받습니다. 하지만 어쩌다 말의 등에 모기(蚊)나 등에(虻)가 달라붙어 있을 때, 갑자기 손으로 치면, 놀란 말은 재갈(銜)을 물어 끊고 사람의 머리를 부딪치고 가슴을 받습니다. 따라서 말에 대한 사랑은 지극하지만 결국 사랑하는 말은 잃는 경우가 있습니다. 어찌 삼가 하지 않을 수 있겠습니까!"

碧注

* 闔(합): 문짝, 문을 닫다. 간직하다.
* 蘧(거): 술패랭이꽃. 연꽃.
* 嬰(영): 갓난아이
* 筐(광): 광주리, 침상.
* 蚊(문): 모기.
* 銜(함): 재갈.
* 毀(훼): 헐다. 무찌르다.
* 碎(쇄): 부수다.
* 虻(맹): 등에. 패모(貝母). (蝱맹과 同字).
* 拊(부): 어루만질, 사랑할.

7.
유위산인有爲散人이 어찌 무위대용無爲大用을 알겠는가!

匠石이 之齊하여 至於曲轅하고 見櫟社樹하니 其大는 蔽數千牛
絜혈之百圍위요 其高는 臨山이라 十仞而後有枝하니
其可以爲舟者 旁十數라. 觀者如市한데 匠伯은 不顧하고
遂行不輟이라 弟子는 厭觀之하다가 走及匠石曰 自吾執斧斤하고
以隨夫子했으나 未嘗見材如此其美也이온대 先生은 不肯視하고
行不輟하니 何邪이까
曰 已矣라 勿言之矣라! 散木也에 以爲舟則沈하고
以爲棺槨則速腐하며 以爲器則速毁하며 以爲門戶則液樠하며
以爲柱則蠹두하니 是不材之木也라 無所可用故로
能若是之壽이라 匠石이 歸하니 櫟社는 見夢曰
女將惡乎比予哉아 若將比予於文木邪아 夫柤梨橘柚果
蓏之屬은 實熟하면 則剝則辱하여 大枝折하고 小枝泄하니
此以其能苦其生者也라.
故로 不終其天年而中道夭하니 自掊擊於世俗者也라.
物莫不若是라 且予求無所可用久矣라 幾死, 乃今得之하니
爲予大用이라. 使予也而有用이면 且得有此大也邪아
且也若與予也는 皆物也니 奈何哉아 其相物也

而幾死之散人이니 又惡知散木이랴! 匠石은 覺而診(畛)其夢하니 弟子曰 趣取無用則 爲社何邪이까 曰密하라! 若無言하라! 彼亦直寄焉이라 以爲不知己者 詬厲也라. 不爲社者 且幾有翦(箭)乎아! 且也彼其所保與衆異라 而以義喩之 不亦遠乎아!

장석(匠石)이 제(齊)나라로 가다가 곡원(曲轅)에 이르러 사당(祠堂)에 심어진 상수리나무를 보게 되었다. 나무의 크기는 수천마리의 소를 가릴 정도로 컸는데, 둘레는 백 아름이나 되었다. 높이는 산(山)을 내려다볼 정도이고, 열길 높이에서부터 가지가 나 있었다. 이 나무의 가지로도 배를 수십 척(尺)이나 만들 수 있을 정도였다. 이 상수리나무를 구경하는 사람이 장터처럼 북적거렸으나 장석(匠石)은 돌아보지도 않고 계속 길을 갔다. 장석(匠石)의 제자가 실컷 구경한 다음 그에게 달려와 말하였다.

"제가 도끼를 들고 선생님을 따라 다닌 이래로 아직까지 이처럼 훌륭한 재목(材木)을 본 적이 없습니다. 선생님이 거들떠 보지고 않고 가던 걸음을 멈추지 않은 것은 무슨 까닭입니까?"

장석(匠石)이 답하였다.

"아서라. 그런 말 말아라. 그것은 쓸모없는 나무다. 그 나무로 배를 만들면 금방 가라앉고, 널로 쓰면 곧 썩어버리며, 그릇을 만들면 쉽게 깨어지고, 문을 만들면 진액(津液)이 흐르고 기둥으로 쓰면 좀(蠹)이 생긴다. 이 상수리나무는 아무짝에도 쓸모가 없어서 이처럼 장수를 누리는 것이다."

장석(匠石)이 집에 돌아와 잠을 자는데 꿈에 그 상수리나무가 나타나 말하였다.

"그대는 나를 어디에 비교하려 하는가. 그대는 아름다운 나무(文木)에 비하려나? 저 아가위(돌배)나무, 배, 귤, 유자 따위는 열매가 익으면 잡아 뜯기는 욕(辱)을 당한다. 큰 가지는 꺾여지고 작은 가지는 당겨져 휘어진다. 이는 과실을 맺는 재주로 인해 자신의 삶이 괴로움을 받는 것이다. 그러므로 타고난 명(命)을 누리지 못하고 도중에 죽게 되는 것이다. 세속(世俗)에서 스스로 해침을 구하는 자인 것이다. 세상의 사물은 모두 이와 같다. 그런데 나는 쓸모없기를 구한 지가 오래 되었다. 여러 차례 죽을 뻔했으나, 작금(昨今)에 이르러 본성(本性)에 합하여 무위대용(無爲大用)에 거처하게 되었다. 내가 쓸모 있는(有用) 재목이었더라면 이처럼 온전히 크게 자랄 수는 없었을 것이다. 또한 그대는 나와 같은 물(物)이다. 어찌하여 하찮은 물(物)이라고 헐뜯는가? 거의 죽은 것과 같은 유위산인(有爲散人)이 어찌 무위대용(無爲大用)의 쓸모없는 산목(散木)을 알겠는가!"

장석(匠石)이 깨어나 꿈 이야기를 전하자 제자가 물었다.

"무용(無用)에 뜻을 두었으면서 사당(祠堂)나무가 된 것은 어째서입니까?"

장석(匠石)이 말하였다.

"조용히 잠자코 있게. 저 상수리나무는 사당(祠堂)에 몸을 맡기고 있을 뿐이다. 세상 사람들은 왜 사당나무가 되었는지 알지 못한 채, 상수리나무를 헐뜯는 것이다. 사당나무가 되지 않았다면 아마 베어졌을 것이다. 저 나무가 천수(天壽)를 누리는 것이 다른 나무들과는 이처럼 다르다. 그런데 사당나무의 겉모습을 보고 기리어 높인다면 그것은 사실(道)과 먼 일이 아니겠는가!"

碧注

* 櫟(력): 상수리나무. 난간. 칠. 찌를.
* 絜(혈): 헤아리다. 재다. 묶다.
* 仞(인): 길, 재다, 차다.
* 樠(만): 송진, 黑檀.
* 蠹(두): 좀.
* 詬(후): 꾸짖을. 욕보일.
* 翦(전): 자를, 가위, 깃을 붙인 화살. 전(箭)과 통한다.

8.

무용無用의 상서祥瑞

南伯子綦가 遊乎商之丘하여 見大木焉하니 有異 結駟千乘하고
將隱芘비其所籟라. 子綦曰 此何木也哉아 此必有異材라
夫仰而視其細枝 則拳曲而 不可以爲棟樑이요
俯而視其大根,則軸解而不可以爲棺槨곽이며
咶其葉,則口爛而爲傷이요 嗅之則 使人狂酲三日 而不已라.
子綦曰 此는 果不材之木也로 以至於此其大也니 嗟乎라
神人은 以此不材라!
宋에 有荊氏者하여 宜楸柏桑이라 其拱공把而上者는
求狙猴之杙者가 斬之하고 三圍四圍는 求高名之麗者가
斬之하며 七圍八圍는 貴人富商之家에서 求樿傍者 斬之한다.
故로 未終其天年 而中道之夭於斧부斤근하니 此材之患也라.
故로 解之 以牛之 白顙상者 與豚之亢鼻者 與人有痔病者는
不可以適河니 此皆巫祝 以知之矣라. 所以爲不祥也는
此乃神人之所以爲大祥也라.

남백자기(南伯子綦)가 상(商)의 구(丘)에 갔을 때, 거목(巨木)을 보았다. 말 네 필이 끄는 수레 천대를 매어도 나무그늘에 가려질 정도였다. 나뭇가지와 잎사귀로 가려질 정도였다. 남백자기(南伯子綦)가

말하였다. "대체 이 나무는 무슨 나무일까? 필시 이 나무는 좋은 재목일 텐데." 그러나 고개를 들어 그 나무의 가지를 보니 구불구불하여 마룻대나 대들보로는 쓸 수가 없고, 고개를 숙여 굵은 밑둥을 보니 속이 갈라져서 널로 사용할 수도 없을 것 같았다. 그 잎을 핥으면 입 안이 헐어 상채기가 생기고, 냄새를 맡으면 몹시 취하게 되어 사흘이 지나도 정신이 흐릿하였다.

남백자기(南伯子綦)가 말하였다.

"이 나무는 재목감이 아니어서 온전하게 자랐구나. 아! 신인(神人)도 이 나무 같이 쓸모없는 까닭에 무위염담(無爲恬惔)의 경지에 이르게 된 것이로구나."

송(宋)나라에 형씨(荊氏)라는 마을이 있었는데 그곳에 개오동나무, 잣나무, 뽕나무가 무럭무럭 잘 자랐다. 나무가 한 주먹 굵기로 자라면, 원숭이를 맬 말뚝 구하는 이가 와서 베어갔다. 서너 아름으로 자란 것은 커다란 마룻대를 필요로 하는 자가 잘라 갔다. 일곱, 여덟 아름으로 자란 것은 귀족(貴族)이나 부상(富商)들이 베어갔다. 그러므로 제 수명(壽命)을 마치지 못한 채, 도중에 도끼에 찍히는 것은, 쓸모 있는 재질의 재난(災難)인 것이다. 그런데 제사(祭祀)를 지낼 때 이마가 흰 소, 코가 하늘을 향해 솟은 돼지, 그리고 치질을 앓는 사람은 희생(犧牲) 제물(祭物)로 바쳐지지 않는다. 제사장인 무축(巫祝)이 이것들의 무용(無用)함을 알고 불길하게 여기기 때문이다. 그러나 신인(神人)은 바로 이 쓸모없음(無用)을 큰 상서로움으로 여기는 것이다.

某解

무용(無用)의 상서(祥瑞)를 비유했으나, 억비(臆比)이다.

碧注

* 芘(비): 당 아욱.
* 籟(뢰): 세 구멍 퉁소. 소리.
* 呫(시): 핥을, 말하다.
* 杙(익): 말뚝.
* 樿(전): 회양목.
* 顙(상): 이마.

9.
지리소 支離疏도 이러하거늘 -後士가 盲入한듯

支離疏者는 頤隱於臍하고 肩高於頂하며 會撮指天하고 五管在上하며 兩髀爲脇이라. 挫鍼治繲로 足以餬口하고 鼓莢播精으로 足以食十人이라. 上徵武士則 支離는 攘臂(而遊)於其間하고 上有大役則 支離는 以有常疾로 不受功하며 上與病者에 粟則受三鍾 與十束薪이라. 夫支離 其形者는 猶足以養其身하여 終其天年이니 又況支離其德者乎아!

지리소(支離疏)는 이는 턱이 배꼽 아래 감춰지고, 어깨가 정수리보다 높으며, 상투는 하늘을 가리키고, 오장(五臟)은 위에 올라가 있으며, 양 넓적다리는 옆구리에 닿아 있었다. 그렇지만 그는 바느질과 빨래일로 먹고 살 수 있고, 키질을 해서 곡식 고르는 일로 족히 열 명은 먹여 살릴 수 있었다. 또한 나라에서 장정을 징벌할 경우, 지리소(支離疏)는 팔을 휘저으며 그들 사이를 활보하고 다녀도 되었다. 국가에 역사가 있어도, 지리소(支離疏)는 병이 있다하여 소집이 면제되었다. 나라에서 병자(病者)에게 곡식(穀食)을 하사(下賜)할 때, 그는 세 가지 곡식과 땔나무 열 묶음을 받았다. 이처럼 육신(肉身)이 온전하지 못한 지리소(支離疏)도 자기 몸을 보전하며 천수를 누리는데, 하물며 무위(無爲)의 덕(德)이 온전한 이는 어떠하겠는가!

▌碧注

* 髀(비): 넓적다리.
* 脇(협): 옆구리. 갈빗대. 협(脅)과 同字.

10.

초광접여 楚狂接輿

초나라 괴각현자(乖角賢者) 접여(接輿)

孔子 適楚하니 楚狂接輿가 遊其門曰 鳳兮! 鳳兮!
공자 적초 초광접여 유기문왈 봉혜 봉혜

何如德之衰也!아 來世는 不可待오 往世는 不可追也라
하여덕지쇠야 내세 불가대 왕세 불가추야

天下有道면 聖人成焉하고 天下無道면 聖人生焉이라.
천하유도 성인성언 천하무도 성인생언

方今之時에 僅免刑焉이라 福輕乎羽에 莫之知載요
방금지시 근면형언 복경호우 막지지재

禍重乎地에 莫之知避라 已乎已乎하라 臨人以德하고
화중호지 막지지피 이호이호 임인이덕

殆乎殆乎하라 畫地而趨하며 迷陽迷陽에 無傷吾行하라
태호태호 화지이추 미양미양 무상오행

吾行卻曲하니 無傷吾足하라 山木은 自寇也요 膏火는 自煎也라
오행각곡 무상오족 산목 자구야 고화 자전야

桂可食故로 伐之요 漆可用故로 割之라 人皆知有用之用
계가식고 벌지 칠가용고 할지 인개지유용지용

而莫知無用之用也라
이막지무용지용야

공자(孔子)가 초(楚)나라에 갔는데, 광현(狂賢) 접여(接輿)가 공자가 머문 집 앞에서 노래하였다.

"봉황(鳳凰)이여! 봉황(鳳凰)이여!
어찌하여 덕(德)이 쇠(衰)하셨나.

앞날은 아직 오지 않았고
지난날은 부를 수 없는 것.
천하에 도(道)가 있으면
성인(聖人)은 자신의 일(經世)을 이루고,
천하(天下)에 도(道)가 없으면
성인(聖人)은 피세(避世) 하나니.
지금 세상에서는 환난(患難)을 면하는 게 고작일 뿐.
복(福)은 깃털보다 가벼운 데 담을 줄 모르고
화(禍)는 땅보다 무거우나 피할 줄 모르누나.
그냥 쉬시게나(已乎)! 그냥 쉬시게나(已乎)!
덕(德)으로 남을 교화하려는 것은 어리석은 짓.
위태하도다! 위태하도다!
땅에 금을 긋고, 그 안에서 허둥대는 일.
순양(純陽. 大道)에 미혹(迷惑)하나니!
순양(純陽. 大道)에 미혹(迷惑)하나니!
도덕(道德)을 상(傷)치 마오.
덕(德)을 굽게하여 신족(神足)을 상(傷)하지 마오.
산의 나무는 스스로 나무도둑을 부르고
기름불은 제 몸을 사르는구려.
육계(肉桂)는 먹을 수 있어 베어지고
옻나무는 쓸모가 있어 껍질이 벗겨진다오.
사람들은 유용(有用)의 용(用)만 알 뿐
무용(無用)의 용(用)은 알지 못하누나."

▓某解

접여(接輿)는 춘추시대 초(楚)나라 사람이다. 자(字)는 육통(陸通). 소왕(昭王) 때 머리를 풀고 거짓 미친 체하여 벼슬에 나아가지 않고, 무명(無名)과 무위(無爲)를 노래하고 피세(避世)하여 초광(楚狂)이라 불리었다. 접여(接輿)는 도(道)에 밝은 괴각현자(乖角賢者)이며 노자(老子)의 문인(門人)일 것이다. 접여(接輿)의 과게(過偈)에 나타난 도리(道理)가 예사롭지 아니하다. 과게(過偈)를 푼다.

"봉황(鳳凰)이여! 봉황(鳳凰)이여!
어찌하여 덕(德)이 쇠(衰)하셨나.
앞날은 아직 오지 않았고,
지난날은 부를 수 없는 것이라.
진심(眞心)의 대도(大道)는
과거 현재 미래라 할 것 없나니.
지극한 도(道)는 쉬지 않노매라!

천하에 도(道)가 있으면 경세(經世)를 이루고,
천하(天下)에 도(道)가 없으면, 피세(避世)할지라.
지금 세상은 환난(患難)을 면하는 게 고작.
복(福)은 깃털보다 가볍고, 화(禍)는 땅보다 무겁네라.

그냥 쉬시게나! 그냥 쉬시게나!
지금 세상에 덕화(德化)는 어리석은 짓.
도(道)는 그 때가 되어야 넓혀지고,
그 때에 그 사람이라야 높여지는 것이오.

위태하도다! 위태하도다!
땅에 금을 긋고, 그 안에서 허둥대는 일은
대도(大道)에 미혹(迷惑)한 처세이거라.

봉황(鳳凰)이여! 도덕(道德)을 상(傷)치 마오.
덕(德)을 굽혀 공적영지(空寂靈知)를 어둡게 마오.
산 나무는 도둑을 부르고, 기름불은 제 몸을 사르는구려!

육계(肉桂)는 약성(藥性)이 높아 베어지고
옻나무는 쓸모가 있어 껍질이 벗겨진다오.
경세(經世)는 대자(大慈)이나,
그 때가 아니면 이루기 어렵소.

세속(世俗)은 유용(有用)의 용(用)만 쓸 뿐,
무용(無用)의 용(用)은 알지 못한다오."

세상 사람은 칠정(七情)의 정념(情念)에 거처한다. 그런 까닭에 정념(情念)이 대위(大僞) 즉 큰 거짓인 줄 알지 못하는 것이다. '경쟁하여 다투는 정자(政者)가 대도(大道)를 어찌 알며, 전쟁의 혼란 속에 허둥대는 민중이 어찌 대도(大道)에 교화되겠느냐?'는 접여(接輿)의 과게(過偈)라 하겠다. 접여의 과게(過偈)는 '대도(大道)의 교화를 하지말라!'는 뜻이 아니요, 다만 그 때에 맞게 대도(大道)를 넓히라는 의미이다. 혹자는 공자(孔子)와 접여(接輿)의 우열(優劣)을 논하나 부질없는 일이다. 공자(孔子)는 대도(大道)를 넓히는 데 뜻을 두었고, 접여(接輿)는 스스로를 더욱 밝게 하여 그 때를 기다리라는 은자(隱者)이다. 대도(大道)가 세상에 넓혀지는 것이 모든 성인(聖人)의 뜻이나, 범부의 좋아하는 바가 욕망(欲望)과 경쟁(競爭)이라, 본래의 평등(平等)과 자유(自由)를 어찌 헤아리랴!

접여(接輿)의 마지막 말, 무용(無用)의 대용(大用)이 과게(過偈)의 본지(本旨)이다. 무용(無用)이란 정념(情念)이 쉰 진심(眞心)의 용(用)이다. 진심(眞心)의 용(用)이므로 대용(大用)이라 이름한 것이다. 논어(論語) 미자편(微子篇)에도 접여(接輿)의 게(偈)가 보인다. 접여(接輿)의 경지를 논하려면 먼저 접여(接輿)의 경지를 보아야할 것이다. 접여는 장자의 선배이다. 장자(莊子)가 접여(接輿)의 과게(過偈)를 실은 것은 뒷사람이 접여(接輿)에게 배울 바가 크기 때문일 것이다.

碧注

* **勤免**(근면): 겨우 면하다.
* **不可追**(불가추): 부를 수 없다. 과거는 이미 없다는 뜻.
* **迷陽**(미양): 도(道)에 미혹하다. 양(陽)은 청정진기(淸淨眞氣)이다.
* **純陽**(순양): 지도(至道). 대도(大道).
* **純陽**(순양)에 미혹(迷惑): 자성(自性)의 청정(淸淨)에 미혹하다.
* **郤曲**(각곡): 도덕(道德)을 굽게 하다. 郤은 却의 本字.
* **神足**(신족): 공적영지(空寂靈知)의 드밝은 작용.
* **有用**(유용)의 **用**(용): 유정(有情)의 용(用). 凡夫情家의 用.
* **無用**(무용)의 **用**(용): 무정(無情)의 용(用). 脫俗無情家의 大用.

장자직해 제5편

덕충부 德充符

노자老子에 범부가 몸身으로 환患을 삼는다고 하였다. 소동파蘇東坡도 몸이 한 때의 환신幻身인줄 알면, 인생에 어느 때라도 불우불구不憂不懼한다고 읊었다. 만약 몸을 잊었거든 말해보라! 이 세상은 무엇이며 그대는 누구인가?

1.

올현왕태 兀賢王駘

형벌로 한쪽 발뒤꿈치가 잘린 현자, 왕태

魯에 有兀者 王駘하여 從之遊者는 與仲尼로 相若하다 常季는
노 유올자 왕태 종지유자 여중니 상약 상계

問於仲尼曰 王駘는 兀者也라 從之遊者는 與夫子로
문어중니왈 왕태 올자야 종지유자 여부자

中分魯하며 立不教요 坐不議하나 虛而往하고 實而歸하니
중분노 입불교 좌불의 허이왕 실이귀

固有不言之教며 無形而心成者耶이까 是何人也이까
고유불언지교 무형이심성자야 시하인야

仲尼曰 夫子는 聖人也라 丘也는 直後而未往耳라
중니왈 부자 성인야 구야 직후이미왕이

丘將以爲師이은 而況不若丘者乎!아 奚假魯國이라!
구장이위사 이황불약구자호 해가노국

丘將引天下而與從之하리라 常季曰 彼는 兀者也나
구장인천하이여종지 상계왈 피 올자야

而王先生하니 其與庸亦遠矣라 若然者면 其用心也는
이왕선생 기여용역원의 약연자 기용심야

獨若之何이까 仲尼曰 死生이 亦大矣라 而不得與之變이라
독약지하 중니왈 사생 역대의 이부득여지변

雖天地覆墜라도 亦將不與之遺라 審乎無假니
수천지복추 역장불여지유 심호무가

而不與物遷이라 命物之化하며 而守其宗也라 常季曰
이불여물천 명물지화 이수기종야 상계왈

何謂也니까 仲尼曰 自其異者로 視之하면 肝膽도 楚越也오
하위야 중니왈 자기이자 시지 간담 초월야

自其同者로 視之하면 萬物皆一也라. 夫若然者 且不知耳
자기동자 시지 만물개일야 부약연자 차부지이

目之所宜이나 以遊心乎德之和라 物視其所一하고
목지소의 이유심호덕지화 물시기소일

而不見其所喪이라 視喪其足을 猶遺土也라. 常季曰
이 불 견 기 소 상 시 상 기 족 유 유 토 야 상 계 왈

彼爲己以其知로 得其心하고 以其心으로 得其常心하는데
피 위 기 이 기 지 득 기 심 이 기 심 득 기 상 심

物은 何爲最之哉이가 仲尼曰 人莫鑑於流水하고
물 하 위 최 지 재 중 니 왈 인 막 감 어 유 수

而鑑於止水라 唯止 能止 衆止라. 受命於地는 唯松柏이
이 감 어 지 수 유 지 능 지 중 지 수 명 어 지 유 송 백

獨也正이니 在冬夏靑靑이오 受命於天은 唯舜이 獨也正이라
독 야 정 재 동 하 청 청 수 명 어 천 유 순 독 야 정

幸能正生하여 而正衆生이라 夫保始之徵은 不懼之實이니
행 능 정 생 이 정 중 생 부 보 시 지 징 불 구 지 실

勇士一人이 雄入於九軍하니 將求名而 能自要者도
용 사 일 인 웅 입 어 구 군 장 구 명 이 능 자 요 자

而猶若是이온 而況官天地하고 府萬物하며 直寓六骸에
이 유 약 시 이 황 관 천 지 부 만 물 직 우 육 해

象耳目하여 一知之所知도 而心未嘗死者乎!아 彼는
상 이 목 일 지 지 소 지 이 심 미 상 사 자 호 피

且擇日而登假하니 人則從是也라.
차 택 일 이 등 가 인 즉 종 시 야

彼는 且何肯以物爲事乎아!
피 차 하 긍 이 물 위 사 호

노(魯)나라에 왕태(王駘)라는 올자(兀者, 형벌로 한쪽 발뒤꿈치가 잘린 사람)가 있었다. 그를 따라 배우는 사람이 공자(孔子)를 따르는 사람의 수와 비슷하였다.

상계(常季)가 공자(孔子)에게 물었다.

"왕태(王駘)는 형벌로 발뒤꿈치가 잘린 사람인데도 좇아 배우는 이들이 선생님과 함께 노나라 사람을 반씩 나누었다고 합니다. 그는 서 있어도 가르침을 펴지 않고, 앉아 있어도 의론(議論)하지 않습니

다. 그러나 스스로 비우고 배움에 나아갔던 자가 청정(清淨)을 자득(自得)하여 돌아갑니다. 그는 말없는 가르침을 베풀고 무형무위(無形無爲)의 참마음(眞心)에 온전한 이가 아닌가 싶습니다. 그는 어떤 사람입니까?"

공자(孔子)가 말하였다.

"그 분은 성인(聖人)이다. 나는 아직 찾아뵙지 못했다. 나도 장차 스승으로 뫼시려 하는데 나보다 못한 사람이야 말할 것이 있겠느냐? 어찌 노나라 사람만 그러하겠는가. 나는 천하 사람을 이끌고 그를 섬기려 한다."

상계(常季)가 말하였다.

"그는 올자(兀者)인데도 선생님보다도 더 훌륭하다고 합니다. 사람들보다 덕(德)이 훨씬 높을 것입니다. 이런 이는 마음 씀을 어떻게 하는 것입니까?"

공자(孔子)가 말하였다.

"죽음과 삶은 인생의 큰 문제이나, 그 변화와 더불어 하지 않고, 하늘이 뒤집히고 땅이 꺼져도, 그는 더불어 잃는 것이 없다. 대도(大道)와 하나라, 변화 속에 대도(大道)의 종(宗)을 지키는 것이다."

상계(常季)가 이에 물었다.

"그 말씀의 뜻이 무엇입니까?"

공자(孔子)가 대답하였다.

"다르다는 관점에서 보자면 간과 쓸개도 초(楚)나라와 월(越)나라 만큼이나 떨어져 있지만, 같은 관점으로 보면 만물은 하나이다. 무릇 이와 같은 이는 귀와 눈의 보고 들음에 정념이 없고, 마음은 덕(德)의 조화를 나툰다. 그는 만물의 한결같은 근원을 보되 변화는 보지 않는다. 그 발을 잃은 것을 마치 흙을 털어 버리는 것으로 여긴다."

이에 상계(常季)가 말하였다.

"왕태(王駘)는 다만 스스로를 닦아 밝혔습니다. 밝혀진 마음으로 항상(恒常)한 마음에 나아갔을 뿐입니다. 그런데 세상 사람들은 무슨 까닭으로 그에게 모여드는 겁니까?"

공자(孔子)가 대답하였다.

"사람들은 흐르는 물로 거울삼지 않고 멈추어 있는 물을 거울삼는다. 이와 같이 오직 멈춰있는 것만이 능히 멈춰있음으로써 모든 것을 멈추게 할 수 있는 것이다. 땅 위의 식물 가운데 오직 소나무와 잣나무만이 정기(正氣)를 지니고 있어 겨울이나 여름이나 내내 푸르다. 하늘로부터 생명을 받은 사람 가운데 순(舜)임금만이 정기(正氣)를 지녀서 다행히도 정심(正心)으로써 뭇사람을 바르게 이끌 수 있는 것이다. 대저 본성(本性)의 해맑은 기미(機微)를 항상하게 보전하는 이는 세상의 어떤 일도 두려워하지 않는 법이다. 한 용사(勇士)가 씩씩하게 적진 속으로 뛰어드는 수가 있다. 용맹의 이름을 떨치고자 하는 자도 그러한데, 하물며 하늘땅을 뜻대로 하고, 만물을 나로 삼으며, 자신의 몸도 한 때의 객사(客舍)로 여기고, 귀와 눈도 가상(假象)이며, 모든 변화가 일심(一心)의 작용일 뿐임 알며, 참 마음(眞心)이 사생(死生)을 벗어난 이야 어떠하겠는가! 그는 날을 택해 세상을 떠날 것이다. 그러하기에 사람들이 그를 따르는 것이다. 이런 이가 어찌 사람을 모아 세상일을 도모하겠는가!"

▮某解

장자(莊子)가 올현(兀賢) 왕태(王駘)를 등장시켜 지도(至道)의 묘용(妙用)

을 드러내 보인다. 불언지교(不言之教)와 무형이심성(無形而心成)은 지인(至人)의 상교(上教)이다.

장자가 담백하게 상교(上教)를 설명한다. 왕태(王駘)는 서 있어도 가르침을 펴지 않고, 앉아 있어도 의론(議論)하지 않는다고 한다. 이것은 노자(老子)의 불언지교(不言之教)이다. 그러나 불언지교(不言之教)를 보고 배우는 이는 숙세(宿世)의 선근(善根)이라야 쉬이 가능하다. 우언(寓言)을 통해 방외(方外)의 선근(善根)을 세워 불언지교(不言之教)를 설명한 것이다. 지극한 도(道)는 언어와 모습이 민멸(泯滅)해야 드러나는 것이다. 배우는 이가 이 도리를 간과하면 끝내 묘도(妙道)를 자득(自得)할 수가 없을 것이다.

범부의 인생에 죽음과 삶의 문제만큼 큰일은 없다. 그러나 지인(至人)은 죽음과 삶의 변화와 더불어 하지 않는다. 지인(至人)에게 죽음과 삶은 눈을 한번 껌벅이는 것과 같을 뿐이다. 왜냐하면 지인(至人)은 진심(眞心)이 성성(惺惺)하여 두렷하기 때문이다. 지인(至人)은 만물의 한결같은 근원을 보되 변화는 보지 않는다. 그러므로 왕태(王駘)는 세형(世刑)으로 발을 잃었으나 마치 옷에 묻은 흙을 털어 버리는 것으로 여긴다.

범부는 정념(情念)의 전변(轉變) 속에 있어 진심(眞心)을 보지 못한다. 정념(情念)이 그쳐야 멈추고, 멈추면 바른 눈으로 해맑은 세계를 볼 수 있다. 그러므로 장자(莊子)가 오직 멈춰있는 것만이 능히 멈춰있음으로써 모든 것을 멈추게 할 수 있다고 하는 것이다. 정념(情念)이 멈추는 실상(實相)에 나아가지 못하면, 다만 장자(莊子)의 말을 믿거나 이해하는 사람에 불과한 것이다.

정념(情念)을 멈춘 사람은 몸을 한 때의 객사(客舍)로 여기고, 삶과 죽음을 눈 한번 껌벅임 정도로 여긴다. 그러기에 지인(至人)은 사생(死生)을 벗어났다고 하는 것이다. 정념(情念)을 멈춘 사람은 몸을 여읠 때, 날을 택해 떠난다. 그저 떠날 뿐이라, 세상을 떠남에 우울함과 두려움과 섭섭

함이 없다. 지인(至人)은 떠남이 떠남이 아니기에 담연(淡然)한 것이다. 이러한 이가 어찌 정념(情念)의 모습놀이에 거처하며, 사람을 모아 세상일을 도모하겠는가?

공부란 다만 정념(情念)을 쉬는 것이다. 정념(情念)을 쉬면 성인의 말씀이 자기(自己)를 설명했음을 알게 된다.

2.

올현, 신도가 兀賢, 申徒嘉

申徒嘉는 兀者也라 而與鄭子産으로 同師於伯昏無人이라.
子産이 謂申徒嘉曰 我先出則子止하고 子先出則我止하자
其明日에 又與合堂同席而坐하여 子産이 謂申徒嘉曰
我先出則子止하고 子先出則我止하세. 今에 我將出하니
子可以止乎아 其未邪아 且子見執政에 而不違하니
子가 齊執政乎아 申徒嘉曰 先生之門에 固有執政焉如此哉아
子는 而悅子之執政하여 而後人者也라 聞之曰
鑑明則塵垢不止이고 止則不明也라. 久與賢人處則無過이나
今子之所取大者는 先生也인데 而猶出言若是하니 不亦過乎아!
子産曰 子旣若是矣라. 猶與堯爭善이라 計子之德이 不足하니
以自反邪아 申徒嘉曰 自狀其過하여 以不當亡者衆이오
不狀其過하여 以不當存者寡라 知不可奈何 而安之若命은
唯有德者能之라. 遊於羿예之彀각中하여 中央者는 中地也라
然而不中者는 命也라. 人은 以其全足으로 笑吾不全足者는
多矣라 我怫然而怒하다. 而適先生之所則 廢然而反하니
不知先生之洗我以善邪아 吾與夫 子遊十九年
而未嘗知吾兀者也라 今에 子與我 遊於形骸之內 而子索我
於形骸之外하니 不亦過乎아! 子産은 蹴然改容更貌曰
子無乃稱하시라!

신도가(申徒嘉)는 올자(兀者)이다. 그는 정(鄭)나라의 재상(宰相), 자산(子産, 公孫僑)과 함께 백혼무인(伯昏無人)을 스승으로 모셨다. 어느 날 자산(子産)이 신도가(申徒嘉)에게 말하였다.

"내가 먼저 밖으로 나가면 자네는 남아 있게. 자네가 먼저 나가면 내가 남아 있겠네."

다음날에 또 두 사람이 한자리에 앉게 되자 자산(子産)이 신도가(申徒嘉)에게 말하였다. "내가 먼저 나가면 자네는 남아 있게. 자네가 먼저 나가면 나는 남아 있겠네. 지금 내가 나갈 터이니 자네는 그대로 남아 있어 주겠는가? 그런데 자네는 재상인 나에게 공손하게 길을 비키지 않는구나. 자네도 재상(宰相)인가?"

신도가(申徒嘉)가 답하였다.

"우리 선생님의 문하(門下)에 재상이란 직위가 있었던가? 자네는 스스로 재상임을 과시하면서 남을 업신여기고 있네. 이런 말이 있네. '거울이 맑은 것은 먼지가 끼지 않아서이고, 먼지가 끼면 거울이 흐려진다. 어진 사람과 오래 사귀면 허물이 없어진다.' 지금 자네가 소중히 배워야 할 것은 선생님의 도(道)일세. 그런데도 여전히 자네가 이런 말을 하다니 허물이 아니겠는가!"

이에 자산(子産)이 말하였다.

"자네는 이미 그처럼 올자(兀者)이면서 요(堯)임금과 훌륭함을 견주려 하는구나. 어찌하여 스스로의 덕(德)을 보고 반성하지 않는가?"

이에 신도가(申徒嘉)가 답하였다.

"자신의 잘못을 분명하게 알면서도 발뒤꿈치가 잘린 것을 부당하게 여기는 자는 많아도, 자신의 잘못을 알지도 못하면서 발이 온전한 것을 부당하게 여기는 사람은 드물다네. 어쩔 수 없음을 알고,

명(命)에 순응(順應)하는 일은 오직 유덕자(有德者)라야 할 수 있다네. 예컨대 활의 명인(名人)인 예(羿)의 사정거리 안에 있으면, 그 어디라도 화살에 맞을 것일세. 그런데도 활에 맞지 않은 것은 운(命)이지 덕(德)이 아니라네. 세상 사람들은 자기의 두 다리가 멀쩡하고 내 다리가 불구라면서 비웃는 사람이 많다. 이에 나는 발끈 화를 내다가도 선생님 댁에 가면 모두 잊고, 염담허무(恬憺虛無)의 본성(本性)으로 돌아가네. 선생님의 덕(德)으로 나의 어리석음을 씻어 주셨는지는 알지 못하겠네. 나는 선생님을 십구 년 동안이나 모셨지만, 선생님은 지금까지도 내가 발병신이라는 것을 알지 못하시네. 이제까지 자네와 나는 본성(本性)으로 교유(交遊)했을 터인데, 자네가 나의 겉모습(外形)에 치우쳐 있으니 허물이 아니겠는가?"

이에 자산(子産)이 놀라 얼굴빛을 고치며 말하였다.

"여보게 그만하시게나."

碧注

* **申徒嘉**(신도가): 정(鄭)나라 대현(大賢).
* **子産**(자산): 정(鄭)나라 재상. 성은 공손(公孫), 이름은 교(僑).
* **伯昏無人**(백혼무인): 무념고사(無念高士). 伯昏(백혼)은 진심(眞心)을 뜻하고, 無人(무인)은 범부의 마음이 없다는 뜻. 열자(列子)에는 伯昏瞀人이라 하다. 무(瞀)는 침침하다.
* **所取大者**(소취대자): 소중히 여기는 것은.
* **羿**(예): 요(堯) 시절, 활의 명수.
* **殼**(각): 껍질. 씨. 내려치다.
* **怫然而怒**(불연이노): 발끈하여 화내다.
* **廢然而反**(폐연이반): 노(怒)를 버리고 평상으로 돌아가다.
* **形骸之內**(형해지내): 마음. 진심(眞心).

3.
올자, 숙산무지 兀者, 叔山無趾

魯有兀者 叔山無趾가 踵하여 見仲尼하니 仲尼曰 子는
不謹前하여 旣犯患若是矣라. 雖今來나 何及矣라!
無趾曰 吾唯不知務 而輕用吾身하여 吾是以亡足이라.
今吾來也에 猶有尊足者存焉하니 吾是以務全之也라.
夫天無不覆하고 地無不載라 吾以夫子로 爲天地니
安知夫子之猶若是也리오! 孔子曰 丘則陋矣라
夫子는 胡不入乎아 請講以所聞하리다! 無趾가 出하다.
孔子曰 弟子야 勉之하라! 夫無趾兀然者 猶務學 以複補前
行之惡이온 而況全德之人乎아! 無趾는 語老聃曰
孔丘之於之人이 其未邪아 彼는 何賓賓以學子爲인가
彼且蘄기以諔숙詭幻怪之名聞이요 不知至人之
以是爲己桎梏邪아 老聃曰 胡不直使彼로 以死生爲一條하고
以可不可爲一貫者하여 解其桎梏이 其可乎저
無趾曰 天刑之니 安可解랴!

노(魯)나라의 올자(兀者) 숙산무지(叔山無趾)라는 사람이 다리를 질질 끌면서 공자(孔子)를 찾아갔다.

공자(孔子)가 말하였다.

"자네는 평소에 함부로 행동하다가 죄를 짓고 돌이킬수 없는 몸이 되고 말았다. 이제 나를 찾아왔지만 이미 늦은 게 아니겠느냐?"

숙산무지(叔山無趾)가 말하였다.

"저는 도(道)를 힘써 배우지 않은 채, 몸을 가볍게 놀린 까닭에 발뒤꿈치를 잘렸습니다. 오늘 제가 온 것은 발보다 귀중한 것이 남아있기 때문입니다. 따라서 저는 이를 온전하게 하려고 합니다. 하늘은 만물(萬物)을 덮어주고 땅은 만물(萬物)을 실어줍니다. 저는 선생님을 하늘같고 땅 같이 여겨왔는데, 선생님께서 이처럼 대하실 줄 어떻게 짐작이나 했겠습니까!"

공자(孔子)가 말하였다.

"내가 고루(固陋)하였네. 여보게, 왜 들어오지 않는가. 내가 듣고 배운 바를 말해주리라."그러나 숙산무지(叔山無趾)가 그냥 가버리자, 공자(孔子)는 제자들에게 말하였다.

"너희들도 힘써 배워라. 숙산무지(叔山無趾)는 올자(兀者)인데도 힘써 배워 전날의 잘못을 씻고, 도(道)를 회복(回復)하고저 한다네. 하물며 육신(肉身)이 멀쩡한 자네들이 어찌 힘써 공부하지 않을 수 있겠느냐."

어느 날, 숙산무지(叔山無趾)가 노담(老聃)에게 말하였다.

"공자(孔子)가 지인(至人)의 경지에 이르려면 아직 멀었습니다. 그런데도 그는 자꾸만 제자들을 가르치려 합니다. 그는 헛된 명성(名聲)을 바라지만, 지인(至人)은 이것을 질곡(桎梏)으로 여기는 것을 알지 못합니다."

노담(老聃)이 말하였다.

"왜 공자(孔子)에게 죽음과 삶이 하나이고, 옳음과 그름도 하나라고 일러 주어, 그의 얽매임을 풀어주지 않았는가?"

이에 숙산무지(叔山無趾)가 답하였다.

"천형(天刑, 스스로 가두어 속박함)인데, 어찌 풀어 줄 수 있겠습니까!"

碧注

* 蘄(기): 재갈. 마함(馬銜).
* 諔(숙): 속이다. 고요하다.

4.

추현, 애태타 醜賢, 哀駘它

魯의 哀公이 問於仲尼曰 衛有惡人焉 曰哀駘它한데
丈夫與之處者는 思而不能去也요. 婦人見之하고
請於父母曰與爲人妻면 寧爲夫子妾者 十數而未止也라.
未嘗有聞其唱者也요 常和人而矣라 無君人之位로
以濟乎人之死하고 無聚祿으로 以望人之腹하며
又以惡駭天下하되 和而不唱한다 知는 不出乎四域이요
且而雌雄合乎前하니 是必有異乎人者也라. 寡人이
召而觀之하니 果以惡駭天下라. 與寡人處에 不至以月數에
而寡人이 有意乎其爲人也요 不至乎期年에 而寡人이 信之하여
國無宰하므로 寡人이 傳國焉한즉 悶然而後應하였고
氾然而若辭하였으니 寡人이 醜乎아 卒授之國하였으나 無幾何也에
去寡人而行하니 寡人이 恤흘焉若有亡也에 若無與樂是國也라.
是何人者也이가 仲尼曰 丘也嘗使於楚矣에 適見㹠子
食於其死母者러니 少焉에 眴若皆棄之而走하니 不見已焉爾요
不得類焉爾라. 所愛는 其母者요 非愛其形也며
愛使其形者也라. 戰而死者는 其人之葬也에 不以翣삽資이요
刖월者之屨구는 無爲愛之니 皆無其本矣라. 爲天子之諸御는
不爪翦하면 不穿耳하고 取妾者는 止於外하고 不得復使하니

形全猶足以爲爾는 而況全德之人乎이까!
今에 哀駘它는 未言而信하고 無功而親하여 使人授己國에
唯恐其不受也니 是必才全而德不形者也라.

노(魯)나라 애공(哀公)이 공자(孔子)에게 물었다.

"위(衛)나라에 아주 못생긴 사람이 있는데 이름이 애태타(哀駘它)입니다. 남자(男子)들이 그와 함께 있게 되면, 그를 존경(尊敬)해서 곁에서 떠나지 못합니다. 여자(女子)들은 그를 한번 보고는 '다른 사람의 정처(正妻)가 되기보다는 차라리 그의 첩(妾)이 되겠다'고 부모에게 청(請)하는 이가 수십 명도 넘습니다. 그가 무언가를 주장하는 것을 들은 적이 없고, 언제나 주위 사람들의 견해에 따를 뿐입니다. 그는 임금의 지위에 있어 사람의 죽음을 구해주는 것도 아니요, 재산(財産)이 있어 남의 배를 채워 주는 것도 아닙니다. 게다가 천하를 놀라게 할 정도로 흉(凶)하게 생겼습니다. 그는 남의 견해를 존중(尊重)할 뿐, 자기주장을 내세우지 않습니다. 그의 지식(知識)은 사방 먼 곳까지 미치지도 못합니다. 그런데도 많은 남자 여자들이 그에게 모여 드는 것은 필시 여느 사람과는 다른 데가 있을 것입니다.

내가 불러 살펴보았더니 과연 천하를 놀라게 할 정도로 못생겼더군요. 그렇지만 그와 함께 있은 지, 한 달도 되지 않아서 그의 사람됨에 끌리게 되었고, 또 일 년도 못 되어 나는 그를 신임(信任)하게 되어서 마침 나라에 재상(宰相) 자리가 비어 있어, 그에게 나랏일을 맡기려 했더니, 그는 꺼리는 듯하다가 승낙하기는 했으나 텅 빈 모습으로 사양(辭讓)하는 것도 같았습니다. 나는 부끄러웠으나 결국

나랏일을 모두 맡겼습니다. 그리고 얼마 안 있어 내 곁을 떠나가 버렸습니다. 그가 떠나자 나는 허전하여 무언가를 잃은 것 같았습니다. 이 나라에 즐거움을 함께할 벗이 없어진 것 같습니다. 그는 대체 어떤 사람입니까?"

공자(孔子)가 말하였다.

"제가 언젠가 초(楚)나라에 사신으로 간 일이 있습니다. 마침 그때 돼지새끼가 죽은 어미돼지의 젖을 빠는 광경을 보게 되었습니다. 젖을 조금 빨다가, 새끼돼지들은 어미를 버리고 달아났습니다. 어미돼지가 자기들을 보아주지 않고, 이전의 모습과도 달랐기 때문입니다. 그 어미를 사랑하는 것은 그 어미의 겉모습이 아니라, 겉모습의 주인(主人)인 성품(性品)인 것입니다. 싸우다가 죽은 사람은 장식달린 관(冠)을 쓰지 않고, 형벌(刑罰)로 발뒤꿈치를 잘린 사람은 신발을 소중하게 여기지 않습니다. 모두 근본(根本)이 없기 때문입니다. 천자(天子)를 모실 궁녀(宮女)들은 귀밑머리를 깎거나 귀에 구멍을 뚫지도 않습니다. 또한 새로 장가든 자는 집에서 쉬게 하고 관(官)의 일을 시키지 않습니다. 겉모습을 온전히 하는 것만으로도 그처럼 될 수 있는데 하물며 덕(德)을 온전하게 갖춘 이야 더욱 그러할 것입니다.

지금의 애태타(哀駘它)는 말하지 않아도 신망(信望)을 얻고, 아무 공(功)이 없어도 화친(和親)을 이루며, 나라를 맡기면서도 그가 받지 않을까 두려워합니다. 그는 필시 성품(性品)이 온전하여, 온갖 작용에 천진(天眞)의 모습 없는 경지(境地)를 나투는 이입니다."

▮ 某解

성품(性品)이 온전하여, 온갖 작용에 천진(天眞)의 경지(境地)를 나투는 이를, 애태타(哀駘它)에 비유한 것이다.

▮ 碧注

* 詢(순): 묻다. 꾀하다.
* 翣(삽): 운삽. 덮개. 부채.
* 刖(월): 베다. 자르다.
* 屨(구):신. 신다.
* 恤(휼): 동정하다.
* 卹(술): 가엾이 여기다.

5.

하위재전? 何爲才全?

어떤 것이 참마음이 온전한 것입니까?

哀公이 問曰 何爲才全而德不形者오 仲尼曰 死生存亡
窮達貧富 賢與不肖 毁譽 飢渴 寒暑는 是事之變이요
命之行也라 日夜相代乎前이요 而知不能規乎其始者也라 故로
不足以滑和요 不可入於靈府라 使之和豫 通而不失於兌라
使日夜無郤하여 而與物爲春이라 是는 接而生時於心者也라
是之謂才全이니라.
何爲德不形이까 曰 平者는 水停之盛也라 其可以爲法也니
內保之而外不蕩也라. 德者는 成和之修也요 德不形者는
物不能離也니라 哀公은 異日에 以告閔子曰 始也에
吾以南面而君天下하여 執民之紀하고 而憂其死하여
吾自以爲至通矣러니 今吾聞至人之言하고 恐吾無其實에
輕用吾身하여 而亡其國이라 吾與孔丘는 非君臣也요
德友而已矣니라

애공(哀公)이 공자(孔子)에게 물었다. “어떤 것이 성(性)이 온전하여 덕(德)이 모습 없는 것입니까?”

공자(孔子)가 대답하였다.

"죽음과 삶(死生存亡), 부유함과 가난함(窮達貧富), 현명함과 어리석음(賢與不肖), 칭찬과 비난(毁譽), 굶주림과 목마름(飢渴), 추위와 더위(寒暑), 이 모두는 세상사의 변화이자 명(命)의 유행(流行)입니다. 밤낮으로 눈앞에서 교대로 전개되지만, 세상 사람의 지식으로는 그렇게 되는 근본을 헤아릴 수 없습니다. 그러나 사생(死生)과 부귀(富貴) 등의 변화는 충화(沖和)의 덕(德)을 어지럽히지 못하고, 참 마음(眞心)에 끼어 들 수 없습니다. 참 마음(眞心)의 충화(沖和)를 회복(回復)하면 탁 트여서 즐거움을 잃지 않으며 밤 낮 간에 항상 해맑은 봄기운입니다. 이것이 세상사와 만날 때의 올곧은 기운입니다. 이를 일러 성품의 온전함(才全)이라 합니다."

애공(哀公)이 물었다.

"그러면 덕(德)은 모습이 없다는 것은 무엇을 뜻합니까?"

공자(孔子)가 대답하였다.

"평(平)이란 고요히 멈추어 있는 물입니다. 물의 평(平)을 법도로 삼을 수 있음은 안으로 고요하고 밖으로 출렁이지 않기 때문입니다. 덕이란 망심(妄心)을 쉬어서 진심(眞心)이 안팎으로 한결같이 충화(沖和)를 이룬 것입니다. 따라서 덕(德)이 모습 없음에 계합(契合)하면 천지만물이 그를 떠날 수 없습니다."

그 뒤, 애공(哀公)이 민자건(閔子騫)에게 말하였다.

"지금까지 나는 임금 자리에 올라 나라를 다스리면서 백성의 기강을 바로잡고 백성들이 병이나 굶주림으로 죽지 않을까 걱정하는 마음씨로서 도(道)에 이를 줄 알았소. 그런데 지인(至人.공자)의 말씀을 듣고 보니, 내가 실제의 덕(德)이 없으면서 경솔하게 운신하여 나라를 망칠까 두려워졌소. 나와 공자(孔子)는 임금과 신하의 관계가 아니라 덕(德)으로 맺어진 벗일 따름입니다."

碧注

* **才全而德不形**(재전이덕불형): 성(性)의 체용을 설명한 말. 재전(才全)은 성전(誠全)과 통한다. 덕불형(德不形)은 성(性)의 묘용(妙用)을 의미한다.
* **恤**(휼): 구휼하다. 동정하다.

5.

망형야 독성기천! 忘形也 獨成其天!

모습을 잊고 홀로 허공을 이루도다!

闉跂支離無脤이 說衛靈公하니 靈公은 悅之하고
인 기 지 리 무 신 설 위 영 공 영 공 열 지

而視全人其脰肩肩하였고 甕盎大癭이 說齊桓公하니
이 시 전 인 기 두 견 견 옹 앙 대 영 설 제 환 공

桓公이 悅之하고 而視全人其脰肩肩이라 故로
환 공 열 지 이 시 전 인 기 두 견 견 고

德有所長而形有所忘이라 人不忘其所忘而忘其所不忘은
덕 유 소 장 이 형 유 소 망 인 불 망 기 소 망 이 망 기 소 불 망

此謂誠忘이라 故로 聖人은 有所遊而知爲孽이요 約爲膠요
차 위 성 망 고 성 인 유 소 유 이 지 위 얼 약 위 교

德爲接이요 工爲商이라 聖人은 不謀惡用知하고
덕 위 접 공 위 상 성 인 불 모 오 용 지

不斷惡用膠하며 無喪惡用德하고 不貨惡用商하나니
부 단 오 용 교 무 상 오 용 덕 불 화 오 용 상

四者는 天鬻也라 天鬻也者는 天食也라 既受食於天하고
사 자 천 죽 야 천 죽 야 자 천 식 야 기 수 식 어 천

又惡用人이랴 有人之形하고 無人之情하니 有人之形故로
우 오 용 인 유 인 지 형 무 인 지 정 유 인 지 형 고

群於人이요 無人之情故로 是非不得於身이라 眇乎小哉저
군 어 인 무 인 지 정 고 시 비 부 득 어 신 묘 호 소 재

以屬於人也며 謷乎大哉저 獨成其天이라!
이 속 어 인 야 오 호 대 재 독 성 기 천

인기지리무신(闉跂支離無脤)이 위(衛)나라 영공(靈公)에게 덕(德)을 말했더니, 영공(靈公)은 크게 기뻐했다. 그런 뒤로 영공(靈公)은 몸이

온전한 사람을 보면 목이 가늘어 보였다. 옹앙대영(甕㼜大癭)이 제(齊)나라 환공(桓公)에게 덕(德)을 말했다. 이에 환공(桓公)은 크게 기뻐하였고, 이후부터는 몸이 정상인 사람을 보면 목이 가늘어 보였다.

그러므로 덕(德)이 뛰어나면 겉모습은 잊어버리게 되는 것이다. 그러나 사람들은 마땅히 잊어야 될 것은 잊지 않고 잊지 말아야 할 것은 잊어버린다. 이를 '참됨을 잊음(誠忘. 惺惺함을 잊음)'이라 한다. 따라서 성인(聖人)은 소요(逍遙)함에 있어서 지식(知識)을 재앙(災殃)의 근원(根源)으로 여기고, 의례규범(儀禮規範)을 아교(阿膠)로 여기며, 또한 약간 베푸는 덕(德)은 교제수단으로, 기교(技巧)는 장사 솜씨로 여긴다. 성인(聖人)은 세상사(世上事)에 도모함이 없으니 어찌 지식(知識)이 필요하겠는가! 깎고 다듬지 않으니 어찌 아교가 소용되겠는가! 본시 도(道)를 잃음이 없는데 어찌 덕(德)을 얻으려 하겠는가! 계교로 물건을 사고팔지 않으니 어찌 장사가 소용되겠는가! 이 넷은 천도(天道)의 본디 그러함(天鬻천죽)이니 천도(天道)의 본디 그러함(天鬻천죽)이란 스스로 먹여 살린다는 뜻이다. 이미 천도(天道)가 나를 기르는데 어찌하여 다시 인심(人心)의 정념(情念)을 취하랴. 성인(聖人)은 사람의 모습을 지니고 있으나 세상 사람과 같이 칠정(七情)을 지니고 있지 않다. 사람의 몸을 하고 있으므로 세상 사람과 더불어 살지만, 세상 사람과 같은 칠정(七情)이 없으므로 시비(是非)와 분별(分別)이 붙지 않는다. 성인(聖人)이여! 작고도 작도다! 이는 세상사람 속에 있기 때문이다. 크고도 크도다! 이는 홀로 무정(無情)의 천(天)을 이루기 때문이다.

▌某解

장자(莊子)가 이른다.

"덕(德)이 뛰어나면 겉모습은 잊어버리게 되는 것이다. 그러나 사람들은 마땅히 잊어야 될 것은 잊지 않고, 잊지 말아야 할 것은 잊어버린다. 이를 성망(誠忘)이라 한다."

성망(誠忘)이란 범부가 미혹(迷惑)하여 자성(自性)의 성성(惺惺)을 잊고 살아가는 것을 가리킨다. 성성(惺惺)은 성성(誠誠)과 같은 뜻이다. 성(誠)이란 중용(中庸)의 종지(宗旨)이다. 범부는 마땅히 잊어야 될 정념(情念)은 잊지 못하고, 잊지 말아야 할 자성(自性)을 잊고 정념(情念)의 모습놀이에 묻혀 살아가는 것이다.

성인(聖人)은 무정(無情)이라, 유정(有情)의 세상사(世上事)에 도모함이 없으므로 유정(有情)의 지식(知識)이 필요 없다. 성인(聖人)은 천연(天然)에 거처하므로 정념(情念)으로 다듬지 않으니, 아교(阿膠)같은 지식의 고집이 없다. 또한 성인(聖人)은 본래의 도(道)를 회복(回復)하였을 뿐, 본시 도(道)를 잃음이 없는 것이다. 그러므로 덕(德)을 얻으려 하지 않은 것이다. 성인(聖人)은 세상 사람처럼 칠정(七情)을 지니고 있지 않을 뿐, 범부와 다르지 아니하다. 성인(聖人)의 작음은 세상 속에 있기 때문이요, 크고도 큼은 성인(聖人)이 홀로 무정(無情)의 천(天)을 이루기 때문이다.

▌碧注

* **闉跂支離無脤**(인기지리무신): 제육(祭肉)없이 천제(天祭)를 지내려함을 막는다는 의미. 곧 유정(有情)으로 무정(無情)의 도(道)를 배우려 함을 나무라다는 뜻. 장자가 등장시킨 가상인물의 이름에 방외의 멋스러움이 배어 있다. 闉은 막다. 跂는 발돋움. 支는 가르다. 脤은 祭肉을 의미. 일반적 해의(解義)는 외모가 매우 추한 자를 의미한다. 인기(闉跂)는 절름발이, 지리(支離)는 곱추, 무신(無脤)은 언청이이다. 이러므로 외모가 매우 추한 자로 의미를 삼는 것이다. 신(脤)은 순(脣)과 같다.

* **其脰肩肩**(기두견견): 목이 가늘게 보이다. 청수(淸秀)하게 보이다.
* **脰**(두): 목. 목덜미. 목구멍. 정강이.
* **肩**(견): 어깨.
* **甕㼜大癭**(옹앙대영): 항아리 같은 혹이 있는 사내.
* **甕**(옹): 독. 단지.
* **㼜**(앙): 동이. 가득차다.
* **癭**(영): 혹. 벙어리.
* **所忘**(소망): 잊어야 할 바.
* **所不忘**(소불망): 잊지 말아야할 바.
* **約爲膠**(약위교): 예의와 규범에 아교처럼 붙어 몽매하게 되다.
* **無喪惡用德**(무상오용덕): 도(道)는 스스로 갖추어 있으며 상명(常明)하여 잃을 수 없다. (그러므로 성인은 덕(德)을 구하려 하지 않는다.)
* **所遊**(소유): 소요(逍遙)하는 바.
* **孽**(얼): 재앙. 서자(庶子).
* **誠忘**(성망): 참됨을 잊음. 惺惺을 잊음.
* **鬻**(죽): 기만할. 죽.
* **又惡用人**(우오용인): 천도(天道)가 나를 기르는데 어찌하여 다시 인심(人心)의 정념(情念)을 취하랴.
* **眇乎**(묘호): 작은 모양.
* **謷乎**(오호): 큰 모양.
* **謷**(오): 자기 주장만 하고 남의 말을 듣지 아니하다. 헐뜯다. 비통한 탄식. 土 方 文 言의 합자로써 편벽을 가리킴.
* **獨成其天**(독성기천): 홀로 무정(無情)의 천(天)을 이루다.

6.

유위칠정자본무 有爲七情者本無

범부의 정념(情念)은 본래(本來) 없는 것이다.

惠子 謂莊子曰 人故無情乎아 莊子曰 然하다 惠子曰
혜 자 위 장 자 왈 인 고 무 정 호 장 자 왈 연 혜 자 왈

人而無情이면 何而謂之人인가 莊子曰 道與(無形)之貌하고
인 이 무 정 하 이 위 지 인 장 자 왈 도 여 지 모

天與(有形)之形하였으니 惡得不謂之人이랴 惠子曰
천 여 지 형 오 득 불 위 지 인 혜 자 왈

旣謂之人이면 惡得無情이리오
기 위 지 인 오 득 무 정

莊子曰 是非는 吾所謂情也라. 吾所謂無情者는
장 자 왈 시 비 오 소 위 정 야 오 소 위 무 정 자

言人之不以好惡로 內傷其身이오 常因自然而 不益生也라
언 인 지 불 이 호 오 내 상 기 신 상 인 자 연 이 불 익 생 야

惠子曰 不益生하면 何以有其身인가 莊子曰 道는 與之貌하고
혜 자 왈 불 익 생 하 이 유 기 신 장 자 왈 도 여 지 모

天與之形하여 無以好惡로 內傷其身이라. 今에 子는
천 여 지 형 무 이 호 오 내 상 기 신 금 자

外乎子之神하고 勞乎子之精하여 倚樹而吟하고
외 호 자 지 신 노 호 자 지 정 의 수 이 음

據槁梧而瞑하니 天은 選子之形하고 子는 以堅白鳴하나니라
거 고 오 이 명 천 선 자 지 형 자 이 견 백 명

혜자(惠子)가 장자(莊子)에게 말하였다.

"사람에게는 본래 정(情)이 없는 것일까?"

장자가 대답하였다.

"그렇다네."

이에 혜자(惠子)가 반문하였다.

"사람으로서 정(情)이 없다면 어찌 그를 사람이라 할 수 있겠는가?"

장자(莊子)가 말하였다.

"천연(天然)의 도(道)가 무형(無形)의 모습을 베풀고, 천연(天然)의 대용(大用)이 유형(有形)의 모습(肉身)을 주었는데, 어찌 사람이 아니겠는가?"

혜자(惠子)가 말하였다.

"이미 사람이라고 한다면 어찌 정(情)이 없을 수 있겠는가?"

이에 장자(莊子)가 대답하였다.

"시(是)와 비(非)를 가려 한 쪽에 치우치는 정념(情念)이 내가 말하는 정(情)일세. 내가 무정(無情)이라고 하는 것은 호오(好惡)의 감정으로 자기를 상(傷)하지 않고, 자연(自然)에 따를 뿐 유위(有爲)의 칠정(七情)을 보태지 않는 것을 의미한다네."

이에 혜자(惠子)가 말하였다.

"유위(有爲)의 칠정(七情)을 보태지 않으면 어떻게 자기 몸을 지킬 수 있겠는가?"

장자(莊子)가 말하였다.

"천연(天然)의 도(道)가 무형(無形)의 모습을 베풀고, 천연(天然)의 대용(大用)이 유형(有形)의 모습(肉身)을 주었나니, 호오(好惡)의 정념(情念)으로 자기를 상(傷)해서는 아니 된다네. 지금 자네는 정신(精神)을 밖으로 향한 채, 자신의 정기(精氣)를 메마르게 하면서, 나무에 기대서서는 신음(呻吟)하고 책상에 기대서는 졸고 있네. 천도(天道)가 자네의 형체를 온전하게 내었거늘, 자네는 어찌하여 견백론(堅白論)의 궤변(詭辯)만 늘어놓는 것인가?"

某解

범부(凡夫)는 유정(有情)하고, 지인(至人)은 무정(無情)하다. 유정(有情)과 무정(無情)으로 범부(凡夫)와 지인(至人)이 갈리고, 비도(非道)와 도(道)가 구별되는 것이다. 그러므로 범부의 유정(有情)이 병(病)이 되는 까닭과 지인(至人)이 무정(無情)의 도(道)에 합한 도리(道理)를 배우는 것이 공부(工夫)이다.

혜자(惠子)가 도(道)를 알지 못해 장자(莊子)에게 묻는다. 그리고 설명과 꾸지람을 듣는다. 혜자는 당대의 지식인이라 견백론(堅白論)을 주장하는 가풍(家風)으로 일가(一家)를 이루었다. 그러나 장자가 보기에 한낱 궤변가에 불과한 것이다. 뒷날에 혜자(惠子)가 도(道)를 통해(通解)하여 참 공부에 나아갔는지는 알 수 없다. 한번 편벽되면 고치기 어렵기 때문이다. 당금(當今)의 고명(高明)한 지식인도 그러하다. 도(道)를 배우는 이에게 장자는 다만 본래(故)를 가리킨다. 그 가리킴이 밝은 가르침이요, 그 밖의 설명은 응병여약(應病與藥)일 따름이다. 본래(故)를 가리키는 것을 직지(直指)라 하고, 설명은 통해(通解)를 위한 수단이다. 직지(直指)에서 깨치면 개오(開悟)하고, 설명을 통해(通解)하면 도(道)의 지견(知見)이 열린다.

碧注

* **故**(고): 본래(本來).
* **堅白論**(견백론): 흰 돌이 흰색과 단단함의 두 성질의 양물(兩物)이라는 이론의 주장. 공손룡이 주장하고 혜자 등이 동조하였다.
* 공자의 堅白論(견백론)은 심체(心體) 즉 자성(自性)을 설명한다. (自性)은 갈아도 닳지 아니하므로 견(堅)이라 할 수 있고, 검은 물을 들이려 해도 물들지 아니하므로 백(白)이라 할 수 있다는 설명.

장자직해 제6편

대종사 大宗師

대종사大宗師는 세상의 큰 스승, 곧 지인至人의 별칭이다. 장자가 대종사편에 사요四要를 드러내 보인다. 망기忘己, 대화大化, 덕비德備, 도전道全이다. 즉 妄我를 잊음, 變化에 순응하고 自在함, 德이 갖추어짐, 온전한 道를 말한다. 사요四要가 십이시十二時에 현전現前하여야 지인至人이라 할 수 있다.

1.

심여허공 心如虛空

마음(眞心)이 곧 허공(虛空)이다

知天之所爲하고 知人之所爲者는 至矣라 知天之所爲者는
지천지소위 지인지소위자 지의 지천지소위자

天(然)而生也오 知人之所爲者는 以其知之所知로
천 이생야 지인지소위자 이기지지소지

以養其知之所不知한다 終其天年而不中道夭者는
이양기지지소부지 종기천년이부중도요자

是知之盛也라. 雖然이나 有患이라. 夫知有所待而後當이니
시지지성야 수연 유환 부지유소대이후당

其所待者는 特未定也라 庸詎知吾所謂天之非人乎며
기소대자 특미정야 용거지오소위천지비인호

所謂人之非天乎라 且有眞人而後有眞知라
소위인지비천호 차유진인이후유진지

천도(天道)가 하는 바를 알며, 사람(凡夫)이 하는 바를 알면 지극하리라. 천도(天道)가 하는 바를 아는 사람은 천연(天然)으로 살아간다.

사람이 하는 일을 아는 사람(知人者)은 자신의 지식(知識)으로써 자신의 알지 못하는 것을 넓혀 나간다. 지인자(知人者)들은 천수(天壽)가 다하도록 중도(中道)에 대해 지식 넓혀 다듬기를 그만두지 않는데, 이는 인지(人知)의 지극한 앎이다. 그러나 여전히 병통(病痛)이 있다. 대저 지식(知識)이란 그 무엇에 의지한 연후에야 그 옳음이 정해지는 것이다. 그러나 그 의지하는 무엇이라는 것이 확실하게 정해져 있지 않은 것이다. 그런데 내가 말하는 천도(天道)가 사람이 아닌

지, 내가 말하는 사람이 천도(天道)이 아닌지 어찌 알 수 있겠는가! 참사람(眞人)이어야 참 지혜(眞知)가 있는 것이다.

▒ 某解

대저 범부들이 논어(論語), 중용(中庸), 노자(老子), 장자(莊子) 등의 도서(道書)를 읽음에 천(天)을 하늘이라 읽는다. 그리고 곡해자(曲解者)는 천(天)을 하나님, 조물자로 해석한다. 도서(道書)의 천(天)은 다만 진심(眞心)의 비유일 뿐이다. 만약 도서(道書)의 천(天)을 하나님이나 조물자로 읽는다면 안타까운 막맹범부(莫盲凡夫)일 따름이다.

진심(眞心)을 천(天)에 비유한 까닭은, 진심(眞心)의 체성(體性)이 허명(虛明)하고 신지(神知)하므로, 진심(眞心)을 형용하여 온전하게 설명하기 불가(不可)하기 때문이다. 그러므로 천(天)이란 허공(虛空)의 뜻이며, 진심(眞心)의 다른 이름인 것을 알 수 있다. 진심(眞心)은 모습이 없기에 허공(虛空)이 가장 가까운 비유(比喩)이며 설명이다. 대개의 도서(道書)에 나타난 천(天)은 허공(虛空)으로 읽어야 선현(先賢)의 뜻에 가까운 것이다. 그러나 허공은 신지(神知)가 없는 허물이 남는다. 그러기에 노자(老子)는 곡신(谷神)의 설명을 둔다. 곡신(谷神)은 골짜기의 신령(神靈)함이라, 빈 골짜기가 영명(靈明)하게 메아리로 응답하는 것으로 신지(神知)의 설명을 두는 것이다. 만약 자성(自性)에 신지(神知)가 없다면 바위나 죽은 나무토막과 다름이 없다.

공자(孔子)의 도설(道說)에 천명(天命), 천도(天道), 천하언재(天何言哉)!라 하였음이 진심(眞心)을 가리키고, 원각(圓覺)에 무변허공(無邊虛空)이라 하였음이 진심(眞心)을 가리키며, 도덕경(道德經)에 인법천(人法天)은 진심(眞心)을 가리킨다.

그러므로 장자(莊子)가

“천도(天道)가 하는 바를 알며, 사람(凡夫)이 하는 바를 알면 지극하리라. 천도(天道)가 하는 바를 아는 사람은 천연(天然)으로 살아간다.”라 함의 천(天)이 진심(眞心)을 가리켜 드러낸 것을 알 수 있는 것이다. 이러히 긴 설명을 두는 것은 대개의 학자들이 천(天)자에 막혀 엉뚱한 해석을 하는 까닭이다. 한서(漢書)에 박학한 이라도 갈 지(之)자에 막힐 때가 있다고 하지 않던가? 장자(莊子)가 진심(眞心)을 요해(了解)하지 못하는 이를 위해 말을 덧붙인다.

“내가 말하는 천도(天道)가 사람이 아닌지, 내가 말하는 사람이 천도(天道)이 아닌지 어찌 알 수 있겠는가! 참사람(眞人)이어야 참 지혜(眞知)가 있는 것이다.”

장자(莊子)가 천도(天道)가 곧 진심(眞心)인 줄 알려면, 진인(眞人)의 경지에 이르러야 하고, 진인(眞人)이라야 진지(眞知)을 함이 없이 쓸 수 있다고 하는 것이다.

2.

진인불역 眞人不逆

진인(眞人)은 인연(因緣)과 세사(世事)를 거스르지 아니한다.

何謂眞人인가 古之眞人은 不逆寡하고 不雄成하며 不謨士라
하 위 진 인 고 지 진 인 불 역 과 불 웅 성 불 모 사

若然者는 過而不悔하고 當而不自得也라 若然者는
약 연 자 과 이 불 회 당 이 부 자 득 야 약 연 자

登高不慄하며 入水不濡하고 入火不熱하니
등 고 불 율 입 수 불 유 입 화 불 열

是知之能登假於道者也若此라. 古之眞人은 其寢不夢하고
시 지 지 능 등 가 어 도 자 야 약 차 고 지 진 인 기 침 불 몽

其覺無憂하며 其食不甘하고 其息深深한다 眞人之息以踵이오
기 각 무 우 기 식 불 감 기 식 심 심 진 인 지 식 이 종

衆人之息以喉라 屈服者 其嗌言若哇요 其耆欲深者는
중 인 지 식 이 후 굴 복 자 기 익 언 약 왜 기 기 욕 심 자

其天機淺이라
기 천 기 천

어떤 이를 참사람(眞人)이라 하는가! 옛날 참사람(眞人)은 역경(逆境)을 거스르지 않았고, 스스로의 덕(德)을 뽐내지 않았으며 어떤 일도 도모(圖謀)하지 않았다. 이런 이는 일이 잘못되어도 싫어하지 않으며, 잘 되더라도 좋아하지 않는다. 또한 그는 높은 곳에 올라도 두려워하지 않으며, 물에 들어가도 젖지 않으며, 불 속에 들어가도 타지 않는다. 이는 지혜(智慧)가 도(道)에 통(通)함이 이와 같은 것이다.

옛날의 참사람(眞人)은 잠을 자도 꿈꾸지 않았으며, 깨어서도 근심이 없었다. 음식은 맛난 것을 구하지 않았으며, 그 호흡은 고요하

고 깊었다. 참사람(眞人)은 발뒤꿈치로 숨쉬며, 세상사람은 목구멍으로 숨쉰다. 칠정(七情)에 굴복한 사람은 목소리가 마치 아랑거리며 토하는 듯 하고, 욕망이 깊은 사람은 천기(天機)가 얕게 된다.

某解

참사람(眞人)이 발뒤꿈치로 숨쉰다(眞人之息以踵)는 말은 무천(無喘)하여 사사(事事)에 적연부동(寂然不動)을 이루어 진심(眞心)이 현전(現前)한다는 뜻이다. 발뒤꿈치로 호흡(呼吸)한다고 이해하는 것은 천해(淺解)이다. 선도(仙道)를 닦는 무리들은 진인(眞人)은 발뒤꿈치로 호흡한다고 믿는다. 이는 노장(老莊)의 지혜(智慧)와는 관련이 없다.

진인(眞人)은 대성(大聖)이다. 대성(大聖)은 방외(方外)에 거처하며, 범부들의 사상(思想)을 걱정하며, 무한의 사랑으로 몽환(夢幻)을 깨우고, 무정(無情)의 지도(至道)를 보이고 가리키는 것이다. 장자(莊子)가 그러하다. 참사람(眞人)은 무정(無情)하여 만사(萬事)에 무위(無爲)할 뿐이다.

입수불유(入水不濡)와 입화불열(入火不熱)은 자성(自性)의 체(體)를 말함이요, 기침불몽(其寢不夢)과 기각무우(其覺無憂)는 무정(無情)으로 소요(逍遙)함을 뜻한다. 기식불감(其食不甘)은 거친 음식을 싫어하지 않음이며, 기식심심(其息深深)은 내심(內心)이 무천(無喘)한 것이다.

3.

진인소처 眞人所處

진인은 소연(翛然)히 가고, 소연(翛然)히 올 따름이다.

古之眞人은 不知說生이요 不知惡死라 其出不訢이요
고지진인 부지열생 부지오사 기출불흔

其入不距다 翛然而往하고 翛然而來而已矣라 不知其所始요
기입불거 소연이왕 소연이래이이의 부지기소시

不求其所終이라. 受而喜之요 亡而復之라
불구기소종 수이희지 망이복지

是之謂不以心偝道요 不以人助天이니 是之謂眞人이라.
시지위불이심배도 불이인조천 시지위진인

옛날 참사람(眞人)은 삶(生)이라고 해서 좋아할 줄 몰랐고, 죽음(死)이라고 해서 싫어할 줄 몰랐다. 태어남을 기뻐하지도, 죽음을 거역하지도 않았다. 소연(翛然)히 가고, 소연(翛然)히 올 따름이다. 또한 생명의 처음을 알지 못하고, 그 끝을 알려고 하지 않는다. 몸(삶)을 받으면 즐거이 살고, 명(命)이 다하면 몸을 자연(自然)에 돌려보낸다. 이를 일러 (分別의 妄心으로) 도(道)를 등지지 아니하고, 정념(情念)으로 천도(天道)를 헤아리지 않는다고 한다. 이런 이를 참사람(眞人)이라 한다.

▌某解

진인(眞人)은 무심(無心)이다. 부동(不動)의 무심(無心)이 아니라면, 어찌 무위(無爲)를 알 수 있겠는가?

4.

자적기적 自適其適

도(道)에 합하여, 함이 없이 즐거운 바를 즐거워하다.

若然者(眞人)는 其心忘 其容寂 其顙頯하고 凄然似秋며
약 연 자 기 심 망 기 용 적 기 규 처 연 사 추

煖然似春이요 喜怒通四時하고 與物有宜而 莫知其極이니라.
난 연 사 춘 희 노 통 사 시 여 물 유 의 이 막 지 기 극

故로 聖人之用兵也에 亡國而不失人心하며 利澤이
고 성 인 지 용 병 야 망 국 이 부 실 인 심 이 택

施乎萬世에 不爲愛人이니 故로 樂通物은 非聖人야라.
시 호 만 세 불 위 애 인 고 낙 통 물 비 성 인

有親非仁也요. 天時非賢也며 利解不通은 非君子也라.
유 친 비 인 야 천 시 비 현 야 이 해 불 통 비 군 자 야

行名失己는 非士也요. 亡身不眞은 非役仁也라. 若 狐不偕
행 명 실 기 비 사 야 망 신 부 진 비 역 인 야 약 호 불 해

務光 伯夷 叔齊 箕子 胥餘 紀他 申徒狄은
무 광 백 이 숙 제 기 자 서 여 기 타 신 도 적

是役人之役하며 適人之適하고 而不自適其適者也라.
시 역 인 지 역 적 인 지 적 이 부 자 적 기 적 자 야

진인(眞人)은 정념(情念)을 잊었으며, 모습이 담연(淡然)하고 이마는 너그럽다. 서늘하기는 가을기운 같고, 아늑하기는 봄기운 같다. 마음의 나타나고 사라짐은 천연(天然)하고, 만물(萬物)과 한 몸으로 조화(造化)로우니 그 끝을 알 수 없다. 그러므로 성인(聖人)이 군사를 일으켜 이웃 나라를 망하게 하여도 그 나라 백성의 마음을 잃지 않으며, 그가 베푼 은혜가 만세토록 이어지지만 정(情)으로 사람을 사랑하는 일이 없다. 그러므로 사(事)를 통(通)함에 정(情)으로 하는 이

는 성인(聖人)이 아니다. 따로이 친함을 두는 이는 인자(仁者)가 아니며, 하늘 때(天時)를 잃으면 현자(賢者)가 아니다. 이(利)와 해(害)가 하나인 줄 알지 못하면 군자(君子)가 아니다. 명예(名譽)를 좇아 자기를 잃은 자는 선비가 아니다. 정(情)으로 몸을 해쳐 도(道)를 잃은 이는 남의 스승이 되지 못한다. 예를 들면 호불해(狐不偕), 무광(務光), 백이(伯夷), 숙제(叔齊), 기자(箕子), 서여(胥餘), 기타(紀他), 신도적(申徒狄)은 남의 부림을 당했고, 남이 즐기는 바를 좇았을 뿐이며 스스로 즐기는 바를 행하지 못했다.

某解

진인(眞人)은 망심(妄心)을 잊었으므로 심망(心忘)이라 한다. 망심(妄心)이 본래 없음에 계합하여 담연(淡然)한 것이다. 망심(妄心)이 없음을 천연(天然)이라 하고 또 본무(本無)라 한다. 지금 말하는 망심(妄心)은 범부의 정념(情念)이요, 정념(情念)의 내용은 칠정(七情)이다.

진인(眞人)의 마음은 드밝고 해맑으며, 그 기운은 서늘하고, 아늑하며, 묘연(渺然)하다. 진심(眞心)을 알고자 하는가? 그대의 마음이 곧 진심(眞心)이다. 만약 밝히거든 시절인연을 따라 뒷사람을 계도(啓導)하는 것이 황노가(黃老家)의 구전심수(口傳心授)이다. 장자(莊子)가 무정(無情)과 묘연(渺然)한 진심(眞心)을 나누지 않으며, 은근히 노자(老子)의 지인무쟁(至人無爭)을 해설한 것을 볼 수 있다.

碧注

* 顙(상): 이마 * 頯(규): 광대뼈
* 胥(서): 서로, 모두.

5.

진이불근 眞以不勤

진인(眞人)은 게으르다.

古之眞人은 其狀이 義而不朋하고 若不足而不承하며
고지진인 기상 의이불붕 약부족이불승

與乎其觚而不堅也라. 張乎其虛而不華也라.
여호기고이불견야 장호기허이불화야

邴邴乎其似喜也며 崔乎其不得已也라. 滀乎進我色也요
병병호기사희야 최호기부득이야 축호진아색야

與乎止我德也며 厲乎其似世나. 謷乎其未可制也라.
여호지아덕야 려호기사세 오호기미가제야

連乎其似好閉也오 悗乎忘其言也라. 以刑爲體하고
연호기사호폐야 만호망기언야 이형위체

以禮爲翼하며 以知爲時하고 以德爲循하니 以刑爲體者는
이례위익 이지위시 이덕위순 이형위체자

綽乎其殺也요 以禮爲翼者는 所以行於世也며
작호기살야 이례위익자 소이행어세야

以知爲時者는 不得已於事也요 以德爲循者는
이지위시자 부득이어사야 이덕위순자

言其與有足者 至於丘(渡彼岸)也라.
언기여유족자 지어구 야

而人眞以爲勤行者也라.
이인진이위근행자야

옛날의 진인(眞人)은 그 모습이 우뚝 해맑아 치우치지 아니하고, 모자라는 듯하면서도 보태지 아니한다. 또한 한가로우며 편벽(偏僻)되지 아니하고, 텅 비었으면서 꾸미지 않는다. 밝게 기뻐하는 듯하며, 시절의 재촉함이 닥쳐야 하는 수 없이 한다. 맑은 물이 모이듯 얼굴에는 화기(和氣)가 돌고, 한가로이 그 덕(德)에 머무른다. 또한 세상 사람과 같이 처세(處世)하므로 위태롭게 보이나, 초탈(超脫)해 있어서 무엇으로도 그를 구속할 수 없다. 묵묵(默默)히 안팎으로 닫은 듯하고 말을 잊은 것처럼 묘연(渺然)하다.

진인(眞人)은 형벌을 몸으로 삼고, 예의(禮儀)를 날개로 삼으며, 지혜(智慧)로 시절(時節)을 보매, 덕(德)으로 변화에 순응한다. 형벌로 몸으로 삼는다 함은 그 몸이 죽음에 여유로이 관(觀)하기 때문이고, 예의를 날개로 삼는 것은 이미 세속에 처한 까닭에 예법(禮法)을 벗어날 수 없기 때문이며, 지혜(智慧)로 시절(時節)을 본다는 것은 부득이(不得已)한 때의 일을 위해서이다. 덕(德)으로 변화에 순응한다는 것은 세상 사람들과 함께 저 언덕에 도달하려 하기 때문이다.(渡彼岸) 그런데도 세상 사람들은 이와 같은 진인(眞人)을 일컬어 다만 부지런하다고 한다.

▌某解

세인(世人)은 진인(眞人)의 무사(無事)와 한거(閑居)를 알지 못한다. 그런 까닭에 부지런하다고 생각 한다. 그러나 진인(眞人)은 지극히 게으르고 게으르다. 어찌하여 게으른가? 어느 때, 어떤 일에도 정념(情念)을 쓰지 않으니, 게으르지 아니한가? 세사(世事)에 적연부동(寂然不動)하나니, 어찌 게으르지 아니한가?

▌碧注

* 觚(고): 술잔.
* 邴(병): 기뻐하는 모양.

* 滀(축): 물 모일.
* 厲(려): 괴로울.
* 警(오): 헐뜯을.
* 悗(만): 의혹할. 잊을.
* 綽(작): 너그러울.
* 至於丘(지어구): 도피안(渡彼岸).

6.

천인불상승 天人不相勝

천(天)과 인(人)은 서로 다투지 아니한다.

故로 其好之也一이요 其弗乎之也一이라. 其一也一이고
고 기호지야일 기불호지야일 기일야일

其不一也一이니 其一은 與天爲徒요 其不一은 與人爲徒라.
기불일야일 기일 여천위도 기불일 여인위도

天與人이 不相勝也니 是之謂眞人이다.
천여인 불상승야 시지위진인

그러므로 진인(眞人)에게는 좋아하는 것도 하나이고 싫어하는 것도 하나이다. 하나도 하나이고 하나 아닌 것도 하나이다. 하나는 천도(天道)와 함께 짝이 된 것이고, 하나가 아닌 것은 사람과 더불어 짝이 된 것이다. 따라서 천도(天道)와 사람은 서로 다툴 수가 없다. 이러한 이를 진인(眞人)이라고 일컫는다.

某解

천도(天道)와 사람이 이름만 다를 뿐, 하나이다. 자성(自性)을 회복한 이를 진인(眞人)이라 하고, 회복한 내용을 천(天)이라 하며, 회복한 내용이 천연(天然)하므로 천도(天道)라 한다. 믿기 어려우나 진실(眞實)로 그러하다. 옛사람이 "천도(天道)를 깨치려는가? 세수하다 코 만지기요, 차(茶) 마시면 입이 젖는 도리(道理)이다. 믿지 못할까 두려우나 사실이 그러하다"라 하였다.

7.

수사선도 守死善道

몸을 잊고 도(道)를 배움에 나아가다.

死生은 命也요 其有夜旦之常은 天也라. 人之有所不得與는
사 생 명 야 기 유 야 단 지 상 천 야 인 지 유 소 부 득 여

皆物之情也라. 彼特以天爲父 而身猶愛之는
개 물 지 정 야 피 특 이 천 위 부 이 신 유 애 지

而況其卓乎아. 人은 特以有君爲愈乎己 而身愈死之는
이 황 기 탁 호 인 특 이 유 군 위 유 호 기 이 신 유 사 지

而況其眞乎아.
이 황 기 진 호

삶과 죽음은 작용(命)이요. 아침과 밤이 변함없이 있는 것은 천도(天道)이다. 대저 범부가 관여할 수 없는 것은 만물(萬物)의 실상(實相)이다. 대개의 사람들은 천(天)을 그저 자기 어버이로 여겨서 천(天)으로부터 받은 몸을 아끼는데, 천(天)보다 훌륭한 것이야 말할 것이 있겠는가! 세상 사람들은 군주(君主)를 자신보다 존숭(尊崇)하여 자기 몸마저 던지면서 충성을 바치거늘, 하물며 이보다 참된 도(道)에 있어서야 어떠하겠는가?

▌某解

아침과 밤이 변함없이 있는 것처럼, 사람의 나고 죽음도 끝없이 반복한다. 그러나 사생(死生) 가운데서 변함없는 도리(道理)가 있나니, 범부의 본래면목(本來面目)이요, 진인(眞人)의 거님이다. 세상의 벗들이여! 문득 자성(自性)을 돌이켜보아 무위(無爲)에 폄적(貶謫)됨이 어떠할 것인가? 怏!

8.

선생선사 善生善死

삶을 좋아하는 것은 곧 죽음을 좋아하는 것이다.

泉涸에 魚相與處於陸하여 相呴以濕하고 相濡以沫이나
천학 어상여처어육 상구이습 상유이말

不如相忘於江湖라 與其譽堯而非桀也는
불여상망어강호 여기예요이비걸야

不如兩忘而化其道라 夫大塊載我以形하고 勞我以生하며
불여양망이화기도 부대괴재아이형 노아이생

佚我以老하고 息我以死라. 故로 善吾生者는
일아이로 식아이사 고 선오생자

乃所以善吾死也라.
내소이선오사야

샘물이 말라 물고기들이 땅바닥에서 서로 물기를 입으로 끼얹어 주고 물거품으로 서로를 적셔 주지만, 강물 한가운데서 서로 잊고(相忘) 노니는 것만 같지 못하다. 세상 사람들은 요(堯)를 존숭하고 걸(桀)을 비난하지만, 양쪽을 모두 잊고, 도(道)와 하나가 되는 것만 같지 못하다. 대괴(大塊)는 삶을 주어 나를 수고롭게 하고, 늙음으로 나를 편안케 하고, 죽음을 통해 나를 쉬게 한다. 그러므로 스스로의 삶을 좋아하는 것은 곧 스스로의 죽음을 좋아하는 것이다.

某解

사생(死生)이 하나라면 삶을 좋아하는 것이 곧 죽음을 좋아하는 것이다. 이 도리를 배운다면 세사(世事)와 사생에 걱정이 없나니, 어찌 도(道)

를 배움에 등한(等閑)하랴!

▮碧注

* **涸**: 물이 마르다.
* **呴**: 숨을 내쉬다.

9.
천하를 천하에 숨기면, 잃어버릴 염려가 없다

夫藏舟於壑학하고 藏山於澤은 謂之固矣라. 然而夜半有力者는 負之而走하면 昧者不知也라. 藏小大有宜에 猶有所遯이라. 若夫藏天下於天下而不得所遯은 是恒物之大情也라. 特犯人之形而猶喜之라. 若人之形者는 萬化而未始有極也라. 其爲樂을 可勝計邪아.

사람들은 배를 골짜기에 감추고, 산(山)을 연못에 감추고서 이를 든든하게 여긴다. 하지만 한밤중에 힘 있는 자가 몰래 배와 산(山)을 짊어지고 달아나도, 어리석은 사람들은 이를 알지 못한다. 작은 것을 큰 데 감추는 것은 마땅하기는 하지만, 여전히 잃어버릴 수가 있는 것이다. 무릇 천하를 천하에 숨기면 잃어버릴 염려는 전혀 없어진다. 바로 이것이 천지만물(天地萬物)의 실상(實相)이다. 그저 사람의 몸을 얻어 태어나기만 해도 기뻐하는데 사람의 몸 같은 형체는 변화가 그 끝이 없는 것이다. 그 몸을 잊는다면 즐거움을 어찌 헤아릴 수 있겠는가?

碧注

* 壑(학): 산골짜기.
* 遯(둔): 달아날, 피할.

10.

대도일화 大道一化

대도(大道)는 적연(寂然)한 일기(一氣)로 화(化)한다.

故로 聖人은 將遊於物之所不得遯而皆存이라.
고 성인 장유어물지소부득둔이개존

善夭善老善始善終은 人有效之니 又況萬物之所係而
선요선노선시선종 인유효지 우황만물지소계이

一化之所待乎아.
일화지소대호

그러므로 성인(聖人)은 불변지(不變地)에 거처하여, 세상에 소요(逍遙)하며 만물을 한 몸으로 여긴다. 일찍 죽거나 늦게 죽거나 싫고 좋음이 없으며, 태어남도 죽음도 한가지로 여긴다. 세상 사람들은 이를 본받으려 하는데, 하물며 만물이 의지하는 일화(一化)의 대도(大道)에 있어서랴!

某解

방외시(方外詩) 천연(天然)을 본다.

山鳥調粗徘	산새가 조조배배(粗粗徘徘),
山中晩睡醒	산중(山中)의 늦잠을 깨우누나.
晁朝訪艸廬	띠 굴에 아침이 찾아드나니
坐處濕清翠	푸르름이 좌처(坐處)를 물들인다.

▌碧注

* **遯**(둔): 피할.
* "천하를 천하에 숨기면 잃어버릴 염려는 전혀 없다."는 것은 자성을 찾아 밝히면, 자성이 무고금(無古今)하여 불생불멸하다는 것이다.

11.

가전불수 可傳不受

도(道)는 전(傳)할 수 있으나, 받을 수 없다.

夫道는 有情有信이나 無爲無形이라 可傳而不可受요
부도 유정유신 무위무형 가전이불가수

可得而不可見이라. 自本自根으로 未有天地自古以固存이라
가득이불가견 자본자근 미유천지자고이고존

神鬼神帝 生天生地하여 在太極之先而 不爲高하고
신귀신제 생천생지 재태극지선이 불위고

在六極之下而 不爲深하여 先天地生而不爲久하고
재육극지하이 불위심 선천지생이불위구

長於上古而不爲老라. 狶韋氏는 得之以 挈天地하고
장어상고이불위노 희위씨 득지이 설천지

伏羲는 得之以襲氣母하며 維斗는 得之終古不忒하고
복희 득지이습기모 유두 득지종고불특

日月은 得之終古不息하며 堪坏는 得之以襲崑崙하고
일월 득지종고불식 감배 득지이습곤륜

馮夷는 得之以遊大川하며 肩吾는 得之以處大山하고
풍이 득지이유대천 견오 득지이처대산

黃帝는 得之以登雲天하며 顓頊은 得之以處玄宮하고
황제 득지이등운천 전욱 득지이처현궁

禺强은 得之立乎北極하며 西王母는 得之坐乎少廣하여
우강 득지입호북극 서왕모 득지좌호소광

莫知其始하고 莫知其終하며 彭祖는 得之하여 上及有虞하고
막지기시 막지기종 팽조 득지 상급유우

下及五伯하고 傅說은 得之하여 以相武丁하고 奄有天下하여
하급오백 부열 득지 이상무정 엄유천하

承東維하고 騎箕尾而比於列星이다.
승동유 기기미이비어열성

무릇 도(道)는 그 실체가 있고 작용(作用)이 있으나, 함이 없고 모습이 없다. 도(道)를 전(傳)할 수는 있으나 받을 수 없고, 체득(體得)할 수는 있지만 볼 수는 없다. 도(道)는 스스로 우주의 근본이므로 천지(天地)가 생기기 이전부터 의연(毅然)하며, 귀신(鬼神)과 상제(上帝)를 신령불매(神靈不昧)하게 했으며, 하늘과 땅을 낳았다. 도(道)는 태극(太極)보다도 앞서지만 더 높지 아니하고, 천지(天地) 사방(四方)보다 아래에 있으나 더 깊지 아니하다. 천지(天地)보다 먼저이지만 더 오래지 않고, 상고(上古)보다 먼저이나 더 늙지 않는다.

시위씨(狶韋氏)는 도(道)를 얻어 천지와 하나가 되었고, 복희씨(伏羲氏)는 도(道)를 얻어 진기(眞氣)와 합했다. 북두성(北斗星)은 도(道)를 얻자 끝내 움직이지 않고, 해와 달은 도(道)를 얻어 쉬지 않는다. 감배(堪坏)는 도(道)를 얻어 곤륜산(崑崙山)서 쉬고, 빙이(馮夷)는 도(道)를 얻자 황하에서 노닐며, 견오(肩吾)는 도(道)를 얻어 태산(泰山)에 살고, 황제(黃帝)는 도(道)를 얻자 허공(虛空)과 한 몸이 되었다. 전욱(顓頊)은 도(道)를 얻어 현궁(玄宮)에 머물고, 우강(禺强)은 도(道)를 얻어 북극(北極)에 머물며, 서왕모(西王母)는 도(道)를 얻어 소광(疏廣)에 살았는데 그 처음도 알지 못하고 그 끝도 알지 못했다. 팽조(彭祖)는 도(道)를 얻어 위로는 순(舜)임금으로부터 아래로는 오패(五霸) 때까지 살았고, 부열(傅說)은 도(道)를 얻어 무정(武丁)을 도와 천하를 평정했으며 동유(東維)를 타고서 기미(箕尾)에 올라 여러 성신(星辰)과 나란히 하였다.

▌某解

장자(莊子)가 도(道)의 체(體)를 설명한다.

도(道)는 그 실체가 있고 작용이 있다.

도(道)는 함이 없고 모습이 없다.

도(道)를 전(傳)할 수는 있으나 받을 수 없다.

도(道)는 체득(體得)할 수는 있지만 볼 수는 없다.

도(道)는 스스로 우주의 근본이라 하늘과 땅을 낳았다.

도(道)는 천지가 생기기 이전부터 의연하다.

도(道)는 귀신과 상제를 신령불매(神靈不昧)하게 하였다.

도(道)는 태극(太極)보다도 앞서나 더 높지 아니하다.

도(道)는 천지사방보다 아래나 더 깊지 아니하다.

도(道)는 천지보다 먼저이나 더 오래지 않다.

도(道)는 상고(上古)보다 먼저이나 더 늙지 않는다.

도(道)는 사람들의 자성(自性)에 갖추어 있다.

碧注

* **可傳不受**(가전불수): 도를 전(傳)할 수는 있으나 받을 수 없다. 여기서 전(傳)이란 가리켜 보인다는 뜻. 도설은 구전심수(口傳心授)이다.
* **太極**(태극): 역 계사전에 나오는 공자의 말. 공자는 易有太極 是生兩義라 하여 도를 설명한다. 太極之先이 바르다. 太極之上은 그르다.
* **狶韋氏**(시위씨): 반고씨(盤古氏)의 이칭(異稱)?.
* **伏羲氏**(복희씨): 팔괘(八卦) 창안. 고대 성왕(聖王).
* **堪坏**(감배): 곤륜산의 이인(異人).
* **馮夷**(빙이): 팔풍(八風)을 다스린 신인(神人). 팔풍은 세정(世情).
* **肩吾**(견오): 장자가 조작한 가유(假有)의 신인(神人)
* **黃帝**(황제): 중국의 인문초조(人文初祖).
* **顓頊**(전욱): 황제 헌원씨의 손자.
* **禺强**(우강): 북해의 수신(水神). 고대설화 속의 인물.

* **西王母**(서왕모): 쿠차국의 신녀(神女). 설산(雪山)의 신선(神仙).
* **彭祖**(팽조): 顓頊(전욱)의 손자. 현인으로 800년을 살다. 진(晉)의 갈홍(葛洪)이 쓴 신선전(神仙傳)은 팽조(彭祖)를 위해 지은 책.
* **傅說**(부열): 은(殷)의 고종(高宗). 대현정치(大賢政治) 시현.

12.

영녕 攖寧

지인(至人)이라야 무사(無事)에 거닌다. (참 즐거움에 나아가다.)

南伯子葵는 問乎女偊曰 子之年이 長矣나 而色若孺子는
남백자규 문호여우왈 자지년 장의 이색약유자

何也오. 曰吾聞道矣라. 南伯子葵曰 道可得學耶아.
하야 왈오문도의 남백자규왈 도가득학야

曰惡惡可라. 子는 非其人也라. 夫卜梁倚는 有聖人之才나
왈오오가 자 비기인야 부복양의 유성인지재

而無聖人之道하고 我有聖人之道나 而無聖人之才라.
이무성인지도 아유성인지도 이무성인지재

吾欲以敎之하니 庶幾其果爲聖人乎아. 不然하면
오욕이교지 서기기과위성인호 불연

以聖人之道로 告聖人之才亦易矣라. 吾有守而告之하여
이성인지도 고성인지재역이의 오유수이고지

參日而後能外天下하고 已外天下矣라. 吾又守之하여
삼일이후능외천하 이외천하의 오우수지

七日而後能外物하고 已外物矣라. 吾又守之하여
칠일이후능외물 이외물의 오우수지

九日而後能外生하고 已外生矣라. 而後能朝徹하고
구일이후능외생 이외생의 이후능조철

朝徹而後能見獨하며 見獨而後能無古今하고
조철이후능견독 견독이후능무고금

無古今而後能入於不死不生이다. 殺生者는 不死요
무고금이후능입어불사불생 살생자 불사

生生者도 不生이니 其爲物이 無不將也요 無不迎也며
생생자 불생 기위물 무불장야 무불영야

無不毁也요 無不成也라. 其名爲攖寧 攖寧也者는
무불훼야 무불성야 기명위영령 영령야자

攖而後成者也라.
영이후성자야

남백자규(南伯子葵)가 여우(女偊)에게 물었다.

"선생님은 연세가 많으신 데도 신관(身官, 얼굴빛)이 어린아이 같은 것은 무슨 까닭입니까?"

"도(道)를 얻었기 때문이오."

이에 남백자규(南伯子葵)가 다시 말하였다.

"도(道)는 배울 수 있는 것입니까?"

"아! 어찌 배울 수 있겠소. 그대는 도(道)를 배울 그릇이 아니오. 복량의(卜梁倚)는 성인(聖人)의 자품(資品)은 지녔으나 성인(聖人)의 도(道)를 얻지 못했소. 나는 성인(聖人)의 도(道)는 갖추었으나 성인(聖人)의 자품(資品)은 지니지 못했소. 나는 그를 가르치고자 하지만 그가 과연 성인(聖人)이 될 수 있을지 의심스러웠오. 하지만 성인(聖人)의 도(道)로써 성인(聖人)의 자품(資品)이 있는 사람에게 가르치기란 그래도 쉬운 일이요. 나는 조심스럽게 그를 가르쳤는데 3일이 지나자 그는 천하를 잊게 되었소. 이미 천하를 놓아 버렸으므로 다시 조심스레 가르쳤더니 7일 만에 능히 만물을 잊었소. 이미 만물을 잊었으므로 다시 조심스레 가르쳤소. 9일이 지나자 삶을 잊게 되었소. 이미 삶을 잊게 되자 그는 어둠을 걷어낸 아침 햇살 같은 첫 밝음, 조철(朝徹,)을 얻게 되었다오. 밝아진 뒤에는 견독(見獨)하고, 견독(見獨)연후에는 고금(古今)이 없게 되었소. 고금(古今)이 없는 경지에 들면 죽거나 나지 않는 경지에 든다오. 삶을 없애도 죽음이 없고, 삶을 탐하여도 삶이 없소. 만사(萬事)를 보내지 않음이 없고, 맞아들이지 않음이 없으며, 멸하기도 하고 이루기도 한다오. 이를 영녕(攖寧)이라 하오. 영녕(攖寧)은 온갖 정념(情念)의 어지러움이 그친 연후에 나타나는 것이오."

▒某解

장자(莊子)가 성인(聖人)의 자품(資品)이 있는 대인(大人)에게 도(道)를 가르치고, 그 대인(大人)의 깨닫는 차례를 보인다. 대인(大人)의 공부노정(工夫路程)을 엿본다.

3일이 지나 천하(天下)를 잊다. (忘世)

7일 만에 능히 만물(萬物)을 잊다. (忘物)

9일이 지나 삶(生)을 잊다. (忘生)

삶을 잊어 조철(朝徹), 즉 아침 햇살 같은 첫 밝음을 보다.

조철(朝徹) 이후, 정관(靜觀)하여 견독(見獨)하다. 견독(見獨)은 스스로 자성(自性)을 보는 것이다.

견독(見獨) 이후, 자연히 고금(古今)이 없어지다. (無古今)

고금(古今)이 없어진 후, 절로 죽거나 나지 않는(不死不生) 경지에 들다.

불사불생(不死不生)의 경지 이후, 삶을 없애도 죽음이 없고, 삶을 탐하여도 삶이 없다.

공부(工夫)가 만사(萬事)를 보내지 않음이 없고, 맞아들이지 않음이 없으며, 멸하기도 하고 이루기도 하는 경지에 이르다. 이를 영녕(攖寧)이라 한다. 영녕(攖寧)은 지인(至人)의 무사대도(無事大道)이다.

장자(莊子)에 의하면, 상선(上善)의 대인(大人)은 이십일 일 만에 견독(見獨)한다. 견독(見獨)은 유가(儒家)의 지천명(知天命), 선가(禪家)의 견성(見性)과 같은 뜻이다. 견독(見獨) 이후의 공부는 스스로 깊은 삼매(三昧)에 들어 성성(惺惺)한 이후에 실지(實地)에 든다. 삼매(三昧)가 무잡(無雜)하여 지극히 성성(惺惺)한 이가 영녕(攖寧)의 경지에 거니는 것이다. 고덕(高德)이 이른다.

"공부의 길을 알아 바르게 공부하면, 상사(上士)는 7일 만에 견독(見獨)하고, 중사(中士)는 3월 만에 견독(見獨)하며, 하사는 3년 안에 견독(見獨)

한다. 이르지 못하는 이는 정신(精神)에 잡념(雜念)이 어지러이 나타나기 때문이다."

고덕(高德)이 이르기를, 범부라도 노정(路程)을 배워 순일무잡(純一無雜)하게 공부하면, 삼년 안에 견독(見獨)한다고 한다. 고덕(高德)이 어찌 거짓을 말하리오. 누구라도 뜻있는 이는 삼년을 진실되이 공부해서 대자유(大自由)를 자득(自得)하여 무위(無爲)의 도(道)에 소요(逍遙)할 수 있는 것이다. 견독게(見獨偈) 공명(空名)을 본다.

回顧粗去歲　거친 세월을 돌아보나니
如暗似黃兮　검은 듯 누런 듯,
逢別事幾數　만남과 헤어짐이 몇이던가.
空然空名遺　공연히 빈이름만 남겼구나.
惑知惑不知　알거나 모르거나
惑病惑耆老　병들거나 늙었거나
此去彼去事　이러거나 저러거나
世俗是別天　세속(世俗)이 바로 별천(別天).

碧注

* **葵**(규): 해바라기.
* **偊**(우): 혼자 걷다.
* **孺**(유): 젖먹이.
* **朝徹**(조철): 아침 햇살 같은 첫 밝음을 보다. 견성(見性).
* **見獨**(견독): 스스로의 자성(自性)을 보다. * **攖**(영): 다가서다.

13.
배움의 요목要目

南伯子葵曰 子는 獨惡乎聞之아. 曰聞諸副墨之子 副墨之子는 聞諸洛誦之孫이요 洛誦之孫은 聞之瞻明이며 瞻明은 聞之聶許요 聶許는 聞之需役이며 需役은 聞之於謳요 於謳는 聞之玄冥이며 玄冥은 聞之參寥요 參寥는 聞之疑始라.

남백자규(南伯子葵)가 말하였다.

"선생님(女偊)은 어디서 도(道)를 배웠습니까?"

여우(女偊)가 답하였다.

"부묵(副墨)의 아들에게서 배웠다오. 또 부묵(副墨)의 아들은 낙송(洛誦)의 손자에게서 배웠소. 낙송(洛誦)의 손자는 첨명(瞻明)에게서 배웠고, 첨명(瞻明)은 섭허(聶許)로부터 배웠고, 섭허(聶許)는 수역(需役)에게서 배웠고, 수역(需役)은 오구(於謳)로부터 배웠고, 오구(於謳)는 현명(玄冥)에게서 배웠고, 현명(玄冥)은 삼료(參寥)에게서 배웠고, 삼료(參寥)는 의시(疑始)에게서 배웠다오."

某解

부묵(副墨)은 성인의 말씀을 기록한 책이요, 낙송(洛誦)은 성인의 말씀이며, 첨명(瞻明)은 성인의 뜻을 밝게 봄이다. 섭허(聶許)는 성인의 가르침을 잘 알아들음이요, 수역(需役)은 수양(修養)이며, 오구(於謳)는 도(道)를 찬탄함이요, 현명(玄冥)은 고요하고 고요함이다. 삼료(參寥)는 비고 높음이며, 의시(疑始)는 시작이 없는 대도(大道)이다.

14.

매이거연각 寐而蘧然覺

사생(死生)이란 잠들었다가 문득 깨어나는 것.

子祀 子輿 子犁 子來 四人이 相與語曰 孰能以無爲首하여
자사 자여 자리 자래 사인 상여어왈 숙능이무위수

以生爲脊하고 以死爲尻하랴. 孰知死生存亡之一體者는
이생위척 이사위고 숙지사생존망지일체자

吾與之友矣리라. 四人이 相視而笑하고 莫逆於心이라.
오여지우의 사인 상시이소 막역어심

遂相與爲友하다. 俄而子輿有病하여 子祀往問之하다. 子輿
수상여위우 아이자여유병 자사왕문지 자여

陰陽之氣有沴이나 其心은 閑而無事라. 且不得者는 時也요
음양지기유려 기심 한이무사 차부득자 시야

失者는 順也라. 安時而處順하면 哀樂이 不能入也라. 此는
실자 순야 안시이처순 애락 불능입야 차

古之所謂縣解也라. 而不能自解者는 物有結之라.
고지소위현해야 이불능자해자 물유결지

且夫物不勝天久矣니 吾又何惡焉이랴. 子來왈 死生者는
차부물불승천구의 오우하오언 자래 사생자

成然寐하고 蘧然覺이라.
성연매 거연각

자사(子祀), 자여(子輿), 자려(子犁), 자래(子來) 네 사람이 모여 이야기를 나누었다.

"누가 무(無)를 머리로 삼고 생(生)을 몸통으로 삼으며 사(死)를 꼬리로 여길 수 있을까? 누가 생사(生死)와 존망(存亡)이 하나임을 알고 있을까? 우리는 그러한 이와 벗이 되리라."

사람은 서로 둘러보면서 빙그레 웃고는 마음에 어긋남이 없자 벗이 되었다. 그런데 어느 날 갑자기 자여(子輿)가 병이 났다. 자사(子祀)가 문병을 갔더니, 자여(子輿)는 음양(陰陽)의 기운은 어지러워졌으나 마음은 한가하여 아무 일이 없었다(閑而無事).

자여(子輿)가 말한다.

"대저 태어난다는 것은 그 때를 만났음이며, 삶을 잃는 것은 그 변화에 따르는 것이다. 적연(寂然)히 살며 일마다 순응(順應)하면 슬픔이나 즐거움이 끼어 들 수 없다네. 이를 예부터 현해(縣解)라고 부른다네. 스스로 (情念에서) 풀려나지 못하는 것은, 스스로 (情念으로) 얽어맸기 때문일세. 만물의 삶과 모습은 천도(天道)의 본디 그러함을 거슬리지 못하는 법일세. 내 어찌 이 몸의 병을 싫어하겠는가!"

자래(子來)가 말하였다.

"사생(死生)이란 편안히 잠들고 문득 깨어나는 것일 따름일세."

某解

대저 태어난다는 것은 그 때를 만났음이며, 삶을 잃는 것은 그 변화(變化)에 따르는 것이다. 적연(寂然)히 살며 세사(世事)에 순응(順應)하면 슬픔이나 즐거움이 끼어 들 수 없다. 순응(順應)이란 종심(從心)이요, 종심(從心)은 진심(眞心)에 맡기는 것이다. 슬픔이나 즐거움이 끼어 들 수 없다는 것은, 진심(眞心)이 성성(惺惺)하면 이미 정념(情念)이 자취를 감추기 때문이다. 이 소식을 드러냄을 현해(懸解)라 한다. 사람이 늙어 병들어 죽어 감을 걱정하고 싫어할 것인가? 다만 변화를 떠나 무시(無視)할 일이다.

망세적연음(忘世寂然吟)을 본다.

門外隨微跡	사립문 밖의 오솔길 따라
寥登無生峯	요요(寥寥)히 無生峰에 오르면,
巖巖兀兀崎	이런 바위 저런 바위
巖巖吟無生	바위 바위가 無生을 읊누나.

碧注

* 脊(척): 등성마루. 등뼈.
* 尻(고): 꽁무니.
* 俄(아): 갑자기.
* 遂(수): 이르다. 마치다.
* 祀(사): 제사.
* 懸解(현해): 높이 드러내어 그 뜻을 알리다. 알리는 내용은 본래 무정(無情)의 소식이다.
* 遽然(거연): 갑자기(遽=蘧). 홀연(忽然).

15.
조화造化를 따르라

俄而子來有病하여 喘喘然將死라. 其妻子는 環而泣之라.
子犁往問之曰 叱避無怛化하라. 倚其戶하여 與之語曰偉哉라.
造化는 又將奚以汝爲며 將奚以汝適인가. 以汝爲鼠肝乎아
以汝爲蟲臂乎아. 子來曰 父母於子에 東西南北을
唯命之從이라. 陰陽於人이 不翅於父母라.
彼近吾死而我不聽이면 我則悍矣라. 彼何罪焉이랴.
夫大塊載我以形하고 勞我以生하며 佚我以老하고 息我以死故로
善吾生者는 乃所以善吾死也라. 今에 大冶鑄金하매 金이
踊躍曰 我且必爲鏌金邪라 하면 大冶는
必以爲不祥之金이라. 今에 一犯人之形 而曰人耳라. 人耳라 하면
夫造化者는 必以爲不祥之人이리라. 今에 一以天地爲大鑪하고
以造化爲大冶면 惡乎往而不可哉아. 成然寐하고 蘧然覺이라.

어느 날 갑자기 자래(子來)가 병이 나서 숨을 헐떡이며 곧 죽을 것 같았다. 그러자 그의 아내와 자식들이 그를 둘러싸고 울고 있었다. 자려(子犁)가 문병(問病)가서 말하였다.

"수어이! 그만 울고 저리 가시오. 죽어가는 사람을 놀라게 하지 마시오."

자려(子犁)가 문에 기댄 채 자래(子來)에게 말하였다.

"위대하도다. 조화(造化)여. 자네를 무엇으로 변하게 할 것이며 또 어디로 데려 가려는 것인가. 자네를 쥐의 간으로 만드려나? 벌레의 팔로 만들려 하는가?"

이에 자래(子來)가 말하였다.

"부모가 명령을 내리는 대로 자식은 동서남북 어디든 따르게 되네. 음양(陰陽,生死存亡)의 조화(造化)는 사람에 있어서 부모의 정도가 아닐세. 저 음양조화(陰陽造化)가 나를 죽음으로 이끄는데, 따르지 않는다면 이는 어리석은 짓일세.

음양조화(陰陽造化)에 무슨 허물이 있겠는가? 천지(天地)는 나에게 몸을 주었네. 또한 삶으로 나를 수고롭게 하고, 늙음으로써 나를 편하게 하며, 죽음으로써 나를 쉬게 하네. 그러므로 내가 삶을 좋아하는 것은 바로 죽음을 좋아하는 것이라네. 예컨대 훌륭한 대장장이가 쇠붙이를 녹여 주물(鑄物)을 만드려 하는데 쇠붙이가 날뛰면서 '나는 필연코 막야(鏌鎁)라는 신검(神劍)이 되리라'라고 한다면, 대장장이는 상서롭지 못한 쇠붙이라 생각할 것이네. 이제 우연히 사람의 몸으로 태어났는데 '사람으로 나겠다, 사람으로만 태어나겠다'라고 외친다면 저 조화자(造化者)는 상서롭지 못한 인간이라고 할 것이네. 천지(天地)를 큰 용광로로 생각하고, 조화(造化)를 훌륭한 대장장이로 여긴다면 무엇으로 변하든 간에 마땅하지 않겠는가. 사생(死生)이란 편안히 잠들고 문득 깨어나는 것일 따름일세."

碧注

* 叱(질): 꾸짖을.

* 怛(달): 슬플, 놀랄 .

* 翅(시): 날개, 다만 ~만이 아니라.

* 佚(일): 편안할.

* 鏌(막): 칼 이름.

* 金邪(야): 칼 이름.

* 鑪(로): 화로.

16.

방외지례 方外之禮

세상 밖의 예(禮)를 보이다.

子桑戶 孟子反 子琴張 三人이 相與語曰
자 상 호 맹 자 반 자 금 장 삼 인 상 여 어 왈

孰能相與於無相與하며 相爲於無相爲하랴.
숙 능 상 여 어 무 상 여 상 위 어 무 상 위

孰能登天遊霧하며 撓挑無極하고 相忘以生하여 無所終窮하랴.
숙 능 등 천 유 무 요 도 무 극 상 망 이 생 무 소 종 궁

三人이 相視而笑하고 莫逆於心하여 遂相與爲友라
삼 인 상 시 이 소 막 역 어 심 수 상 여 위 우

莫然有間而 子桑戶는 死未葬이다. 孔子 聞之하고
막 연 유 간 이 자 상 호 사 미 장 공 자 문 지

使子貢往侍事焉이러니 或編曲하며 或鼓琴하여 相和而歌曰
사 자 공 왕 시 사 언 혹 편 곡 혹 고 금 상 화 이 가 왈

嗟來桑戶乎아. 嗟來桑戶乎而已오 反其眞而
차 래 상 호 호 차 래 상 호 호 이 이 반 기 진 이

我猶爲人猗라. 子貢이 趨而進曰敢問하노니 臨尸而歌는
아 유 위 인 의 자 공 추 이 진 왈 감 문 임 시 이 가

禮乎아. 二人이 相視而 笑曰是惡知禮意랴. 子貢은
예 호 이 인 상 시 이 소 왈 시 오 지 례 의 자 공

反以告孔子曰 彼는 何人者耶이가.
반 이 고 공 자 왈 피 하 인 자 야

修行無有而外其形骸하고 臨尸而歌에 顔色不變하여
수 행 무 유 이 외 기 형 해 임 시 이 가 안 색 불 변

無以命之하니 彼는 何人者耶이가. 孔子曰 彼는
무 이 명 지 피 하 인 자 야 공 자 왈 피

遊方之外者也오 而丘는 遊方之內者也라. 外內不相及이오
유 방 지 외 자 야 이 구 유 방 지 내 자 야 외 내 불 상 급

而丘使女往弔之하니 丘則陋矣라.
이 구 사 여 왕 조 지 구 즉 누 의

彼는 方且與造物者爲人하고 而遊乎天地之一氣하여
피 방차여조물자위인 이유호천지지일기

彼는 以生爲符贅縣疣하며 以死爲決疣潰癰이라.
피 이생위부췌현우 이사위결우궤옹

夫若然者 又惡知死生先後之所在라. 假於異物하고
부약연자 우오지사생선후지소재 가어이물

托於同體하여 忘其肝膽하고 遺其耳目하여 反覆終始에
탁어동체 망기간담 유기이목 반복종시

不知端倪라. 茫然彷徨乎 塵垢之外하고 逍遙乎
부지단예 망연방황호 진구지외 소요호

無爲之業이라. 彼又惡能憒憒然爲世俗之禮하여
무위지업 피우오능궤궤연위세속지례

以觀衆人之耳目哉아
이관중인지이목재

자상호(子桑戶), 맹자반(孟子反), 자금장(子琴張) 세 사람이 서로 이야기를 나누었다.

“누가 사귐 없이 사귀어 벗이 될 수 있고, 서로 모습 없는 모습을 즐길 수 있을까? 누가 능히 허공에 올라 안개 속을 거닐고, 무극(無極)에서 노닐며, 서로 삶을 잊은 채, 다함이 없이 소요(逍遙)할 수 있을까?”

세 사람은 서로 마주보고 빙긋이 웃고는 서로 마음이 통하여 벗이 되었다. 얼마 지나서 자상호(子桑戶)가 죽었다. 장례를 치르기 전에 공자(孔子)가 이 소식을 듣고 자공(子貢)으로 하여금 조문(弔問)하게 하였다. 자공(子貢)이 갔더니 맹자반(孟子反)과 자금장(子琴張)은 노래를 편차하여 거문고를 연주하면서 소리 맞추어 노래하고 있었다.

“아! 상호(桑戶)여, 아! 상호(桑戶)여, 자네는 이미 염담허무(恬憺虛

無)를 회복(回復)하였지만, 우리는 여전히 허사적풍(虛邪賊風)이 묻어 있구나."

이에 놀란 자공(子貢)이 빠른 걸음으로 나아가 말하였다.

"감히 여쭈건대 벗의 주검 앞에서 노래하는 것이 예(禮)입니까?"

두 사람은 서로를 마주본 뒤 웃으면서 말하였다.

"이 사람이 어찌 예(禮)의 근본(根本)을 알겠는가?"

자공(子貢)이 돌아와 공자(孔子)에게 사뢰고 여쭈었다.

"저들은 대체 어떤 사람들입니까? 예의(禮儀)를 익힌 바 없고 육신(肉身)의 생사(生死)는 도외시한 채, 벗의 주검 앞에서 노래를 부르고 얼굴빛도 평소와 같습니다. 무어라 말할 수가 없습니다. 저들은 어떤 사람들입니까?"

이에 공자(孔子)가 답하였다.

"그들은 이 세상 밖에서 노니는 사람들(方外之士)이라네. 나는 이 세상 안에 거니는 사람일세. 밖과 안은 서로 미치지 못하는데 내가 자네를 조문하게 했으니 나의 허물일세. 그들은 지금 조물자(道)와 벗이 되어 천지의 일기(一氣)와 한 몸이 되어 노닌다. 그들은 삶을 군살이나 혹이 난 것처럼 여기고, 죽음을 곪은 곳을 짜거나 종기를 터트리는 것으로 여긴다. 대저 그 같은 이들이 어찌 삶과 죽음을 저울질 하겠는가? 여러 가지 다른 것을 빌려 잠시 하나의 몸으로 삼고, 이에 간과 쓸개를 잊고 눈과 귀도 잊은 채, 생사를 되풀이 하되 그 처음과 끝을 알지 못한다. 그들은 세상 밖(方外)에서 망연(茫然)히 노닐고 무위(無爲)로써 한가로이 소요(逍遙)한다네. 그들이 어찌 번거롭게 세간(世間)의 예법(禮法)을 행하여 세상 사람들의 귀와 눈에 맞추려 하겠는가."

▓某解

무극(無極)이란 정념(情念)의 능(能)과 소(所)가 민멸(泯滅)한 경지(境地)이다. 그러므로 지인(至人)은 무극(無極)으로 소요(逍遙)하는 것이다. 공자(孔子)의 태극설(太極說)도 무극(無極)과 같은 뜻이다. 염담허무(恬憺虛無)는 무극(無極)의 내용이요, 허사적풍(虛邪賊風)은 정념(情念)이 모습따라 행변(行變)하는 그림자이다. 만약 염담허무(恬憺虛無)를 회복하면 허사적풍(虛邪賊風)은 있지 아니하다. 범부란 몽환(夢幻)의 허사적풍(虛邪賊風)에 거처하여 허망하게 유전하므로 붙은 이름일 따름이다.

지례(至禮)란 염담허무(恬憺虛無)의 작용이요, 세상의 예(禮)란 허사적풍(虛邪賊風)의 순선(純善)한 바를 훈습(薰習)하는 것이다. 벗의 주검 앞에서 거문고를 연주하며 노래하는 것은 사생(死生)의 본말(本末)을 아는 경지라, 세속(世俗)의 예(禮)와 같지 아니한 것이다. 장자(莊子)는 지례(至禮)를 예(禮)라 하고, 지친(至親)은 무례(無禮)라 한 것이다. 지친(至親)은 무극(無極)의 대용(大用)이다. 자공(子貢)의 견처(見處)로는 막연한 경지이다. 공자(孔子)가 무극(無極)의 대용(大用)에 거처하는 이를 평하여 자공(子貢)에게 이른다.

"그들은 방외지사(方外之士)이다. 무극(無極)을 터득하여 무위(無爲)로써 소요(逍遙)한다. 어찌 세간(世間)의 예(禮)을 행하여 범부의 귀와 눈에 맞추려 하겠는가!"

방외음(方外吟) 휴휴(休休)를 본다.

涼風逍遙兮　　산들바람이 소요(逍遙)하다가
辿遊艸蒨路　　우거진 길섶을 거니누나.
超然忘寂寂　　적적(寂寂)에도 초연(超然)하여
寥寥休休兮　　요휴(寥休)에 저만치 쉬는 듯.

碧注

* 蹉(차): 넘어지다. 때를 놓치다.
* 猶(유): 오히려. 마치. 조차.
* 猗(의): 아름답다. 아아.
* 趨(추): 달리다. 쫓다.
* 贅(췌): 혹. 군더더기.
* 疣(우): 사마귀.
* 潰(궤): 무너지다. 성내다.
* 癰(옹): 악창. 등창.
* 假(가): 빌다. 빌리다. 용서하다.
* 倪(예): 어린이. 흘겨보다.
* 憒(궤): 심란하다.
* 犁(리): 얼룩소 .
* 尻(고): 꽁무니 .
* 俄(아): 갑자기 .
* 贅(췌): 혹
* 沴(려): 해칠, 요기(妖氣)
* 跰(변): 더깨질 할, 못 박힐. 胼과 同字.
* 躃(선): 비틀 비틀할.
* 鴞(효): 부엉이

17.
기인畸人은 천天의 소인이요, 세상의 군자이다

子貢曰 然則夫子何方之依이까 孔子曰 丘는 天之戮륙民也라. 雖然 吾與汝共之라 子貢曰 敢問其方하나이다. 孔子曰 魚는 相造乎水하고 人相造乎道라 相造乎水者는 穿池而養給하고 相造乎道者는 無事而生定이라. 故로 曰 魚相忘乎江湖며 人相忘乎道術이라. 子貢曰 敢問畸人하나이다. 曰畸人者는 畸於人而侔於天이니 故로 曰天之小人은 人之君子요 人之君子는 天之小人也라.

자공(子貢)이 공자(孔子)에게 여쭈었다.

"그러면 선생님은 어느 곳에 계십니까?"

"나는 하늘의 벌을 받고 있네. 비록 그러하나 나는 자네와 함께 방외(方外)를 따르고자 하네."

이에 자공(子貢)이 여쭈었다.

"그 방법(方法)을 알고 싶습니다."

공자(孔子)가 말하였다.

"물고기는 물에서 살고, 사람은 도(道)에서 산다. 물에 사는 자는 연못을 만들어 주면 되고, 도(道)에 사는 자는 무사(無事)로써 인생을 안정(安定)한다. 그러므로 '물고기는 강에서 피차(彼此)를 잊은 채 자

유롭고, 사람은 도(道)에서 피차(彼此)를 잊고 소요(逍遙)한다'고 하는 것이라네."

이에 자공(子貢)이 말하였다.

"감히 기인(畸人)에 대하여 여쭙니다."

"기인(畸人)이란 범부에 비기면 기이(奇異)하나, 그냥 허공(虛空)과 같은 사람이다. 그러므로 '천(天)의 소인(小人)은 세상의 군자(君子)요, 세상의 군자(君子)는 천(天)의 소인이다'라 하는 것이라네."

碧注

* **天之戮民**(천지륙민): 하늘의 형벌을 받는 이. 공자가 스스로를 낮추어 이르는 것이다. 공자가 스스로 낮추므로 제자들이 가까이 와서 도(道)를 배움에 두려움이 적게 되는 것이다. 공자는 춘일(春日)의 세우(細雨)처럼 은근하게 도(道)를 가르치는 것이다. 장자의 책에 공자를 비하하는 듯이 보이나, 그 대체(大體)는 공자를 성인(聖人)으로 인정하지 않음이 없다. 장자의 술(述)은 공자에 기대서 설(說)하는 것이다.
* **道術**(도술): 도(道)이다. 술(術)은 魚相忘乎江湖 人相忘乎道術에서 구격(句格)을 맞춘 것으로 뜻이 없다.
* **畸人**(기인): 무사한거인(無事閑居人). 진심(眞心)을 철견(徹見)하여 칠정(七情)에 머무름이 없는 도인(道人). 기인(奇人)은 기이한 재능이 있는 인마, 뛰어난 인격으로 청행을 하는 이를 가리킨다. 기인(畸人)과 기인(奇人)은 뜻과 격(格)이 다르다.
* **天之小人 人之君子**: 天之小人의 소인은 대각군자(大覺君子) 가운데, 처음 대각(大覺)을 이루어 그 경지가 깊지 못한 경우이다. 人之君子의 군자는 세상 속의 은현달사(隱賢達士)를 가리킨다.

18.

안배요천 安排寥天

정념(情念)이 없어 편안함을 요천(寥天)이라 한다.

顔回問仲尼曰 孟孫才는 其母死에 哭泣無涕하고
안회문중니왈 맹손재 기모사 곡읍무체

心中不慼하고 居喪不哀하니 無是三者는 以善喪으로
심중불척 거상불애 무시삼자 이선상

蓋魯國하니 固有無其實 而得其名者乎이까. 回는
개노국 고유무기실 이득기명자호 회

壹怪之하나이다. 仲尼曰 夫孟孫氏는 盡之矣며 進於知矣라.
일괴지 중니왈 부맹손씨 진지의 진어지의

唯簡之而不得이라. 夫已有 所簡矣라. 孟孫氏는
유간지이부득 부이유 소간의 맹손씨

且彼有駭形而 無損心하고 有旦宅而無情死라. 孟孫氏는
차피유해형이 무손심 유단택이무정사 맹손씨

特覺하여 人哭亦哭하니 是自其所以乃요
특각 인곡역곡 시자기소이내

且也相與吾之耳矣라. 庸詎知吾所謂吾之乎아.
차야상여오지이의 용거지오소위오지호

且汝夢爲鳥而厲乎天하고 夢爲魚而沒於淵하면
차여몽위조이려호천 몽위어이몰어연

不識今之言者는 其覺者乎아. 其夢者乎아. 造適不及笑요
불식금지언자 기각자호 기몽자호 조적불급소

獻笑不及排라 安排而去化는 乃入於寥天一이라.
헌소불급배 안배이거화 내입어요천일

안회(顔回)가 공자(孔子)에게 여쭈었다.

“맹손재(孟孫才)는 그의 어머니가 죽자 곡(哭)함에 눈물을 흘리지 않았고, 마음에는 슬픔이 없었으며, 상중(喪中)에 애통(哀痛)해 하지 않았습니다. 이 세 가지가 없었는데도 어머니 상(喪)을 잘 치렀다는 소문이 노(魯)나라 구석구석에 퍼졌습니다. 실제로 상(喪)을 잘 치르지 않았는데 그런 이름만 얻은 것입니다. 저는 참으로 이를 괴이하게 여깁니다."

이에 공자(孔子)가 말하였다.

"저 맹손씨(孟孫氏)는 상례(喪禮)를 지극하게 하였다. 그는 세상에서 상례(喪禮)를 아는 이보다도 앞섰다. 사람들은 상례(喪禮)를 간략히 하려해도 할 수가 없었는데 그는 상례(喪禮)를 간략히 하였다. 맹손씨(孟孫氏)는 모습의 변화(變化)에 놀라기는 하였으나 마음은 상(傷)함이 없고, 마음의 거처를 옮길 뿐 참으로 죽는 일은 없다. 맹손씨는 사생(死生)의 도리에 깨달음이 있다. 사람들이 곡(哭)을 하면 따라서 곡(哭)을 하는데, 바로 이것이 그가 세속(世俗)에서 부득이(不得已)한 경우에 행하는 처세법(處世法)이다. 세상 사람들은 서로 자신(自身)을 가리켜 나(我)라고 하지만, 내가 가리키는 것이 참나(眞我)인 줄 어찌 알겠는가? 자네는 꿈에 새가 되어 하늘에 이르기도 하고, 혹은 물고기가 되어 연못 속을 노닐기도 한다. 지금 말하고 있는 자네가 깨어 있는지, 꿈꾸고 있는지 알 수 없지 않는가? 조적(造適, 조화에 나아감)은 한소(閑笑, 한가로운 笑笑)에 미치지 못하고, 한소(閑笑)는 배(排, 정념을 끊어 없앰)에 미치지 못한다. 안배(安排)하여 조화(調和)하면 곧 요천(寥天, 寥寥寂寂한 眞心)과 하나가 된다네."

某解

도(道)를 아는 이는 상(喪)에 이르러, 곡(哭)함에 눈물을 흘리지 않고, 마음에는 슬픔이 없으며, 애통(哀痛)해 하지 않는다. 자기의 본래면목(本

來面目)을 보았기 때문이다. 공자(孔子)가 말한다.

사람들은 서로 자신(自身)을 가리켜 나라고 하지만, 내가 가리키는 것이 참나(眞我)인 줄 어찌 알겠는가?"

범부는 자신의 참 모습을 알지 못한다. 만약 자신의 참 모습을 알게 되면 인생이 바뀐다. 자기가 지인(至人)이요, 조물자(造物者)요, 신(神)이요, 청정광명(淸淨光明)임을 보게 되기 때문이다. 이는 바뀔 수 없는 사실이다.

조적(造適)은 조화(造化)에 나아감이요, 한소(閑笑)는 무사한한(無事閑閑)의 소소(笑笑)요, 배(排)는 정념(情念)을 끊어 없앰이다. 안배(安排)는 정념(情念)을 없애 편안함이요, 요천(寥天)이란 요요적적(寥寥寂寂)한 진심(眞心)을 가리키니 곧 자성(自性)의 천연(天然)이다.

碧注

* **庸**(용): 쓰다.
* **詎**(거): 어찌. 적어도.
* **造適**(조적): 반조(返照). 입경(入敬)
* **閑笑**(한소): 불혹(不惑). 지경(知敬)
* **排**(배): 지천(知天). 입성(入誠)
* **安排**(안배): 이순(耳順). 성성(誠誠)
* **寥天**(요천): 寥寥寂寂한 진심(眞心). 지성(至誠)

19.

美와 力과 知를 잊은 이라야, 道에 가깝다

意而子가 見許由하니 許由曰 堯는 何以資汝오. 意而子曰 堯는 謂我하여 汝必躬服仁義而明言是非라. 許由曰 而奚來爲軹인가. 夫堯旣已黥경,墨刑汝以仁義 而劓汝以是非矣라. 汝는 將何以遊夫遙蕩 恣睢轉徙之塗乎아. 意而子曰 雖然吾願遊於其藩이라. 許由曰 不然하다. 夫盲者는 無以與乎眉目顔色之好요 瞽者는 無以與乎青黃黼黻之觀이라. 意而者曰 夫無莊之失其美와 據梁之失其力과 皇帝之亡其知는 皆在鑪捶之間耳라. 庸詎知夫造物者之 不息我黥 而補我劓하여 使我乘成以隨先生邪이까. 許由曰 噫라 未可知也라. 我爲汝言其大略하리라. 吾師乎 吾師乎 齏萬物 而不爲義하고 澤及萬世而不爲仁하며 長於上古而不爲老하고 覆載天地하여 刻彫衆形 而不爲巧하니 此所遊已라.

의이자(意而子)가 허유(許由)를 만나니 허유가 말하였다.
"요(堯)임금이 자네에게 무슨 말을 하던가?"
의이자(意而子)가 답하였다.
"요(堯)임금은 나에게 '반드시 인의(仁義)를 실천하고 시비(是非)를 분명히 밝히라'고 하였습니다."

허유(許由)가 말하였다.

"자네는 어찌하여 나를 찾아왔는가? 요(堯)임금은 이미 인의(仁義)로써 자네에게 묵형(墨刑)을 가하였고 시비(是非)로써 자네의 코를 베는 형벌을 주었다. 자네가 어찌 대자유(大自由)를 자득(自得)하여 조화(造化)가운데서 노니려 하는가?"

이에 의이자(意而子)가 말하였다.

"만약 그렇기는 하지만 도(道)의 경계에서 노닐고자 합니다."

허유(許由)가 말하였다.

"그럴 수는 없다. 장님은 아름다운 용모(容貌)를 알지 못하고, 또한 아름다운 빛깔과 무늬를 보지 못한다."

의이자(意而子)가 말하였다.

"대저 무장(無莊)이 미모(美貌)를 잊고, 거량(據梁)이 자기 힘을 잊고, 황제(黃帝)가 지혜(智慧)를 잊은 것은 모두 도(道)의 용광로(鎔鑛爐)에서 다듬어졌기 때문입니다. 조물자(造物者)가 저의 묵형(墨刑)을 지워주고, 코를 다시 돌려줌으로써 저를 온전히 회복(回復)시켜 선생님을 따르게 할지 어찌 알겠습니까?"

허유(許由)가 말하였다.

"음, 그럴지도 모르지. 이제 자네에게 공부의 대강을 말해 주고자 하네. 나의 스승이여! 나의 스승이여! 만물(萬物)을 이루어 놓았으면서도 의롭게 여기지 않고, 은택(恩澤)이 만세(萬歲)에 미치면서도 어질다고 여기지 않네. 상고(上古) 이전보다 무한히 오래면서 늙지 않았네. 하늘을 싣고 땅을 감싸서 만물을 갖가지 모습으로 있게 하면서도 솜씨라고 여기지 않는다. 이것이 자성(自性)을 자득(自得)하여 염담허무(恬憺虛無)로써 소요(逍遙)하는 경지(境地)이다."

碧注

* **意而子**(의이자): 가상(假想)의 학도자(學道者). 意而子란 정념(情念)의 의(意)에 머무는 자. 意而子는 비록 정념(情念)에 거처하나, 스스로의 미진함을 알고 허유에게 도를 묻는 것이다.
* **恣**(자): 방자하다.
* **睢**(휴): 눈 부릅뜰. 우러러보다. 헐뜯다.
* **塗**(도): 진흙. 길.
* **蕃**(번): 우거지다. 많다.
* **軹**(지): 굴대 머리, 어조사.
* **黥**(경): 묵형(墨刑). 얼굴에 죄명을 刺字하는 형벌.
* **劓**(의): 코 벨.
* **藩**(번): 덮을, 수레의 휘장.
* **瞽**(고): 소경.
* **黼**(보): 수. 도끼 무늬의 옛 예복.
* **黻**(불): 수. 두 개의 궁자(弓字).
* **捶**(추): 종아리 칠, 채찍질 할.
* **齏**(제): 버무리다. 무치다. 양념.
* **無莊之失其美**(무장지실기미): 실(失)은 망(忘)과 통한다. 무장(無莊)은 외형의 아름다움을 잊다.
* **無莊**(무장): 미인의 이름. 외형의 아름다움을 잊다.
* **據梁**(거량): 장사(壯士)의 이름.
* **據梁之失其力**(거량지실기력): 실(失)은 망(忘)과 통한다. 거량은 자기의 힘을 잊다.
* **皇帝之亡其知**(황제지망기지): 황제는 정념의 지(知)를 잊다.
* 무거황(無據黃)의 미(美)와 력(力)과 지(知)를 잊은 이라야 도(道)에 가깝다.

20.

좌망소요 坐忘逍遙

진심(眞心)이 현현(顯現)하여 소요(逍遙)하다.

顔回曰 回益矣이다. 仲尼曰 何謂也오. 曰回는 忘仁義矣이다.
안 회 왈 회 익 의 중 니 왈 하 위 야 왈 회 망 인 의 의

曰可矣라. 猶未也라. 他日復見曰 回益矣이다. 曰何謂也오.
왈 가 의 유 미 야 타 일 복 견 왈 회 익 의 왈 하 위 야

曰回는 忘禮樂矣이다. 曰可矣다. 猶未也라. 他日復見曰
왈 회 망 예 악 의 왈 가 의 유 미 야 타 일 복 견 왈

回益矣이다. 曰何謂也오. 曰回는 坐忘矣이다. 仲尼는 蹴然曰
회 익 의 왈 하 위 야 왈 회 좌 망 의 중 니 축 연 왈

何謂坐忘인가. 顔回曰 墮支體하고
하 위 좌 망 안 회 왈 타 지 체

黜聰明하여 離形하고 去知하여 同於大通하오니 此謂坐忘이오이다.
출 총 명 이 형 거 지 동 어 대 통 차 위 좌 망

仲尼왈 同則無好也오 化則無常也라. 而果其賢乎아
중 니 동 즉 무 호 야 화 즉 무 상 야 이 과 기 현 호

丘也請從而後也라.
구 야 청 종 이 후 야

어느 날 안회(顔回)가 말하였다.

"제 공부(工夫)에 나아간 바가 있습니다."

이에 공자(孔子)가 말하였다.

"무슨 말인가?"

안회(顔回)가 대답하였다.

"저는 인의(仁義)를 잊었습니다."

"잘하였다. 하지만 아직 미흡(未洽)하다."

안회가 얼마 뒤 다시 공자에게 말하였다.

"공부(工夫)에 나아간 바가 있습니다."

"그래 어떠한가?"

"저는 예악(禮樂)을 잊었습니다."

"잘하였네. 그러나 아직 부족(不足)하다네."

다시 얼마 뒤 안회가 말하였다.

"공부(工夫)에 얻은 바가 있습니다."

"그래 어떠한가?"

"저는 좌망(坐忘)하였습니다."

이에 공자는 얼굴빛을 고치며 물었다.

"어떤 것을 좌망(坐忘)이라고 하는가?"

안회가 대답하였다.

"몸뚱이를 잊고 분별지(分別智)가 없어졌습니다. 또 모습을 떠나고 덕혜술지(德慧術知)를 버려, 안팎으로 대도(大道)에 통하여 한 몸이 되었습니다. 이를 좌망(坐忘)이라 합니다."

이에 공자가 말하였다.

"도(道)와 한 몸이 되면 좋아함과 싫어함이 없고, 무심(無心)으로 조화(造化)에 응하면 집착이 없게 된다. 그대는 훌륭하네. 나도 자네를 따라야겠네."

某解

이 설명은 장자(莊子)가 공자와 안회에 기대어, 자신의 견처(見處)를 우화(寓話)를 통해 밝힌 것이다.

碧注

* **墮支體**(타지체): 몸을 잊다.
* **離形**(이형): 몸을 주재(主宰)하는 진심(眞心)을 보다.
* **去知**(거지): 덕혜술지(德慧術知)를 쉬다. 소요유(逍遙遊)의 문을 열다.

20.
업業의 명命은 평등平等하다

子輿가 與子桑友 而霖雨十日이라. 子輿曰 子桑은 殆病矣라. 裹飯而往食之하여 至子桑之門則 若歌若哭에 鼓琴曰 父邪? 母邪아? 天乎? 人乎아? 有不任其聲 而趨擧其詩焉이라. 子輿入曰 子之歌詩는 何故若是오. 曰吾思夫使我 至此極者而不得也라. 父母豈欲吾貧哉아 天無私覆하고 地無私載하니 天地 豈私貧我哉아. 求其爲之者 而不得也라. 然而至此極者는 命也夫저.

자여(子輿)와 자상(子桑)은 벗이다. 장마가 열흘이나 계속되자 子輿는 "자상(子桑)이 굶주리고 있을 것이다." 라며 음식을 싸들고 갔다. 자상(子桑)의 집 앞에 이르자 노랫소리 같기도 하고 곡(哭)소리 같기도 한 목소리가 거문고 가락과 함께 들렸다.

"아버지일까? 어머니일까? 하늘일까? 사람일까?"

소리내기에도 힘에 겨운 듯, 가사(歌詞)를 곡조(曲調)에 맞지 않게 빠르게 읊었다. 자여(子輿)가 들어가 말하였다.

"여보게! 자네의 노래가 어찌하여 이러한가?"

자상(子桑)이 말하였다.

"내가 아무리 생각해 보아도 이처럼 가난하게 된 것을 알 수 없네. 어버이가 어찌 나의 가난을 바랐겠는가? 하늘은 사사로이 덮어주는 일 없고, 땅은 사사로이 실어주는 일 없나니, 어찌 천지(天地)가 나만을 가난하게 하였겠는가? 아무리 궁리해보아도 알 수가 없네. 내가 이렇게 된 것은 업(業)의 명(命)일 것이네."

장자직해 제7편

응제왕 應帝王

지인至人은 사물에 응應하지 않음이 없으나, 손상損傷하지 아니한다. 배움에 염담허무恬憺虛無를 자득自得하여 자취 없이 소요逍遙하라. 천연天然의 받은 바를 온전히 할 뿐, 무언가 얻을 바가 있는 것이 아니다.

1.
부지不知의 도道

齧缺이 問於王倪하여 四問而四不知라. 齧缺은 因躍而大喜하여 行以告蒲衣子하니 蒲衣子曰 而乃今知之乎아 有虞氏는 不及泰氏라. 有虞氏는 其猶藏仁以要人하니 亦得人矣 而未始出於非人이라. 泰氏는 其臥徐徐하고 其覺于于하여 一以己爲馬하고 一以己爲牛하니 其知情信하고 其德甚眞이라. 而未始入於非人이라.

설결(齧缺)이 (스승인) 왕예(王倪)에게 도(道)를 네 번이나 물었다. 네 번 모두 왕예가 모른다고 대답하였다. 이에 설결은 뛰며 기뻐하였다. 설결이 부지(不知)의 도(道)를 포의자(蒲衣子)에게 말했더니 포의자가 말하였다. "자네는 이제야 그 이치를 알았는가? 순(舜)은 태씨(泰氏)에게 미치지 못한다. 순(舜)은 인(仁)을 품은채 사람을 모으려 하였으며 선인(善人)을 얻을 수 있었다. 그래도 시비분별(是非分別)의 밖에 나아가지 못했다. 태씨(泰氏)는 잘 때에는 평안(平安)하고 깨었을 때는 어수룩하여, 사람들이 자기를 말이라고 하면 자기도 말이라 하고, 소라고 해도 스스로 소라 한다. 그 지혜(智慧)는 참으로 미덥고 그 덕(德)은 참으로 해맑다. 태씨(泰氏)는 애초에 시비분별(是非分別)에 발을 들이지도 않았던 것이다."

▌碧注

* **泰氏**(태씨): 가상의 무위진인(無位眞人). 태씨는 태초(太初)를 상징.

2.
그 사事에 무위無爲를 확고히 할 따름

肩吾가 見狂接輿하니 狂接輿曰 日에 中始가 何以語女오.
肩吾曰 告我 君人者는 以己出經하고 式義度人하니
孰敢不聽而化諸아. 狂接輿曰 是欺德也라. 其於治天下也에
猶涉海鑿河 而使蚊負山也라. 夫聖人之治也는 治外乎아.
正而後行하고 確乎能其事者而已矣라. 且鳥는
高飛以避矰증弋익之害하고 鼷혜鼠서는 深穴乎神丘之下하여
以避熏鑿착之患이라 而曾二蟲之無知라.

어느 날 견오(肩吾)가 광접여(狂接輿)를 만났다. 이에 광접여(狂接輿)가 말하였다.

"전에 중시(中始)가 그대에게 무어라 하던가?"

견오(肩吾)가 말하였다."저에게 말하기를 임금 된 자(者)가 자기 생각대로 법(法)과 제도(制度)를 정한들, 따르고 교화되지 않을 자가 감히 누가 있겠는가라고 하였습니다."

광접여(狂接輿)가 말하였다.

"그것은 거짓 덕(德)이다. 그렇게 천하를 다스리는 것은 마치 바다를 걸어 건너고, 강을 손으로 파서 뚫으며, 모기에게 산을 짊어지우려는 짓이다. 어찌 성인의 다스림이 바깥이겠는가? 스스로를 바르게 한 연후에 행(行)이 있는 것이니, 그 사(事)에 무위(無爲)를 확고히 할 따름이다. 새는 높이 날아 화살의 위험을 피하고, 생쥐는 신단(神壇) 밑 깊숙이 굴을 파 연기(煙氣)나 파헤쳐지는 화(禍)를 피한다. 그런데도 두 생명(生命)을 어리석다고 할 수 있겠는가!"

碧注

* 矰(증): 주살, 짧은 화살.
* 弋(익): 주살.

3.
무명인無名人의 무하유지향無何有之鄕

天根이 遊於殷陽하여 至蓼水之上하니 適遭無名人이라.
천 근 유 어 은 양 지 요 수 지 상 적 조 무 명 인

而問焉曰請問爲天下라. 無名人曰 去하라. 汝는 鄙人也라.
이 문 언 왈 청 문 위 천 하 무 명 인 왈 거 여 비 인 야

何問之不豫也오. 予는 方將與造物者爲人이라.
하 문 지 불 예 야 여 방 장 여 조 물 자 위 인

厭則又乘夫莽渺之鳥하고 以出六極之外하여
염 즉 우 승 부 망 묘 지 조 이 출 육 극 지 외

而遊無何有之鄕하며 以處壙埌之野한다.
이 유 무 하 유 지 향 이 처 광 랑 지 야

汝又何帠(法)以治天下로 感予之心爲오
여 우 하 예 이 치 천 하 감 여 지 심 위

천근(天根)이 은양(殷陽)에게 노닐다가 요수(蓼水)에 이르러 무명인(無名人)을 만나게 되자 무명인에게 물었다.

"천하(天下)를 다스리는 법을 알고 싶습니다."

이에 무명인(無名人)이 말하였다.

"물러가시오. 그대는 비루(鄙陋)한 사람이로구나. 그런 못난 질문을 하다니? 나는 지금 조물자(造物者)가 되고자 하오. 한가로이 노닐다가 싫증이 나면, 아득히 나는 새(莽眇大鵬)를 타고 세상(六極) 밖으로 나아가, 아무것도 없는 곳(無何有之鄕)에서 소요(逍遙)하며, 텅 빈 본성(本性)의 들에서 쉬려 하오. 그런데 그대는 어찌하여 천하 다스리는 일을 내게 묻는 것이오?"

▮某解

무명인(無名人)이란 성인무명(聖人無名)의 설명이다. 성인(聖人)이 곧 조물자(造物者)요. 정념이 없는 곳(無何有之鄉)에서 소요(逍遙)하며, 육극(六極)의 밖에 거처한다고 한다. 이 경지가 장자(莊子)가 말하는 무심무위(無心無爲)이다. 무심무위(無心無爲)의 지극함은 성인(聖人)도 미진(未盡)한 바 있기에, 장자(莊子)가 "나는 지금(장차) 조물자(造物者)가 되고자 하오."라 하여 그 미묘상로(微妙上路)의 경지(境地)를 설하는 것이다.'장차(將)'란 말을 두어, 범부가 무심(無心)하여 필경에 무명(無名)이면, 본래의 조물자(造物者)를 회복(回復)한다고 설명한 것이다.

天根適遭無名人　　천근이 無名人을 만나노니
今得逍遙無何有　　당금에 無何有에 逍遙를 얻도다.

▮碧注

* **天根**(천근): 허공의 근원. 진심(眞心). 자성(自性).
* **蓼**(요): 여뀌(辛苦함). 古都名.
* **六極之外**(육극지외): 천지와 동서남북의 밖. 무심경지(無心境地).
* **方將與造物者爲人**: 장차 조물자(造物者)와 벗이 되고자 한다—는 역(譯)은 범부의 소견에 맞춘 역이다. 장차 조물자(造物者)가 되고자 한다—가 바르다. 장자(莊子)의 본지(本旨)는 사람이 곧 조물자(造物者)라는 것을 알리는 것이다. 장차 조물자(造物者)가 되고자 한다—의 '장차'는 성인이라도 도(道)가 온전하지 않아 나아갈 공부가 있음을 뜻한다.
* **無何有之鄉**(무하유지향): 무심처(無心處).
* **帠**(예): 법(法).
* **何帠**(하예): 하위(何爲)의 誤字. 전징지 등은 '어찌하여'로 푼다.
* **壙埌**(광랑): 광(壙)은 텅 비다. 랑(埌)은 끝없이 넓은 모양.

4.

진기허통자연순응 眞氣虛通自然順應

진기(眞氣)에 허통(虛通)하여 자연(自然)에 순응(順應)하라.

天根이 又復問하니 無名人曰 汝遊心於淡하고 合氣於漠하며
천근 우복문 무명인왈 여유심어담 합기어막

順物自然而無容私焉하면 而天下治矣리라.
순물자연이무용사언 이천하치의

천근(天根)이 또다시 가르침을 청(請)하자, 무명인(無名人)이 말하였다.

"마음을 담담(淡淡)하게 하여, 진기(眞氣)를 허통(虛通)하고, 스스로 그러함(自然)에 순응(順應)하여 칠정(七情)의 사사로움이 없으면, 천하(天下)는 절로 다스려질 것이오."

某解

장자(莊子)가 이른다.

"진기(眞氣)에 허통(虛通)하여 자연(自然)에 순응(順應)하는 것이 도(道)에 합일(合一)하는 것이라 한다."

진기(眞氣)란 진심(眞心)의 온전한 기운이요, 허통(虛通)이란 정념(情念)이 절멸(絶滅)한 경지이다. 자연(自然)이란 스스로 그러함이니 본디의 성(性)이요, 순응(順應)이란 티끌의 정념(情念)에도 머물지 아니함이다. 진심(眞心)은 무구무건(無垢無愆)하여 광명(光明)하나, 범부가 모습놀이에 젖어 스스로 알지 못하는 것이다.

만약 명사(明師)를 인연하여 진심(眞心)의 일리(一理)를 배우면, 바른 노정(路程)을 걸으며 공부가 잘 지어질 것이다.

무명인(無名人)은 명(名)과 상(相)을 지우고 곧바로 자성(自性)을 가리키는 말이다. 공부란 본래(本來)를 회복하는 것이다. 그렇기는 하나, 범부의 소처에서 보면 미오(迷悟)와 전후(前後)가 없지 않다. 공부의 이유와 행로를 설명하면 부득이 차례를 두나, 본래를 말하면 진기(眞氣)는 다만 허통(虛通)할 따름이다.

碧注

* **漠**(막): 고요하여 부동(不動)하다.
* **漠漠**(막막): 고요하여 부동(不動)함이 간단(間斷)없이 지속하다.
* **順物自然**(순물자연): 사사(事事)에 정념(情念)없이 행하다.
* **無容私焉**(무용사언): 칠정(七情)의 사사로운 모습에 머물지 아니하다.

5.

지인무기 至人無己

지인(至人)은 내(妄我)가 없다.

陽子居가 見老聃曰 有人於此에 嚮疾하고 彊梁하며
양자거 견노담왈 유인어차 향질 강량

物徹疏明하고 學道不倦하나니 如是者는 可比明王乎잇가.
물철소명 학도불권 여시자 가비명왕호

老聃曰 是於聖人也에 胥易技係하여 勞形怵心者也라.
노담왈 시어성인야 서이기계 노형출심자야

且也虎豹之文으로 來田猿狙之하고 便執斄之狗來藉하니
차야호표지문 내전원저지 편집태지구래자

如是者를 可比明王乎아. 陽子居 蹴然曰
여시자 가비명왕호 양자거 축연왈

敢問明王之治하나이다. 老聃曰 敢問明王之治하나이다.
감문명왕지치 노담왈 감문명왕지치

老聃왈 明王之治는 功蓋天下而似不自己라.
노담 명왕지치 공개천하이사부자기

化貸萬物而民弗恃라. 有莫擧名하고 使物自喜라.
화대만물이민불시 유막거명 사물자희

立乎不測하여 而遊於無有者也라.
입호불측 이유어무유자야

양자거(陽子居)가 노담(老聃)을 만나 말하였다.

"여기 어떤 이가 있는데, 도(道)를 지향함이 민첩하고 강건하며 사물의 이치에 밝고, 도(道)를 배우는 데 부지런합니다. 이런 이를 명왕(明王)에 비교할 수 있습니까?"

노담(老聃)이 말하였다.

"그런 사람은 성인(聖人)의 한거(閑居)에서 보면, 덕혜술지(德慧術知)에 얽매여 있어 몸은 고달프고 마음은 두려움 속에 있다네. 이를테면 호랑이나 표범의 가죽은 사냥꾼을 부르고, 재주 많은 원숭이와 살쾡이를 잡는 개는 목줄 노끈에 매이게 된다. 이와 같은 자를 어찌 밝은 임금(明王)에 비교할 수 있겠는가?"

양자거(陽子居)가 노담(老聃)에게 공손히 여쭈었다.

"명왕(明王)의 다스림을 알고 싶습니다."

노담(老聃)이 말하였다.

"명왕(明王)의 다스림은 그 공(功)이 천하를 덮으면서도 그 공(功)에서 벗어나 있고, 가르침이 만민(萬民)에 베풀어져도 백성은 그런 줄 알지 못하고 기대지 않는다. 무어라 이름 지어 말할 수는 없으나, 만민(萬民)은 스스로 기뻐한다. 명왕(明王)의 진심(眞心)은 모습 없어 헤아릴 수 없음에 한거(閑居)하여, 무심(無心)으로 소요(逍遙)한다네."

某解

나를 잊고, 공(功)을 알지 못하며, 이름을 잊은 이는 정념(情念)이 어떤 것인지 알지 못한다. 무기(無己), 무공(無功), 무명(無名)의 탁연(卓然)한 설명이다.

碧注

* **無情**(무정): 무하유지향(無何有之鄕). 총명예지(聰明叡智).
* **無住**(무주): 공(功)에서 벗어나 있음.
* **無知**(무지): 무연(無緣)의 지(知). 무지(無知)의 지(知).
* **無欲**(무욕): 무정(無情). 이유연(離有緣).
* **逍遙**(소요): 임성소요(任性逍遙).

6.

본연지상本然之相

鄭에 有神巫曰季咸이니 知人之死生存亡 禍福壽夭하여
期以歲月 旬日若神이라. 鄭人이 見之에 皆棄而走라.
列子見之하고 而心醉하여 歸以告壺子曰 始吾以夫子之道로
爲至矣이오나 則又有至焉者矣오이다. 壺子曰 吾與汝旣其文하고
未旣其實而固得道與라. 衆雌而无雄에 而又奚卵焉가.
而以道與世亢은 必伸夫라. 故로 使人得而相汝라.
嘗試與來하여 以予示之하라. 明日 列子는 與之見壺子하고
出而謂列子曰 噫라. 子之先生死矣라. 弗活矣는 不以旬數矣라.
吾見怪焉이고 見濕灰焉이다. 列子는 入하여 泣涕沾襟하며
以告壺子하니 壺子曰 鄕에 吾示之以地文이니
萌乎不震不止이라. 是殆見吾杜德機也라. 嘗又與來하라.
明日에 又與之見壺子하니 出而謂列子曰 幸矣라. 子之先生이
遇我也瘳추矣라. 全然有生矣라. 吾見其杜權矣라. 列子는
入以告壺子하니 壺子曰 鄕에 吾示之而天壤이라. 名實不入
而機發於踵이니 是殆見吾善者機也라. 嘗又與來하라. 明日에
又與之하여 見壺子하고 出而謂列子曰 子之先生은 不齊하여
吾無得而相焉이라. 試齊且復相之리라. 列子는 入以告壺子하니
壺子曰 吾鄕示之以太沖莫勝이니 是殆見吾衡氣機也라.

鯢桓之審이 爲淵하고 止水之審이 爲淵하여 流水之審이 爲淵하여
淵有九名인데 此處三焉이라. 嘗又與來하라.
明日에 又與之하여 見壺子하고 立未定自 失而走라. 壺子曰
追之하라. 列子는 追之不及하고 反以報壺子曰 已滅矣오이다.
已失矣오이다. 吾弗及已오이다. 壺子曰 鄕에 吾示之以未始
出吾宗이다. 吾與之虛而委蛇라. 不知其誰何하고
因以爲弟靡하고 因以爲波流 故로 逃也라. 然後에 列子는
自以爲未始學而歸하여 三年不出하고 爲其妻爨찬하고
食豕如食人하고 於事에 無與親하고 雕琢復朴하고
塊然獨以其形立하여 紛而封哉오 一以是終이라.

정(鄭)나라에 신통한 무당(巫堂)이 있는데, 이름이 계함(季咸)이다. 그는 사람의 생사(生死)존망(存亡)과 화복(禍福), 수명(壽命)의 길고 짧음을 알고 그 생년월일까지 귀신처럼 맞추자, 정(鄭)나라 사람들은 그를 두려워하여 달아났다. 열자(列子)는 그를 보자 매혹되어 계함(季咸)을 신용하게 되었다. 열자(列子)는 돌아와서 스승인 호자(壺子)에게 말하였다. "처음에 저는 선생님의 도(道)를 가장 밝은 것으로 알았습니다만 선생님보다 지극한 이가 있습니다."

호자(壺子)가 말하였다.

"내가 자네에게 가르친 것은 도(道)의 껍데기였고, 아직 도(道)의 묘의(妙義)를 가르치지 않았네. 그런데도 자네는 도(道)를 터득하였다고 할 터인가? 암컷이 아무리 많아도 수컷이 없으면 어찌 알을 낳을 수 있겠는가? 자네는 자네의 어리석은 도(道)로써 세상과 맞서서

스스로를 드러내고자 하는구나. 그러하니 남이 자네의 관상(觀相)을 알 수 있는 것이다. 시험 삼아 그를 데려와 나를 보게 해 보세나."

다음날 열자(列子)가 계함(季咸)과 함께 호자(壺子)를 만났다. 그는 밖으로 나와 열자에게 말하였다.

"아! 그대의 스승은 곧 죽을 것입니다. 얼마 살지 못할 것이요. 열흘을 못 넘깁니다. 괴상한 상(相)을 보았소. 젖은 재의 상(濕灰之相)이오."

이에 열자(列子)는 안으로 들어가 눈물로 옷깃을 적시며 계함(季咸)의 말을 호자(壺子)에게 말하였다.

"조금 전에 그에게 지문적막(地文寂寞, 暗地墨寂)의 상(相)을 보여주었다. 땅 속에서 아직 싹트지 못한 채 움직이지 않고 드러내지 못한 상이다. 그는 내게서 덕(德)의 기미가 막혀있는 상(閉德之相)을 보았을 것이다. 다시 그를 데려와 보게." 다음날, 열자(列子)는 계함(季咸)과 더불어 호자(壺子)를 만났다. 계함은 밖으로 나가서 열자에게 말하였다.

"다행입니다. 당신의 선생님은 나를 만나서 병이 나았습니다. 매우 생기(生氣)가 있습니다. 폐덕(閉德) 가운데 생기(生氣)가 일어나는 것을 보았습니다."

열자가 안으로 들어가 계함의 말을 호자에게 전하였다.

이에 호자(壺子)가 말하였다.

"조금 전에 그에게 천양(天壤,흙의 기운)을 보여주었다. 그것은 이름과 형상(名實)이 끼어들지 못하고 발뒤꿈치에서(깊고 고요함에서) 그 기미(機微)가 발한다. 그는 내게서 생명(生命)의 한 점 기미를 보았을 뿐이다. 다시 데려와 보게나."

다음날 다시 열자는 계함을 데려와 호자를 보게 하였다. 그는 밖으로 나가 열자에게 말하였다.

"그대의 스승은 상(相)이 일정하지 않습니다. 나는 상(相)을 읽을 수가 없습니다. 한결같아지면 다시 보겠습니다."

이에 열자가 안으로 들어가 그대로 호자에게 전하였다.

호자(壺子)가 말하였다.

"조금 전 태충막승지상(太冲莫勝之相, 太虛無別之相, 터엉 비어서 是非分別이 끊어진 相)을 보여주었다네. 그는 내게서 음양(陰陽)이 한결같은 기운을 읽은 것이다. 빙빙 도는 물이 모여 못이 되며, 고인 물이 모여 못이 되며, 흐르는 물이 모여 못이 된다. 못에는 아홉 가지가 있는데 그 중 셋만 보여준 것이다. 자, 다시 그를 데려와 보게."

다음날 또 열자(列子)가 계함(季咸)을 데리고 왔다. 그는 호자(壺子)를 보자마자 얼이 빠져서 선걸음으로 달아났다.

그러자 호자(壺子)가 소리쳤다.

"쫓아가서 데려오느라!"

이에 열자(列子)가 그를 쫓아갔으나 잡지 못하고 돌아와 호자(壺子)에게 말하였다.

"벌써 사라져 간곳을 모르겠습니다. 찾을 수 없습니다."

호자(壺子)가 말하였다.

"조금 전 그에게 나의 본연지상(本然之相)을 보여주었다. 내가 허무(虛無)하여, 인연(因緣)따라 순응(順應)하므로, 그는 그것이 누구인지 알지 못한 것이다. 바람 불면 부는 대로, 물결치면 치는 대로 따르는 것을 보고 그가 달아난 것이다."

그런 뒤, 열자(列子)는 스스로의 공부가 참다운 길에 나서지도 못했음을 깨닫고 집으로 돌아갔다. 삼년 동안 문 밖을 나가지 않고 아내를 위해 밥도 짓고, 돼지 기르기를 사람 먹이듯 하며, 세상사에 따로이 친함을 두지 않았다. 허사적풍(虛邪賊風)을 버리고 본래의 대자소박(大慈素朴)으로 돌아갔다. 염담허무(恬惰虛無)의 도(道)로써 홀로 우뚝하여 온갖 세상사에 얽히지 않았다. 열자(列子)는 이와 같이 무사(無事)로써 일관(一貫)하여 일생을 마쳤던 것이다.

碧注

* **因以爲弟靡**(인이위제미) **因以爲波流**(인이위파류): 제(弟)는 따르다, 미(靡)는 쓰러지다. 열자에는 弟靡를 茅靡라 하다. 곧 띠풀이 바람에 흔들리듯 순응하다. 因以爲弟靡는 바람 부는 대로 따르다의 뜻. 因以爲波流는 물결치는 대로 따르다. 김삿갓의 시, 風打竹 浪打竹은 莊子의 意翠를 빌린 것.

7.

용심약경 用心若鏡

지인(至人)의 마음 씀이(作用)는 흡사 거울과 같다.

無爲名尸하고 無爲謀府하여 無爲事任하고 無爲知主하여
무위명시 무위모부 무위사임 무위지주

體盡無窮 而遊無朕하고 盡其所受乎天 而無見得하니
체진무궁 이유무짐 진기소수호천 이무견득

亦虛而已라 至人之用心은 若鏡이니 不將不迎하여
역허이이 지인지용심 약경 부장불영

應而不藏故로 能勝物而不傷이라.
응이부장고 능승물이불상

이름(名譽)의 시체(屍體)가 되지 말라.

술지(術智)의 창고(倉庫)가 되지 말라.

(是非를 짓는) 세상일을 맡지 말라.

지식(知識) 파는 스승이 되지 말라.

무궁한 도(道)를 자득(自得)하여 자취 없이 소요하라.

천연(天然)의 받은 바를 온전히 할 뿐, 무언가 얻을 바가 있다고 생각지 말라.

지인(至人)의 마음은 흡사 거울과 같다. (세상사를) 떠나보내지 아니하고, 억지로 맞아들이지도 않으며, 만사(萬事)에 응(應)하되 그것에 머무르지 아니한다. 지인(至人)은 응(應)하지 않음이 없으나 손상(損傷)하지 아니하는 것이다.

▒ 某解

장자(莊子) 지혜(智慧)의 묘처(妙處)는 소요유(逍遙遊)에 있다. 소요(逍遙)의 조건은 무심어세(無心御世)요, 소요(逍遙)의 대용(大用)은 무위이화(無爲而化)이다. 도(道)의 설명에 방로(方路)를 두나, 구경(究竟)에 체인(體認)할 바는 자성(自性)이다. 무릇 성인(聖人)의 경(經)이란 자성(自性)의 설명이다. 손지우손(損之又損)의 정일반조(精一返照)만이 소요(逍遙)에 나아가는 지름길이다. 咄!

"지인(至人)은 사물에 응(應)하지 않음이 없으나 손상(損傷)하지 아니하는 것이다."는 진심(眞心)이 함이 없으되 하지 않음이 없음(無爲而無不爲)을 설명하는 것이다. 스승의 상하(上下) 갈래를 본다.

망사(妄師)는 입을 열면 어긋난다.
측사(測師)는 비슷하나 어둡다.
통해사(通解師)는 비슷하나 미회인(未會人)이요,
개오사(開悟師)는 자성(自性)을 보다.
초성사(初惺師)는 불언무위(不言無爲)에 든 스승이다.
성성사(惺惺師)는 무념(無念)과 무사(無事)를 잊은 스승이다.
무위사(無爲師)는 수(修)와 증(證) 밖에 조적(照寂)한다.

성성사(惺惺師)와 무위사(無爲師)의 구분에 이해가 어렵다. 술지(術智)로 해석하면 어긋나나니, 자성(自性)을 밝힌 연후에 깊은 삼매(三昧)에 나아가면 묵연(默然)히 알 수 있다.

6.

혼돈 混沌

공적영지(空寂靈知)를 지(知)를 나투다.

南海之帝는 爲儵이오 北海之帝는 爲忽이오 中央之帝는
남해지제 위숙 북해지제 위홀 중앙지제

爲混沌이라. 儵與忽은 時로 相與遇於混沌之地하면
위혼돈 숙여홀 시 상여우어혼돈지지

混沌待之甚善이라. 儵與忽謀報混沌之德曰
혼돈대지심선 숙여홀모보혼돈지덕왈

人皆有七竅하여 以視聽食息인데 此獨無有라. 嘗試鑿之하리라.
인개유칠규 이시청식식 차독무유 상시착지

日窄一竅에 七日而混沌死라.
일착일규 칠일이혼돈사

남해(南海)의 제(帝)는 숙(儵)이고, 북해(北海)의 제(帝)는 홀(忽)이며, 중앙(中央)의 제(帝)는 혼돈(混沌)이다. 어느 날 숙(儵)과 홀(忽)이 혼돈(混沌)의 땅에서 만났는데, 혼돈(混沌)이 후한 대접을 하였다. 숙(儵)과 홀(忽)은 혼돈(混沌)의 환대에 보답하기 위해 논의를 하였다. "사람에게는 일곱 구멍이 있어 보고 듣고 먹고 호흡할 수 있다. 하지만 혼돈(混沌)에게는 구멍이 없으니 그에게 구멍을 뚫어 주자."

이에 둘은 날마다 구멍 하나씩을 뚫었는데, 칠일(七日)이 되자 혼돈(混沌)은 죽고 말았다.

某解

장자(莊子)의 우언(寓言)에, 혼돈(混沌)은 자성(自性), 칠규(七竅)는 칠정

(七情)을 가리킨다. 장자는 혼돈에 칠정(七情)을 뚫으니 혼돈이 죽었다고 한다. 숙(儵)과 홀(忽)은 미혹범부(迷惑凡夫)의 상징이다. 숙(儵)은 빠르게 나타났다 사라지는 거친 의식(意識)이요, 홀(忽)은 갑자기 나타났다 사라지는 미세의식(微細意識)의 상징이다. 의식(意識)과 무의식(無意識)은 정(情)의 작용이 기억(記憶)으로 남은 것이다.

숙(儵)과 홀(忽)은 정(情)이다. 자성(自性)에 칠정(七情)을 덧씌우면 미혹(迷惑)에 떨어져 범부의 소견에 머무는 것이다. 장자(莊子)는 미혹(迷惑)을 사(死)에 비유한다. 혼돈(混沌)은 곧 자성(自性)이라, 천지(天地)가 나뉘기 전의 소식(消息)이다. 범부는 칠정(七情)의 행태로 나를 삼고, 칠정(七情)의 작용으로 인생을 꾸린다. 범부는 칠정의 인생을 참(眞)이라 생각하며, 무정(無情)의 지인(至人)을 이상하게 여기는 것이다. 그러나 지인(至人)의 자설(慈說)은 칠정(七情)이 환(幻)이요, 환(幻)은 본래 없는 것이라 한다.

망세객(忘世客)의 현음(玄吟)을 본다.

무념(無念)으로 종지(宗旨) 삼나니,
무작(無作)이 근본(根本)일세!
허명(虛明)이 진체(眞體)요,
진지(眞知)가 대용(大用)이라.
진지(眞知)의 무념(無念)은
분별 아닌 생각이라야 능히 안다네!
정(情)이란 본래 남이 없나니,
무념(無念)의 생각이 천도(天道)라네.
낳음 없는 낳음이 무위(無爲)요.
무행(無行)의 행(行)이 초월(超越)일러라.

응제왕(應帝王) 혼돈목(混沌目)은 노자(老子) 유물혼성장(有物混成章)의 해설이다. 혼성장(混成章)은 노자(老子)의 제일문(第一門)이다. 제일문(第一門)이 열리면 점차(漸次)로 통하여 자명자족(自明自足)한다. 자성(自性)의 혼돈(混沌)을 밝히면 도기(道機)가 허공(虛空)을 해맑게 물들이는 천연광명(天然光明)을 보게 될 것이다.

장자현초 莊子玄抄

莊子玄抄 序

예부터 장자(莊子)를 읽으매 그 본의(本意)를 추구하는 이는 적고, 제 깜냥대로 벽해(僻解)하는 세재(世才)가 많았다. 그런 연유로 장자(莊子)의 주소(註疏)가 천가(千家)를 이루나, 대개 외편(外篇)과 잡편(雜篇)에서 얻은 바가 있다하며, 소요(逍遙)를 말하나 벽문(闢門)의 피세한거(避世閑居)를 이르고, 무정소요(無情逍遙)의 일로(一路)를 드러내지 못한다. 또한 약간의 소견(所見)이 일면 스스로 장자와 부합(符合)했다고 하며, 문장(文章)을 좋아하는 이는 소요(逍遙)를 빌리나 장자의 뜻과는 멀다. 지난 일천칠백년을 돌아보건대, 승조(僧肇)와 혜가(慧可)는 노장(老莊)을 통해 의취를 얻고 선가(禪家)에서 공부를 성취하여 선(禪)의 조종(祖宗)이 되었다. 돌이켜 이르매 공부의 처음이 노장(老莊)에 있다하고, 무심(無心), 무위(無爲), 좌망(坐忘), 소박(素朴), 조철(朝徹), 도추(道樞), 감로(甘露) 등의 도어(道語)를 선가(禪家)에 옮겨 심었다. 북송(北宋)의 소자첨(蘇子瞻)과 소자유(蘇子由), 구양수(歐陽脩)에 이르러 무하유(無何有)와 소요(逍遙)의 묘의(妙意)를 상론화(上論化) 했으며, 황산곡(黃山谷)이 소요(逍遙)를 인(仁)에 배대(配對)하여 공자(孔子)의 정리(正理)를 밝혔다. 돌아보건대 장자현어(莊子玄語)의 추초(抽抄)가 보이지 아니한다. 다병우로(多病愚老)가 뒷사람의 노고를 덜고자, 천견(淺見)을 돌보지 아니하고 일야(一夜)에 莊子玄抄를 광추강편(狂抽强編)하였다.

2011 雪春 碧峙에서 菑虛.

莊子玄抄 1目

北冥有鯤 化而爲鵬하여 飛於南冥한다 南冥者는 天池也니라
북명유곤 화이위붕 비어남명 남명자 천지야

(逍遙遊)

북명(北冥)의 큰 물고기 곤(鯤)이 붕(鵬)으로 변화하여 남명(南冥)으로 날아간다. 남명(南冥)은 천지(天池)이다.

峙解

세속(世俗)의 상선군자(上善君子)는 오직 자성(自性)을 밝히기 위해 온 힘을 다한다. 그리하여 마침내 성(性)을 밝혀 방외(方外)에 거처하는 것이다. 방외(方外)를 일러 적연무위(寂然無爲)의 땅이라 한다. 적연무위(寂無爲)의 땅을 장자(莊子)는 천지(天池)라 칭하였다.

대저 군자(君子)는 세속에 거처하나 뜻은 방외(方外)에 있다. 부득이 식솔(食率)을 거느리나 탐욕과 명(名)에 거처하지 않는다. 심사(心思)는 청천백일(青天白日)과 같아서 누구나 드려다 볼 수 있고, 하는 일은 간결하며, 잡기(雜技)에 물들지 않는다. 세월이 흐르매 청명(晴明)한 기운이 삼매(三昧)에 깃들어 풍모가 의연해지고, 어느 날 자성광명(自性光明)을 발하며 본래(本來)의 자기(自己)를 회복(回復)하는 것이다. 그러나 세속의 군자(君子)는 천도(天道)의 소인(小人)이다. 천도(天道)를 열면 적명(寂明)의 드밝은 공부가 해말쑥하게 기다리는 것이다.

莊子玄抄 2目

小知는 不及大知니라. (逍遙遊)
소 지 불 급 대 지

소인(小人)의 지(知)는 대인(大人)의 지혜(智慧)에 미치지 못한다.

峙解

하사(下士)의 지(知)는 상사(上士)의 방외지(方外智)를 헤아리지 못한다. 소지(小知)는 정(情)에 거처하는지라, 염담(恬憺)의 대지(大知)에 미치지 못하는 것이다. 정(情)이란 칠정(七情)이요, 범부가 마음이다. 그러므로 소지(小知)는 두서없이 바쁘고, 대지(大知)는 한가하고 한가하다.

莊子玄抄 3目

至人은 無己하고 神人은 無功하며 聖人은 無名이니라. (逍遙遊)
지인 무기 신인 무공 성인 무명

지인(至人)은 내(妄我)가 없고, 신인(神人)은 공(功)이 없으며, 성인(聖人)은 이름(名相)에서 벗어났다.

峙解

지인(至人)은 오직 진심(眞心)으로 행(行)하니, 곧 진아(眞我)가 항상하고, 신인(神人)은 무주대인(無住大人)이라, 베풀어 사랑함에 머묾이 없나니 곧 공(功)을 잊었으며, 성인(聖人)은 염담허무(拈憺虛無)하여 통연명백(洞然明白)하나니, 곧 모든 이름(名)에서 벗어났다.

다시 말해 지인(至人)은 정견(情見)의 아(我)가 없고, 신인(神人)은 세사(世事)에 머물지 않으므로 공(功)이 없으며, 성인(聖人)은 문자(文字) 밖에 소요(逍遙)하므로 명(名)과 상(相)이 없는 것이다.

莊子玄抄 4目

名者는 實之賓也니 吾將爲賓乎아. (逍遙遊)
명자 실지빈야 오장위빈호

이름이란 실성(實性)에 왕래(往來)하는 손(客)에 불과하다. 내 어찌 실성(實性)을 버리고 빈이름의 손(客)이 되겠는가?

▌峙解

허유(許由)가 요(堯)에게 천하를 거절하며 한 말이다. 지인(至人)의 풍모(風貌)는 이러하다.

莊子玄抄 5目

神人者는 大浸에 稽天而不溺하고 大旱에 金石流하고
대침 계천이불익 대한 금석류

土山焦而不熱하니라 (逍遙遊)
토산초이불열

홍수가 나서 물이 하늘까지 이르더라도 그를 적실 수 없으며, 큰 가뭄이 들어 금속과 암석이 녹아내리고 산이 불탈 지경이라도 그는 뜨거운 줄도 모른다오.

▌峙解

장자(莊子)의 본지(本旨)는 무심어세(無心御世) 무위이화(無爲而化) 여덟 자에 있다. 무심(無心)으로 세상에 소요(逍遙)하며, 무위(無爲)로써 나투는 것을 종(宗)으로 삼는 것이다. 만약 진심(眞心)이 현전(現前)하면 홀로 두렷하다.

신인(神人)은 심신(心身)이 불이(不貳)하여 적연(寂然)하므로 불익불습(不溺不濕)하고 불분불열(不焚不熱)하는 것이다. 비록 초학(初學)이라도 깊이 의문하여 노력하면 반드시 밝히는 때가 있다. 비록 초학(初學)이라도 깊이 의문하여 노력하면 밝히는 때가 있을 것이다.

莊子玄抄 6目

何不樹之於無何有之鄕 廣莫之野하고
하 불 수 지 어 무 하 유 지 향 광 막 지 야

彷徨乎無爲其側하며 逍遙乎寢臥其下하는가. 不夭斤斧니
방 황 호 무 위 기 측 소 요 호 침 와 기 하 불 요 근 부

物無害者 無所可用이다. 安所困苦哉아. (逍遙遊)
물 무 해 자 무 소 가 용 안 소 곤 고 재

어찌하여 '아무것도 없는 마을(無何有之鄕)'이나 '드넓은 들판(廣莫之野)'에 가죽나무(樗)를 심어 그 곁에서 마음가는대로 노니며, 유유자적(悠悠自適)하게 나무 아래 잠자지 못하는가? 그 나무는 쓸모가 없어 도끼질 당하지도 않고, 아무도 해치지 않는다. 세상의 쓸모에 속하지 않으니 무슨 걱정이 있겠는가?

▌峙解

무하유지향(無何有之鄕)이란 아무 것도 없는 마을이다. 무엇이 없는가? 범부의 정념(情念)이다. 범부는 정념(情念)의 내용이 몽환(夢幻)이라는 사실을 알지 못한다. 그러므로 그 이름이 범부이다. 범부는 유용(有用)의 용(用)을 추구한다. 무용(無用)의 용(用)을 알면, 다른 인생(人生)의 세상(世上)이 열리는 것이다. 무엇을 무용(無用)하는가? 정념(情念)이다. 어떻게 무용(無用)하는가? 정념(情念)이 몽환(夢幻)임을 확인(契合)한 연후에, 정념을 단박에 지우는 것이다. 무하유(無何有)에 밝지 못하면 다만 미혹범부(迷惑凡夫)일 뿐이다. 진인노정(眞人路程)에 다른 길은 없다.

莊子玄抄 7目

顔成子游, 汝聞人籟而未聞地籟하고
안 성 자 유 여 문 인 뢰 이 미 문 지 뢰

汝聞地籟而未聞天籟夫라. (齊物論)
여 문 지 뢰 이 미 문 천 뢰 부

남곽자기(南郭子綦)가 안성자유(顔成子游)에게 말한다.

"그대는 사람의 피리 소리(人籟)는 들어도, 땅의 피리 소리는 듣지 못할 것이다. 설령 땅의 피리소리(地籟)는 듣는다 해도, 하늘이 내는 피리 소리(天籟)는 듣지 못할 것이다."

峙解

남곽자기(南郭子綦)가 몸과 마음을 잊었다. 마음은 망심(妄心)을 가리킨다. 몸과 마음을 잊은 때에 보고 듣고 말하는 것이 자성(自性)이요, 몸과 마음을 잊고서 보고 듣고 말하는 작용(作用)을 무심(無心)이라 한다. 작용할 때, 도기(道機)가 온전히 드러나나 모습과 자취가 없다.

상아(喪我)란 진아(眞我)가 드러남이다. 진아(眞我)가 드러나면 망아(忘我)는 없다. 망아(忘我)의 실체가 환(幻)이기 때문이다. 천뢰(天籟)란 진아(眞我)의 비유이다. 천뢰(天籟)를 듣는 이는 진아(眞我)를 회복(回復)한 것이다.

莊子玄抄 8目

大知는 閑閑하고 小知는 間間하다. 大言은 淡淡하고 小言은 詹詹하다 (齊物論)

대지(大知)는 한가롭고 한가로우나, 소지(小知)은 자잘하여 바쁘다. 큰 말은 고요하고 맑으나 작은 말은 따지고 헤아린다.

峙解

대지(大知)란 자성(自性)의 청정대지(淸淨大智)이다. 염담허무(恬憺虛無)를 회복하면 사사(事事)에 진기(眞氣)를 나투게 되는 것이다. 소지(小知)는 자성(自性)이 정식(情識)에 가려져 작용하는 가유(假有)의 몽환(夢幻)이다.

범부가 몽환(夢幻)이 몽환(夢幻)인 줄 알지 못하기에 주인이 머슴 노릇을 하며 당연하게 여긴다. 실상(實相)을 밝히 알면, 마침내 소지(小知)에 머물지 않게 된다. 그리하여 무고금(無古今)하고, 무생사(無生死)하여, 구경(究竟)에 한한장락(閑閑長樂)으로 소요(逍遙)하게 되는 것이다. 소요(逍遙)를 생각하는가? 망세(忘世) 망물(忘物) 망생(忘生)하여 문득 정념(情念)을 쉴 지어다.

莊子玄抄 9目

非彼無我요 非我無所取니 是亦近矣라 而不知所爲使라.
비 피 무 아 　비 아 무 소 취 　시 역 근 의 　이 부 지 소 위 사

若有眞宰(眞心)나 而特不得其朕이다. 可行而信이나
약 유 진 재 　이 특 부 득 기 짐 　가 행 이 신

而不見其形이다. 有情而無形이다. (齊物論)
이 불 견 기 형 　유 정 이 무 형

저 정념(情念)이 없으면 내(妄我)가 없고, 내(妄我)가 없으면 저 정념(情念)이 의지할 곳이 없다. 이러히 알면 도(道)에 가까우니라! 그러나 무엇이 온갖 정념(情念)을 일으키고 사라지게 하는지 알 수가 없다. 참나(眞我)가 분명히 있으나 모습이 없어 기미(機微)조차 알 수 없다. 참나(眞我)의 작용은 일상에 또렷이 나타나 있으나 그 모습을 볼 수 없는 것이다. 참나(眞心)는 늘 작용하나 모습이 없다.

峙解

窖窖縵縵宿凡事　窖窖縵縵은 宿世凡夫의 늘어진 버릇,
若知損損立上路　損之又損할 줄 알면 上路에 선 것이라.
非彼無我能所絶　저 情이 없으면 我가 없고, 能所없나니
非我無取道近兮　妄我와 取가 없으면 道가 가깝네라!

* **窖窖縵縵**(교교만만): 깊게 생각하여도 머엉함.

* **損之又損**(손지우손): 버리고 또 버리다. 노자(老子)의 교어(敎語)이다. 버리는 것은 정념(情念)이다. 공부에 정념(情念)을 버리며, 자성(自性)을 회광반조(廻光返照)하는 것이 상사(上士)의 공부이다.

莊子玄抄 10目

眞君者 求得與不得에 無益損乎其眞이라. (齊物論)
진군자 구득여부득 무익손호기진

진아(眞我)는 밝혔거나 어둡거나 간에, (恬惔虛無하여 死生에 벗어나 있으며) 더하거나 뺄 것 없이 상주불변(常住不變)하므로 진아(眞我)인 것이다.

▮ 峙解

장자(莊子)가 진아(眞我)를 밝혀야 하는 까닭과 진아(眞我)의 체(體)를 가리켜 보였다. 누가 있어 이 도(道)를 믿고 이해하여 공부에 참여할 것인가? 누구의 일인가? 바로 그대의 인생문제이다. 자기의 인생본원(人生本源)에 미혹(迷惑)하면서 부끄러워하지 않을 것인가? 咄!

莊子玄抄 11目

一受其成形이면 不亡以待盡이라 與物 相刃相靡하며
일 수 기 성 형 불 망 이 대 진 여 물 상 인 상 미

其行盡은 如馳而莫之能止는 不亦悲乎아. (齊物論)
기 행 진 여 치 이 막 지 능 지 불 역 비 호

사람의 몸을 받았으면 그 명(命)을 해치지 아니하고 온전하게 삶을 마쳐야 한다. 외물에 정념(情念)을 수고로이 하여 일생이 말을 달리듯 순식간에 지나가는데도, 망정(妄情)을 그치지 않으면 또한 슬프지 아니한가!

峙解

마명(磨銘)을 본다.

外息諸緣하고　바깥의 모든 인연(因緣)을 쉬고
內心無喘하여　안으로 정념(情念)을 쉬어
心如墻壁이면　참 마음이 장벽(墻壁) 같으면
可以入道니라.　도(道)가 밝아지니라.

참나(眞我)를 밝히려함에 마명(磨銘)을 벗어나서 구할 수 없다. 모든 공부길이 마명(磨銘)에 갖추어 있다. 삼가(三家)의 도(道)가 마명(磨銘)으로 통하는 것이다. 공부 길에 나섰는가? 스스로를 비추어 보라! 어떤 지견(知見)으로 참나(眞我)와 망아(妄我)를 가릴 수 있겠는가?

莊子玄抄 12目

夫隨其成心而師之하면 誰獨且無師乎아
부 수 기 성 심 이 사 지 수 독 차 무 사 호

奚必知代而心自取者有之라면 愚者與有焉이라 (齊物論)
해 필 지 대 이 심 자 취 자 유 지 우 자 여 유 언

당장의 마음(情念)을 이루게 하는 본디 자리를 좇아 스승으로 섬긴다면 그 누가 스승이 없겠는가! 어찌 거짓마음을 가려내고 참마음을 밝히 아는 현인(賢人)에게만 스승이 있겠는가? 어리석은 이에게도 스승이 있는 것이다.

▌峙解

참 공부인은 필경(畢竟)에 자기 속의 큰 스승을 만난다. 이 만남은 만남 아닌 만남이니, 곧 자성(自性)의 현현(顯現)인 것이다.

也大奇也大奇兮 기이(奇異)하고 또한 기이(奇異)하노이
無情一說不思意 무정(無情)의 일설(一說), 부사의로다.
若將耳聽終難會 만약 귀로 듣는다면 끝내 알지 못하고
眼處聞時方可知 눈으로 들어야 비로소 아나니라.

莊子玄抄 13目

> 道는 惡乎隱而有眞僞하고 言은 惡乎隱而有是非인가 道는 惡乎往而不存하고 言은 惡乎存而不可인가 (齊物論)
> 도 오호은이유진위 언 오호은이유시비 도 오호왕이부존 언 오호존이불가

도(道)에 무엇이 가려져 있기에 참과 거짓이 일어나게 되고, 참 말은 무엇에 가려져 있기에 시비(善惡)의 다툼이 생기는 것일까? 도(道)는 어디로 떠났기에 드러나지 않고, 참 말(眞言)은 어디에 있기에 그릇된 말만 있는 것일까?

峙解

도(道)에 무엇이 가려져 있기에 참과 거짓이 발생하게 되었을까? 칠정(七情)의 망념(妄念)이다. 이 도리(道理)는 만세(萬歲)에 걸쳐 설(說)하더라도 늘 새롭고 올곧다.

고덕(古德)이 이른다.

三間茅屋從來住　세 칸 띠 집에 종래로 거처하나니
一道神光萬境閑　一道의 神光이라 萬境이 한가하도다.
莫作是非來辨我　是非지어 나에게 分辨말라.
浮生穿鑿不相關　浮生의 천착에 相關 아니 하노라.

莊子玄抄 14目

彼是方生之說也라 雖然 方生方死나 方死方生이요
피시방생지설야 수연 방생방사 방사방생

方可方不可에 方不可方可이며 因是因非요 因非因是이다
방가방불가 방불가방가 인시인비 인비인시

是以聖人은 不由而照之於天하니 亦因是也라 **(齊物論)**
시이성인 불유이조지어천 역인시야

저것과 이것은 상대적인 설(說)이다. 그러나 삶이 있으므로 죽음이 있고, 죽음이 있으면 반드시 삶이 있는 것이다. 가(可)함이 있으므로 불가(不可)함이 있고, 불가(不可)함이 있으므로 가(可)함이 있는 것이다. 옳음으로 말미암아 그릇됨이 있고 그릇됨을 말미암아 옳음이 있는 것이다. 따라서 성인(聖人)은 상대적(相對的)인 견해(見解)에서 벗어난지라 진심(眞心)에 비추어 보는 것이다. 이것이야말로 큰 바름이다.

▌峙解

세상 사람은 대개 피차(彼此)의 설(說)에 거처한다. 그런 까닭에 여기와 저기를 대별(對別)하며 나의 사상(思想)과 남의 사상(思想)을 견주어 다툰다. 그러기에 성인(聖人)의 지혜(智慧)가 필요한 것이다. 어떻게 하면 세상이 시비(是非)를 쉬고 맑고 향기롭게 할 수 있을까? 상대적(相對的) 견해로는 불가(不可)하다.

장자(莊子)는 자기의 진심(眞心)에 비추어 보는 이가 큰 바름을 행할 수 있다고 한다.

莊子玄抄 15目

彼是가 莫得其偶면 謂之道樞니 樞는 始得其環中하여
피시 막득기우 위지도추 추 시득기환중

以應無窮하나니 是亦一無窮이오 非亦一無窮也라 故로
이응무궁 시역일무궁 비역일무궁야 고

(老子)曰 莫若以明이오 **(齊物論)**
왈 막약이명

저것과 이것의 관념(觀念)이 그친 경지(境地)를 도추(道樞)라 한다. 도추(道樞)의 경지라야 비로소 참 주인공(空寂靈知)에 회복하여 무궁한 변화를 쓰는 것이다. 시(是)도 하나의 무궁변화의 기미(機微)요, 비(非)도 또한 하나의 무궁변화의 한 기미(機微)이다. 그러므로 (老子가) "대도(大道)에 밝음만 같지 못하다"고 한 것이다.

峙解

도추(道樞)란 저것과 이것의 관념(觀念)이 그쳐, 진심(眞心)이 항상(恒常)한 경지이다. 도추(道樞)란 손(損)과 지(止)의 지극함이므로 범부의 정(情)이 있지 아니하다. 고덕(古德)은 도추(道樞)를 중도(中道)라 이른다. 고시를 본다.

日月爲燈燈不盡　해와 달을 등불 삼나니, 등(燈) 다 함 없고
乾坤爲屋屋無辺　건곤(乾坤)이 집이라, 집 가이 없네.
此身隨處生涯足　이 몸 발길 따라 생애가 족하거니
飢食松花渴飮泉　주리면 솔 꽃, 목마르면 샘물 마시네.

莊子玄抄 16目

以指로 喩指之非指는 不若以非指로 喩指之非指也라
이지 유지지비지 불약이비지 유지지비지야

(齊物論)

손가락(眞心)으로써 손가락(眞心)을 손가락(眞心)이 아니라고 하는 것은, 손가락(眞心)이 아닌 것으로써 손가락(眞心)을 손가락(眞心)이 아니라고 하는 것만 같지 못하다.

峙解

장자의 지설(指說)을 진심(眞心)으로 바꾸어 읽는다.

"진심(眞心)으로써 진심(眞心)을 진심(眞心)이 아니라고 하는 것은, 진심(眞心)이 아닌 것으로써 진심(眞心)을 진심(眞心)이 아니라고 하는 것만 같지 못하다."

손가락 하나의 가리킴에, 진심(眞心)이 온전히 드러나 있음을 본다면, 일지두신선(一指頭神仙)의 눈을 얻은 것이라 하겠다. 덕혜술지(德慧術智)의 선비는 고(固)와 필(必)이 심하다. 그러기에 장자가 혜자와 묵자 등을 나무란다. 진심(眞心)을 아는 이는 불언무위(不言無爲)에 거처하나, 진심(眞心)을 알지 못하는 이는 고루(固陋)한 주장으로 산골 마을의 스승 되기를 자처한다.

莊子玄抄 17目

唯達者라야 知通爲一이니 爲是不用 而寓諸庸한다 (齊物論)
유달자　지통위일　위시불용 이우제용

오직 도(道)에 통달한 사람이라야 만물과 하나임을 안다. 자기 견해가 옳다고 고집 않고, 자연(自然)의 중용(中庸)에 맡겨 둔다.

峙解

자연(自然)이란 천연(天然)이요, 중용(中庸)이란 적연대용(寂然大用)이다. 장자(莊子)가 설명한다.

"무념(無念)이면 도(道)에 통(通)하고, 도(道)에 통(通)하면 적연(寂然)하다. 적연(寂然)하면 자연(自然)에 맡길 뿐, 왜 그러한지 알지 못하는 경지를 도(道)라 한다. 달사(達士)라야 도(道)와 하나가 되는 것이다."

중용(中庸)에 "誠則明矣요 明則誠矣라 惟天下至誠이라야 爲能盡其性이라"하였다. 성(誠)하면 밝아지고, 밝으면 성(誠)한다. 오직 천하의 지성(至誠)이라야 능히 성(性)을 온전히 한다는 뜻이다. 성성(惺惺)하면 밝아지고, 밝아지면 오직 성(性) 하나요, 하나면 통하는 것이다.

莊子玄抄 18目

聖人은 和之以是非 而休乎天鈞하니 是之謂兩行이다 (齊物論)
성인 화지이시비 이휴호천조 시지위양행

성인(聖人)은 시비(是非)를 화통(和通)하여 천도(天道)에서 쉬게 하는데 이를 양행(兩行)이라 일컫는다.

▌峙解

범부는 앞뒤와 이름만 바뀌어도 새롭게 여긴다. 전후(前後)와 시비(是非)와 선악(善惡)은 진심(眞心)을 밝혀 진심(眞心)에 비추어보면 있지 아니한 것을 알 수 있다. 누가 정념(情念)의 사량(思量)으로 도(道)를 읊조리는가? 哂!

莊子玄抄 19目

古之人이 其知有所至矣라 惡乎至인가 有以爲未始에
고지인 기지유소지의 오호지 유이위미시

有物者니 至矣 盡矣에 不可以可矣라 (齊物論)
유물자 지의 진의 불가이가의

옛사람은 그 지혜(智慧)가 지극하였다. 무엇을 지극하다고 하는가? 본래의 진심(眞心)에는 하나의 물(物)도 없으므로 지극히 온전하여 아무것도 보탤 것이 없는 경지이기 때문이다.

▮峙解

도(道)가 정(情)에 가려지자, 칠정편애(七情偏愛)의 망동(妄動)이 이루어졌다. 그런데 이루어짐과 이지러짐이 과연 있는 것인가, 아니면 이루어짐과 이지러짐이 없는 것인가?

정념(情念)의 총명(聰明)으로 설명하면 그르치고, 묵언(默言)으로 물러서도 알지 못하는 것이다. 이러한 때에 그대의 참나(眞我)는 어떠한가? 그 참을 이를진대, 다만 본래(本來) 무일물(無一物)이거다.

莊子玄抄 20目

滑疑之耀를 聖人之所圖也에 爲是不用而寓諸庸하니
골의지요 성인지소도야 위시불용이우제용
此之謂以明이라. (齊物論)
차지위이명

도(道)를 어지럽히는 빛을 없애는 것은 성인(聖人)이 도모하는 바이다. 성인(聖人)은 상대적 옳음에 머물지 않고, 스스로 그러함에 맡겨 둔다. 이를 본디 밝음(淸淨光明)이라 한다.

▌峙解

지인(至人)은 본래의 청정광명(淸淨光明)에 거처한다. 다만 그러할 뿐, 다른 도(道)가 있는 것이 아니다. 伸!

莊子玄抄 21目

有始也者면 有未始有始也者일지라 有未始에 有夫未始는
유시야자 유미시유시야자 유미시 유부미시

有始也者라 有有也者이고 有無也者니 有未始에
유시야자 유유야자 유무야자 유미시

有無也者이고 有未始有夫未始有無也者라 俄而有無矣而
유무야자 유미시유부미시유무야자 아이유무의이

未知有無之이니 果孰有孰無也라 今에 我則已有謂矣라
미지유무지 과숙유숙무야 금 아즉이유위의

而未知吾所謂之는 其果有謂乎아 其果無謂乎라 (齊物論)
이미지오소위지 기과유위호 기과무위호

처음(始)이 있으면, 처음 이전이 있고, 처음 이전의 이전이 있을 것이다. 유(有)가 있고 무(無)가 있다면, 유무(有無) 이전(以前)이 있고, 유무(有無) 이전(以前)의 이전(以前)이 있다. 그런데 홀연히 유(有)와 무(無)가 생긴다. 세상 사람들은 유(有) 혹은 무(無)라고 주장하지만, 어떤 것이 유(有)이고 어떤 것이 무(無)인지 알지 못하겠다. 지금 나는 이미 변설을 하였으나 나의 변설이 과연 유(有)에 속하는 것인가 무(無)에 속하는 것인가 알지 못하겠다.

峙解

관념이 만든 약속이나 이론은 다만 관념이다. 학자들이 약속이나 이론을 쓰면서 그것이 실(實)이라 착각한다. 사랑과 증오를 번갈아 쓰면서도 그것이 관념임을 잊는다. 그리고 그 노예가 된다. 슬프지 아니한가? 관념은 허상(虛像)이다.

莊子玄抄 22目

天地與我竝生하고 而萬物與我爲一이다. 旣已爲一矣면
천 지 여 아 병 생 이 만 물 여 아 위 일 기 이 위 일 의

且得有言乎아 無適焉은 因是已라. (齊物論)
차 득 유 언 호 무 적 언 인 시 이

천지도 나와 함께 생겼고, 만물도 나와 더불어 한 몸이다. 이미 하나인데 달리 무슨 말이 있겠는가? (情念을 잊고) 무적(無適)의 대시(大是)에 합(合)할 뿐이다.

▮ 峙解

도(道)는 다만 일(一)이다. 일성(一性)이요, 일용(一用)이다. 일성(一 性)과 일용(一用)은 둘이 아니다. 해맑은 일관(一貫)을 이루면, 도(道)를 좋아한다고 할만하다.

지인(至人)이 하나라! 하나라! 하는 것은 오직 하나의 드밝은 진심(眞心)을 가리키는 것이다.

莊子玄抄 23目

夫道는 未始有封하고 言은 未始有常이라 (齊物論)
부도　미시유봉　언　미시유상

무릇 도(道)는 무시무종(無始無終)하고, 방설(方說)은 무유정법(無有定法)이다.

▮ 峙解

시종(始終)이 있는 것은 변하고, 시종(始終)이 없는 것은 변하는 않는다. 진심(眞心)은 시(始)와 종(終)이 없이 항상(恒常)하다. 그러므로 진심(眞心)은 사생(死生) 밖에 있으며, 광명(光明)이 그치지 아니한다. 진심(眞心)은 시절(時節) 따라 몸을 입으나, 몸에 속하지 않으며 모습이 없다. 그러기에 억지로 이름하여 도(道)라 하고, 청정광명(淸淨光明)이라 하며, 염담허무(恬惰虛無)라 하고, 허통적명(虛通寂明)이라 하는 것이다. 진심(眞心)을 설명함에 그 때와 인연(因緣)에 알맞게 설명하므로 정해진 법(法)이 없다고 하는 것이다. 그 설명이 비록 실(實)에 기반한 설명이나, 언어이전(言語以前)을 알지 못하면 언어(言語)라는 하나의 기호(記號)를 이해하는데 그친다. 그런 까닭으로 미시유상(未始有常) 즉 무유정법(無有定法)이라한 것이다.

莊子玄抄 24目

六合之外에 聖人은 存而不論하며 六合之內에 聖人은
육 합 지 외 성 인 존 이 불 론 육 합 지 내 성 인

論而不議라 (齊物論)
논 이 불 의

성인(聖人)은 육합(六合)바깥에 대해서는 조존(照存)할 뿐 말하지 않고, 육합(六合) 안에 대해서도 골간(骨幹)을 말할 뿐 시비(是非)와 세진(細塵)은 논하지 않는다.

峙解

육합(六合)은 세상(世上) 속이다. 성인(聖人)의 가르침은 세상 밖을 가리킨다. 세상 밖에 통명(通明)하여, 세상 속에 거님을 소요(逍遙)라 한다. 그러므로 무정(無情)으로 소요(逍遙)하는 이는 세상의 안팎이 없다. 우주가 내 집이요, 만물이 나의 몸이다. 다시 무어라 생각하여 말할 것이 없는 것이다. 그러기에 그 거님은 시비(是非)와 세진(細塵) 밖에 있는 것이다. 성인의 가르침은 오직 본래의 자성(自性)의 체(體)와 용(用)을 실다이 전달하는 것이다. 그리하여 모든 범부가 대자유(大自由)와 대평등(大平等)을 자득(自得)하여 소박(素朴)과 자애(慈愛)를 정념(情念) 없이 나투는 때를 기다리는 것이다. 성인(聖人)은 사람의 근원(根源)을 밝혀, 세상의 악지악견(惡知惡見)을 없애고자 온 힘을 다하는 자(者)이다.

莊子玄抄 25目

夫大道不稱이요 大辯不言이라 大仁不仁이요 大廉不嗛이라
부대도불칭 대변불언 대인불인 대렴불겸

孰知 不言之辯과 不道之道를 若有能知면 此之謂天府라
숙지 불언지변 부도지도 약유능지 차지위천부

(齊物論)

무릇 대도(大道)는 이름이 없고, 큰 말은 불언(不言)이다. 대인(大仁)은 불인(不仁)이요, 대렴(大廉)은 겸손(謙遜)이 아니다. 누가 있어 불언(不言)의 변(辨)과 부도(不道)의 도(道)를 아는가? 만약 이를 알면 천부(天府)라 이름 하리라.

峙解

대도(大道)는 모습 없고, 대언(大言)은 세외(世外)를 설하며, 대인(大仁)은 절성기지(絶聖棄智) 연후에 나타난다. 절성기지(絶聖棄智)는 노자(老子)의 말이다. 절성(絶聖)이란 범성(凡聖)의 이름을 벗는 것이요, 기지(棄智)는 성인의 말씀이라도 그 말을 쉬고, 그 실(實)을 자득해야함을 뜻한다.

무릇 대도(大道)는 부어도 차지 않고(注而不滿), 퍼내도 마르지 않는다.(酌而不竭). 또한 대도(大道)는 본래 대광명(大光明)이라, 깨쳐서 밝아졌다고 하면 도(道)가 아니다(昭而不道). 그러나 어찌하여 그런지 까닭을 알 수 없으므로 이를 일러 보광(葆光) 즉 진광보장(眞光寶藏)이라 한다. 범부가 시작이 없음을 어찌 알며, 시작이 없는 것에 그 까닭이 없는 것을 어찌 짐작하랴! 아는 이를 허공의 주인, 즉 천부(天府)라 한다. 참 공부인은 여기에서 대의(大意)를 얻어야 한다.

莊子玄抄 26目

覺而後知에 其夢也라 予謂女夢도 亦夢也라 是其言也
각이후지 기몽야 여위여몽 역몽야 시기언야

其名爲弔詭이다. 萬世之後라도 而一遇大聖하여 知其解者면
기명위조궤 만세지후 이일우대성 지기해자

是旦暮遇之也니라 **(齊物論)**
시단모우지야

큰 깨달음이 있은 연후라야 우리의 삶이 한바탕 꿈인 줄 알게 되는 것이다. (그러나 어리석은 사람은 스스로 깨달았다고 자처하고 자만하여 삶의 근원에 대해 아는 체한다.) 그대에게 꿈꾼다고 말하는 나의 말도 또한 꿈이다. 이런 말은 매우 기이한 이야기이다. 만세(萬世) 뒤라도 대성(大聖)을 만나 각몽(覺夢)의 뜻을 알게 된다면, 그것은 아침과 저녁으로 대성(大聖)을 만나 뵙는 것과 같은 행운이다.

峙解

인생(人生)이 대몽(大夢)인 줄 어찌 아랴! 대각(大覺)이후에 참다이 대몽(大夢)을 확인할 수 있는 것이다. 대몽(大夢)을 깨치면 방외(方外)의 삶이 열린다. 대몽(大夢)을 깨지 않고 어찌 방외에 거닐 수 있겠는가? 장자가 말한다.

"만세(萬世) 뒤라도 대성(大聖)을 만나 각몽(覺夢)의 뜻을알게 된다면, 그것은 아침과 저녁으로 대성(大聖)을 만나 뵙는 것과 같은 행운이다."

莊子玄抄 27目

昔者에 莊周가 夢爲胡蝶하여 栩栩然胡蝶也에
석 자 장 주 몽 위 호 접 허 허 연 호 접 야

自喩適志與하고 不知周也라 俄然覺則蘧蘧然周也라.
자 유 적 지 여 부 지 주 야 아 연 각 즉 거 거 연 주 야

不知周之夢爲胡蝶과 與胡蝶之夢爲周與라 周與胡蝶은
부 지 주 지 몽 위 호 접 여 호 접 지 몽 위 주 여 주 여 호 접

則必有分矣라 此之謂物化니라 (齊物論)
즉 필 유 분 의 차 지 위 물 화

언젠가 장주(莊周)가 나비가 된 꿈을 꾸었다. 훨훨 날아다니는 나비가 되어 유쾌하게 노닐면서도 자신이 장주(莊周)인 것을 알지 못했다. 그러다가 문득 깨어 보니 자신은 엄연히 장주(莊周)였다. 장주가 꿈에 나비가 된 것인지 나비가 꿈에 장주가 된 것인지 알 수 없었다. 장주와 나비에는 반드시 주인공이 있을 것이다. (이것은 한 主人公이 장주와 나비로 다르게 나타난 것이다.) 이를 물화(物化)라 한다.

▮峙解

물화(物化)란 정념의 전화유전(轉化流轉) 즉 의식(意識)의 변화이다. 의식(意識)은 인식(認識)의 학습(學習)을 바탕 삼고, 인식(認識)은 습관(習慣)에 기대며, 습관(習慣)은 기억력(記憶力)에 의존한다. 기억은 통찰(通察) 연후에 그 바름을 얻을 수 있다. 진심(眞心)의 통찰력(通察力)이 선 연후에, 청명(晴明)한 인생(人生)이 드러난다. 통찰(通察)이 아닌 판단은 정념(情念)의 막유몽환(莫遊夢幻)인 것이다.

莊子玄抄 28目

生也는 有涯하나 而知也는 無涯라 以有涯隨無涯하면 殆已요
생야 유애 이지야 무애 이유애수무애 태이

已而爲知者는 殆而已矣라 **(養生主)**
이이위지자 태이이의

우리의 삶은 끝이 있으나, 무루(無漏)의 지혜(智慧)는 끝이 없다. 끝이 있는 것으로써 끝없는 변화를 좇으면 위태로울 뿐이다.

▌峙解

어찌 몸을 나로 삼는 견해로써 몸 밖의 삶을 알 수 있으랴! 몸을 나로 삼는 견해는 세상을 어지럽히고 자기를 망치게 되니 위태로운 것이다. 위태로운 줄 알면서도 따르면 더욱 위태한 것이다.

그러므로 문왕(文王)과 공자(孔子)가 "인심(人心)은 위태하나니, 도심(道心)을 밝혀야 한다."라 전법(傳法)하고 수양(修養)의 본(本)을 세운 것이다. 인심(人心)은 정념(情念)이요, 도심(道心)은 진심(眞心)이다. 어찌 변화하는 정념(情念)으로 불변의 진심(眞心)을 헤아려서 체득할 수 있겠는가? 정념을 손(損)하고 손(損)하여, 홀연(欻然)히 정념의 지(止)에 합하면 진심(眞心)이 드러나는 것이다.

莊子玄抄 29目

適來夫子時也오 適去夫子順也라 安時而處順하면
적 래 부 자 시 야　적 거 부 자 순 야　안 시 이 처 순

哀樂不能入也라 (養生主)
애 락 불 능 입 야

이 세상에 온 것은 그 때를 만난 것이요, 세상을 떠나는 것도 그 때를 따르는 것이다. 어느 때라도 정안(靜安)하여 순응(順應)하면 슬픔이나 즐거움은 끼어들지 못하는 것이다.

峙解

사생(死生)은 낡은 옷을 버리고 새 옷으로 갈아입는 것과 같고, 자고 깨는 것과 같으며, 긴 숨을 들이고 뱉는 것과 같다. 사생(死生)의 변화에 그대는 어떻게 맞이할 것인가? 사생(死生)의 꿈에서 깨어나면, 그대는 사생(死生) 밖에 두렷하다오.

사생(死生)을 벗은 이는 세사(世事)가 범할 수 없고, 명(名)과 탐(貪)이 없으며, 소박(素朴)과 자애(慈愛)를 나툰다. 소박(素朴)과 자애(慈愛)를 나투나, 소박(素朴)과 자애(慈愛) 속하지 아니한다. 그러므로 지인(至人)은 본무(本無)라! 본무(本無)라! 하며, 아무 것도 있지 아니하다고 이르는 것이다.

莊子玄抄 30目

中尼曰 若一志하라 無聽之以耳하고 而聽之以心하며
중니왈 약일지 무청지이이 이청지이심

無廳之以心하고 而聽之以氣하라! 聽之於耳하고 心止於符하라
무청지이심 이청지이기 청지어이 심지어부

氣也者는 虛而待物者也아 唯道集虛니 虛者는 心齋也라.
기야자 허이대물자야 유도집허 허자 심재야

(人間世)

공자가 안회에게 말하였다.

"뜻을 한결같이(精一執中)하여 귀로 듣지 말고 마음으로 들어야 한다. 나아가 마음(情念)으로만 듣지 말고 진기(眞氣)로 들어야 한다. 귀는 듣는데 그치고, 마음(情念)을 그치는데 부합하라. 진기(眞氣)는 충허(沖虛)해서 무엇이나 있는 그대로 받아들인다. 도(道)는 오직 충허(沖虛)에만 나타난다. 충허(沖虛)가 바로 마음의 재계(齋戒)라네."

峙解

공자가 마음(情念)을 그치는 데 부합하라!고 한다. 심재(心齋)는 자성(自性)의 본연(本然)을 회복한 것이다. 본연(本然)이란 염담허무(恬憺虛無)에 합하여 진기종지(眞氣從之)하는 것이니 곧 도(道)가 온전한 경지이다. 염담허무(恬憺虛無) 진기종지(眞氣從之)는 4,600년 전 황제(黃帝) 헌원씨(軒轅氏)의 말이다. 소문(素問)에 보인다. 황제의 진전(眞詮), 황소도추론(黃素道樞論)을 읽으면 노자(老子)와 공자(孔子)가 황제(黃帝)를 존숭한 까닭을 볼 수 있을 것이다.

莊子玄抄 31目

顔回曰 回之未始得使는 實有回也니다 得使之也
안회왈 회지미시득사 실유회야 득사지야

未始有回也이오니 可謂虛乎이까 夫子曰 盡矣라 吾語若하리라!
미시유회야 가위허호 부자왈 진의 오어야

若能入遊其樊而 無感其名하라 入則鳴하고 不入則止하라
약능입유기번이 무감기명 입즉명 불입즉지

無門無毒이라 一宅而寓於不得已 則幾矣라 絶迹易하나
무문무독 일택이우어부득이 즉기의 절적이

無行地難이다. 爲人使에 易以僞나 爲天使에 難以僞라
무행지난 위인사 이이위 위천사 난이위

聞以有翼飛者矣요 未聞以無翼飛者也며
문이유익비자의 미문이무익비자야

聞以有知知者矣요 未聞以無知知者也라.
문이유지지자의 미문이무지지자야

瞻彼闋者하라 虛室生白이니라. 吉祥止止라 夫且不止는
첨피결자 허실생백 길상지지 부차부지

是之謂坐馳라 夫徇耳目하여 內通而外於心知하면 鬼神이
시지위좌치 부순이목 내통이외어심지 귀신

將來舍니 而況人乎아! 是萬物之化也라 禹舜之所紐也오
장래사 이황인호 시만물지화야 우순지소유야

伏羲几蘧之所行終이니 而況散焉者乎아! (人間世)
복희궤거지소행종 이황산언자호

안회(顔回)가 말하였다.

"제가 선생님(孔子)의 가르침을 받지 못했을 때는 참으로 회(回, 妄我)가 있는 줄 알았습니다. 그러나 선생님 말씀을 듣자마자 회(回, 妄我)를 잊게 되었습니다. 이를 허(虛)라고 할 수 있겠습니까?"

이에 공자가 말하였다.

“지극하구나. 말해 주겠네. 자네는 이제 세속(世俗)의 울타리 안에 소요(逍遙)하면서 명예, 모습 따위에는 흔들리지 않게 되었다. 상대가 배우려 하면 말하고, 상대가 밖에 있거든 그만두어라. 진심(眞心)에 문(門)을 세우지도 어떤 비방(祕方)도 마련하지도 말라. 진심(眞心)에 거처하되 전일(全一)하게 하여 부득이할 때만 응답한다면 도(道)에 가깝다.

세상에서 자취를 감추기는 쉬워도, 무심(無心)으로 소요(逍遙)하기란 어려운 일이다. 사람과 더불어 논할 때는 속이기 쉽지만, 천도(天道)와 더불어 논하면 속이기 어렵다. 날개 있어 난다는 말은 들었어도, 날개 없이 날았다는 이야기는 듣지 못했네. 지혜(智慧)로 사물의 이치를 안다는 말은 들었어도, 무지(無知)로 안다는 이야기도 듣지 못했네.

저 텅 빈 곳을 보라. 텅 빈 방이지만 환하게 밝지 않은가. 모든 행복과 평화와 자유가 이 허(虛)에 머무는 것이다. 그런데도 망심(妄心)이 그치지 못하고 밖으로 달리는 것을 일러 좌치(坐馳)라 이름 한다네. 무릇 눈과 귀를 안(眞心)으로 통(通)하게 하고, 마음(眞心)의 작용이 밖을 비추면 귀신(鬼神)도 찾아온다. 하물며 사람에 있어서는 더 말 할 것이 있겠는가! 이것이 바로 화생(化生)이라네. 순(舜)임금과 우(禹)임금도 이를 따랐으며 복희씨(伏義氏)와 궤거씨(几蘧氏)도 평생 행한 바였다. 그러니 범부(凡夫)에 있어서는 말할 것이 있겠는가?”

▌峙解

안회(顔回)가 허(虛)를 알았다고 한다. 도(道)란 진아(眞我)에 거처하여, 진아(眞我)가 성성(惺惺)한 것이다. 망아(妄我)를 잊는 것을 좌망(坐忘)이라 하며, 좌망(坐忘)의 내용을 허(虛)라 한다. 잊은 내용은 환(幻)이며, 환(幻)은 허(虛)이다. 공자(孔子)를 가립(假立)하여 장자(莊子)가 공부의 내외(內外)를 가름하여 구요(九要)를 이른다.

1. 상대가 배우려 하면 말하고, 밖에 있거든 그만두어라.
2. 진심(眞心)에 문(門)도 비방(祕方)도 마련하지 말라.
3. 진심(眞心)에 거처하되 전일(全一)하게 하라.
4. 부득이할 때만 응답하라. 그리한다면 도(道)에 가깝다.
5. 자취 감추기는 쉬우나 무심소요(無心逍遙)가 어렵다.
6. 범부는 속이기 쉽지만, 천도(天道)는 속이기 어렵다.
7. 저 빈 곳을 보라. 대자유가 허(虛)에 머무는 것이다.
8. 공부에 망심(妄心)이 그치지 못함을 좌치(坐馳)라 한다.
9. 안(眞心)으로 통(通)하게 하고, 밖을 비추라.

장자(莊子)의 구요(九要)는 개오전후(開悟前後)의 공부대요(工夫大要)를 설명하였다. 자성(自性)을 밝히는 길에 들어 약간의 견처(見處)가 생겼다면, 장자의 목소리가 크게 들릴 것이다.

공자(孔子)는 경세(經世)하면서 피세(避世)하였고, 접여(接輿)와 장자(莊子)는 피세(避世)하면서 경세(經世)하였다. 공자는 중사(中士)를 이끄는 데 힘썼고, 장자는 그 때와 사람을 위하여 상사(上士)를 기다렸다. 세상은 두 인물의 큰 스승이 모두 필요한 것이다.

莊子玄抄 32目

接輿曰 鳳兮! 鳳兮! 何如德之衰也!아 來世는 不可待오
접 여 왈 봉 혜 봉 혜 하 여 덕 지 쇠 야 내 세 불 가 대

往世는 不可追也라 天下有道면 聖人成焉하고 天下無道면
왕 세 불 가 추 야 천 하 유 도 성 인 성 언 천 하 무 도

聖人生焉이라. 桂可食故로 伐之요 漆可用故로 割之라
성 인 생 언 계 가 식 고 벌 지 칠 가 용 고 할 지

人皆知有用之用 而莫知無用之用也라 (人間世)
인 개 지 유 용 지 용 이 막 지 무 용 지 용 야

접여(接輿)가 노래한다.

"봉황(鳳凰)이여! 봉황(鳳凰)이여!

덕(德)이 쇠(衰)하셨나.

앞날은 아직 오지 않았고

지난날은 부를 수 없는 것.

천하에 도가 있으면 성인은 자신의 일을 이루고,

천하에 도가 없으면 성인은 피세(避世) 하나니.

육계(肉桂)는 먹을 수 있어 베어지고

옻나무는 쓸모가 있어 껍질이 벗겨진다오.

사람들은 유용(有用)의 용(用)만 알 뿐

무용(無用)의 용(用)은 알지 못하누나."

峙解

무용(無用)이란 정념(情念)이 없는 지극한 용(用)이다.

莊子玄抄 33目

仲尼曰 萬物皆一也라. 夫若然者 且不知耳 目之所宜이나
중 니 왈 만 물 개 일 야 부 약 연 자 차 부 지 이 목 지 소 의

以遊心乎德之和라 物視其所一하고 而不見其所喪이라
이 유 심 호 덕 지 화 물 시 기 소 일 이 불 견 기 소 상

視喪其足을 猶遺土也라. 仲尼又曰 人莫鑑於流水하고
시 상 기 족 유 유 토 야 중 니 우 왈 인 막 감 어 유 수

而鑑於止水라 唯止 能止 衆止라. (德充符)
이 감 어 지 수 유 지 능 지 중 지

공자(孔子)가 이른다.

"만물은 하나이다. 무릇 이와 같은 이는 귀와 눈의 보고 들음에 정념(情念)이 없고, 마음은 덕(德)의 조화를 나툰다. 지인(至人)은 만물의 한결같은 근원을 보되 변화는 보지 않는다. (兀者가) 그 발을 잃은 것을 마치 흙을 털어 버리는 것으로 여긴다."

공자(孔子)가 또 이른다.

흐르는 물로 거울삼지 않고 멈추어 있는 물을 거울삼는다. 이와 같이 오직 멈춰있는 것만이 능히 멈춰있음으로써 모든 것을 멈추게 할 수 있는 것이다."

峙解

지인(至人)은 만물의 근원을 보아 그 변화에 초연(超然)하다. 만물의 근원을 보려면 정념(情念)을 멈추어야 능히 만물의 근원을 볼 수 있다. 지인(至人)은 근원(根源)에 통하여, 함이 없이 변화를 나투되 변화에 속하지 아니한다.

莊子玄抄 34目

仲尼曰 德者는 成和之修也요 德不形者는 物不能離也니라
중니왈 덕자 성화지수야 덕불형자 물불능리야

(德充符)

공자가 말하였다.

"덕(德)이란 망심(妄心)을 쉬는 수행으로써 진심(眞心)이 충화(冲和)를 이룬 것이다. 따라서 덕(德)이 모습 없음에 계합(契合)하면 천지만물이 그를 떠날 수 없다."

▌峙解

덕(德)이란 망심(妄心)을 쉬면 나타난다. 둔사(鈍士)는 덕(德)을 갈고 닦는 것으로 사업(事業)을 삼는다. 그러나 덕(德)은 갈고 닦는 것이 아니다. 공요(工要)를 묻는가? 다만 망심(妄心)을 쉬면 해맑은 충화(冲和)를 이룬다.

따라서 본래의 덕(德)의 모습 없음에 계합(契合)하면 천지만물(天地萬物)이 지인(至人)을 떠날 수 없는 것이다. 천지만물(天地萬物)이 지인(至人)을 떠나지 않으나, 지인(至人)은 천지만물(天地萬物)을 소유(所有)하지 않는다. 고로 화엄(華嚴)에 무소유(無所有)와 무소주(無所住)를 이르는 것이다. 성인(聖人)은 하나를 가리키나, 범부가 둘과 셋으로 이해하는 까닭에, 도(道)가 넓혀지지 못하는 것이다.

莊子玄抄 35目

眇乎小哉저 以屬於人也며 謷乎大哉저 獨成其天!이라
묘호소재 이속어인야 오호대재 독성기천

(德充符)

(성인이여!) 작고도 작도다! 이는 세상사람 속에 있기 때문이다. 크고도 크도다! 이는 홀로 무정(無情)의 천(天)을 이루기 때문이다.

峙解

지인(至人)은 세상의 이웃과 벗이 되어, 이름 없이 늙어가기에 "작고도 작도다!" 하고, 지인(至人)은 홀로 무정(無情)하여 방외(方外)에 소요(逍遙)하기에 "크고도 크도다!" 하는 것이다. 작고 큼은 범부의 안목(眼目)이다. 지인(至人)은 다만 무사(無事)하여 담연(淡然)할 뿐이다.

莊子玄抄 36目

惠子 謂莊子曰 人故無情乎아 莊子曰 然하다 (德充符)
혜 자 위 장 자 왈 인 고 무 정 호 장 자 왈 연

혜자(惠子)가 장자(莊子)에게 말하였다.

"사람에게는 본래 정(情)이 없는 것일까?"

장자가 답하였다. "그렇다."

■ 峙解

사람에게 본래 정(情)이 없으나, 그 사실을 범부가 믿지 못한다. 믿지 못하므로 범부가 세속에 유전(流轉)하는 것이다. 금강(金剛)의 "應無所住 而生其心" 즉 마땅히 머무는 바 없이 그 마음을 내어라-는 말씀의 핵심은 무주(無住)와 심(心)이다. 무주(無住)란 망심(妄心)에 머물지 말라는 뜻이요, 심(心)은 망심(妄心)이 아닌 진심(眞心)을 가리킨다. 망심(妄心)은 정(情)이라 범부의 마음이요, 진심(眞心)은 지인(至人)의 마음이다. 그러므로 진심(眞心)이 해맑으면 지인(至人)이요, 진심(眞心)에 정(情)이 가리면 범부이다. 장자가 이른다.

"사람에게는 본래 정(情)이 없다"

이 한 마디가 사람의 본래(本來)를 가리키는 말씀이다. 본래무정(本來無情)을 이해하지 못하면, 억겁토록 뼈를 깎고 살을 에는 수행이 있어도 도(道)의 관문을 열지 못한다.

莊子玄抄 37目

知天之所爲하고 知人之所爲者는 至矣라 知天之所爲者는
지 천 지 소 위 지 인 지 소 위 자 지 의 지 천 지 소 위 자

天(然)而生也오 古之眞人은 其寢不夢하고 其覺無憂하며
천 이 생 야 고 지 진 인 기 침 불 몽 기 각 무 우

其食不甘하고 其息深深한다 (大宗師)
기 식 불 감 기 식 심 심

천도(天道)가 하는 바를 알며, 사람(凡夫)이 하는 바를 알면 지극하리라. 천도(天道)가 하는 바를 아는 사람은 천연(天然)으로 살아간다. 옛날의 참사람(眞人)은 잠을 자도 꿈꾸지 않았으며, 깨어서도 근심이 없었다. 음식은 맛난 것을 구하지 않았으며, 그 호흡은 고요하고 깊었다.

峙解

지인(至人)과 범부의 사이가 벌어진 까닭을 아는 이는 천연(天然)에 거처한다. 지인(至人)은 잠을 자도 몽환(夢幻)에 속지 않으며, 깨어서는 칠정(七情)이 없다. 근심과 두려움이 없는 고로, 그 호흡은 헐떡임이 없어 고요하고 깊은 것이다. 금세의 단가(丹家)는 노장가(老莊家)와는 관련이 없다.

莊子玄抄 38目

古之眞人은 不知說生이요 不知惡死라 其出不訢이요
고지진인 부지열생 부지오사 기출불흔

其入不距다 翛然而往하고 翛然而來而已矣라 (眞人)은
기입불거 소연이왕 소연이래이이의

其心忘 其容寂 (大宗師)
기심망 기용적

옛날 참사람(眞人)은 삶(生)을 기뻐할 줄 몰랐고, 죽음(死)을 싫어할 줄 몰랐다. 태어남을 기뻐하지도, 죽음을 거역하지도 않았다. 소연(翛然)히 가고, 소연(翛然)히 올 따름이었다. 진인(眞人)은 정념(情念)을 잊었으며, 모습이 담연(淡然)하였다.

峙解

진인(眞人)은 정념(情念)을 잊었으며, 모습이 언제나 담연(淡然)하다. 진인(眞人)은 세상의 환란(患亂)과 사생(死生)에 초연(超然)하기 때문이다. 초연(超然)한 까닭은 환란(患亂)과 사생(死生)이 한 때에 나타났다가 사라지는 몽환(夢幻)인 줄 조관(照觀)하며 그것에 속하지 않기 때문이다. 진인(眞人)은 불변으로써 변화를 따르나, 변화는 불변 속의 변화라 변화가 아닌 것이다.

세재(世才)들은 좋아하고 싫어함을 마음으로 삼는 이들이다. 이들은 진인(眞人)의 말을 믿지 아니한다. 그러기에 악지악견(惡知惡見)으로 살다가 망연(茫然)히 떠나는 것이다.

莊子玄抄 39目

夫道는 有情有信이나 無爲無形이라 可傳而不可受요
부도 유정유신 무위무형 가전이불가수

可得而不可見이라. 自本自根으로 未有天地自古以固存이라
가득이불가견 자본자근 미유천지자고이고존

神鬼 神帝 生天生地하여 在太極之先而 不爲高하고
신귀 신제 생천생지 재태극지선이 불위고

在六極之下而 不爲深하여 先天地生而不爲久하고
재육극지하이 불위심 선천지생이불위구

長於上古而不爲老라. (大宗師)
장어상고이불위노

무릇 도(道)는 그 실체가 있고 작용(作用)이 있으나, 함이 없고 모습이 없다. 도(道)를 전(傳)할 수는 있으나 받을 수 없고, 체득(體得)할 수는 있지만 볼 수는 없다. 도(道)는 스스로 우주의 근본이므로 천지(天地)가 생기기 이전부터 의연(毅然)하며, 귀신(鬼神)과 상제(上帝)를 신령불매(神靈不昧)하게 했으며, 하늘과 땅을 낳았다. 도(道)는 태극(太極)보다도 앞서지만 더 높지 아니하고, 천지(天地) 사방(四方)보다 아래에 있으나 더 깊지 아니하다. 천지(天地)보다 먼저이지만 더 오래지 않고, 상고(上古)보다 먼저이나 더 늙지 않는다.

▮ 峙解

1. 도(道)는 그 실체가 있고 작용이 있다.(虛靈而大用)
2. 도(道)는 함이 없고 모습이 없다.(無爲無形)
3. 도(道)를 전(傳)할 수는 있으나 받을 수 없다.(可傳不受)

4. 도(道)는 체득(體得)할 수는 있지만 볼 수는 없다.
5. 도(道)는 스스로 우주의 근본이라 하늘과 땅을 낳았다.
6. 도(道)는 천지가 생기기 이전부터 의연하다.
7. 도(道)는 귀신과 상제를 신령불매(神靈不昧)하게 한다.
8. 도(道)는 태극(太極)보다도 앞서나 더 높지 아니하다.
9. 도(道)는 천지사방보다 아래나 더 깊지 아니하다.
10. 도(道)는 천지보다 먼저이나 더 오래지 않다.
11. 도(道)는 상고(上古)보다 먼저이나 더 늙지 않는다.
12. 도(道)는 범부의 자성(自性)에 갖추어 있다

천연(天然)의 도리(道理)가 범부의 자성(自性)에 온전하나 범부가 미혹(迷惑)하여 알지 못한다. 배우는 이의 대개가 자기(自己)의 문제(問題)를 인식하나, 자기 밖에서 구하므로 도(道)와 멀어지는 것이다. 장자(莊子)가 안에서 찾으라고 누누이 당부하는 말을 올곧게 새기면, 장차 장자(莊子)를 만나는 때가 있으리라. 이 도리(道理)를 굳게 믿기만 해도 천상(天上)의 복을 누릴 수 있나니, 진실되이 본래(本來)의 자기(自己)를 찾아야 할 것이다.

도(道)가 태극(太極)보다도 앞선다는 말은 도(道)는 실(實)이요, 태극(太極)은 명(名)을 가리킨다는 뜻이다. 앞서나 더 높지 않다는 말은 실(實)을 명(名)이 가리키고, 명(名)을 두어 설하여 실(實)을 드러낼 수 있다는 의미이다.

莊子玄抄 40目

女偶曰 外生而後能朝徹하고 朝徹而後能見獨하며
여우왈 외생이후능조철 조철이후능견독

見獨而後能無古今하고 無古今而後能入於不死不生이다.
견독이후능무고금 무고금이후능입어불사불생

殺生者는 不死요 生生者도 不生이니 其爲物이 無不將也요
살생자 불사 생생자 불생 기위물 무불장야

無不迎也며 無不毁也요 無不成也라. 其名爲攖寧
무불영야 무불훼야 무불성야 기명위영령

攖寧也者는 攖而後成者也라. (大宗師)
영령야자 영이후성자야

여우(女偶)가 말하였다.

“삶을 잊은 이후, 어둠을 걷어낸 아침 햇살 같은 첫 밝음, 조철(朝徹)을 얻게 되었다. 밝아진 뒤에는 견독(見獨)하고, 견독(見獨)연후에는 고금(古今)이 없게 되었다. 고금(古今)이 없는 경지에 들면 죽거나 나지 않는 경지에 든다. 삶을 없애도 죽음이 없고, 삶을 탐하여도 삶이 없다. 만사(萬事)를 보내지 않음이 없고, 맞아들이지 않음이 없으며, 멸하기도 하고 이루기도 한다. 이를 영녕(攖寧)이라 한다. 영녕(攖寧)은 온갖 정념(情念)의 어지러움이 그친 연후에 나타나는 것이다.”

峙解

삶을 잊어 조철(朝徹)하고, 정관(靜觀)하여 견독(見獨)한다. 견독(見獨)은 명성(明性)이다. 견독(見獨)이후, 고금(古今)이 없어지고 불사불생(不死不

生)의 무위(無爲)에 나아간다. 그 후에 참다이 무위(無爲)에 거처함을 영녕(攖寧)이라 한다. 장자(莊子)의 말을 푼다.

"삶과 죽음을 잊은 이후, 새벽을 지나 어둠을 걷어낸 아침 햇살 같은 첫 밝음에 계합하여 조철(朝徹) 즉 '아침의 선명한 밝음'을 얻게 되었다. 밝아진 뒤에는 견독(見獨) 즉 홀로 자성(自性)의 체용(體用)에 합(合)하지 않음이 없고, 견독(見獨) 연후에는 자성(自性)에 고금(古今)이 없게 되었다. 자성(自性)에 고금(古今)이 없으므로 죽거나 나지 않는 경지에 들게 되는 것이다. 삶을 없앤다 해도 죽음이 오지 않고, 삶을 탐하여도 망정(妄情)의 삶이 있지 아니하다. 세상속에 머묾이 없으므로 세상만사(世上萬事)를 보내지 않음이 없고, 맞아들이지 않음이 없다. 또한 세사(世事)를 멸하기도 하고 이루기도 한다. 이를 편안함에 나아감, 곧 영녕(攖寧)이라 한다. 영녕(攖寧)은 범부의 온갖 정념(情念)이 그친 연후에 나타나는 대적대조(大寂大照)의 경지(境地)이다."

조철(朝徹)은 처음 도(道)를 체험(體驗)하여 맛보는 경지이다. 조철(朝徹)의 아니면 성인(聖人)의 도설(道說)을 통연(洞然)히 이해하여 믿지 못한다. 장자(莊子)의 경지가 탁연(卓然)히 높기에, 각(覺)의 내용을 선명(鮮明)하게 설하는 것이다.

莊子玄抄 41目

子貢曰 敢問其人하니다. 孔子曰 畸人者는
자공 감문기인 공자왈 기인자

畸於人而侔於天이니 故曰 天之小人은 人之君子요
기어인이모어천 고왈 천지소인 인지군자

人之君子는 天之小人也라. (大宗師)
인지군자 천지소인야

자공(子貢)이 말하였다.

"감히 기인(畸人)에 대하여 여쭙습니다."

공자(孔子)가 말하였다.

같은 사람이다. 범부(凡夫)의 안목에 기(畸)라 한다. 그러므로 무극경지(無極境地)의 소인(小人)은 세상(世上)의 군자(君子)요, 세상(世上)의 군자(君子)는 무극경지(無極境地)의 소인(小人)이라고 한다네."

峙解

방내(方內)의 군자(君子)는 방외(方外)의 소인(小人)이다.

그 경지에 이른 후, 다음의 경지를 알 수 있는 것이다. 그러므로 장자(莊子)가 이른다.

"천(天)의 소인(小人)은 인(人)의 군자(君子)요, 인(人)의 군자(君子)는 천(天)의 소인(小人)이다."

莊子玄抄 42目

顔回曰 忘仁義忘禮樂然後 當今에 坐忘矣이다. 仲尼는
안회왈 망인의망예악연후 당금 좌망의 중니

蹴然曰 何謂坐忘인가. 顔回曰 墮支體하고 黜聰明하여
축연왈 하위좌망 안회왈 타지체 출총명

離形하고 去知하여 同於大通하오니 此謂坐忘이오이다. 仲尼曰
이형 거지 동어대통 차위좌망 중니왈

同則無好也오 化則無常也라. 而果其賢乎아
동즉무호야 화즉무상야 이과기현호

丘也請從而後也라 (大宗師)
구야청종이후야

어느 날 안회(顔回)가 말하였다. "저는 인의(仁義)를 잊고, 예악(禮樂)을 잊었으며, 당금에 좌망(坐忘)하였습니다."

이에 공자는 얼굴빛을 고치며 물었다. "어떤 것을 좌망(坐忘)이라고 하는가?" 안회가 답하였다.

"몸뚱이를 잊고 분별지(分別智)가 없어졌습니다. 또 모습을 떠나고 덕혜술지(德慧術知)를 버려 안팎으로 대도(大道)에 통하여 한 몸이 되었습니다. 이를 좌망(坐忘)이라 합니다."

공자가 말하였다. "도(道)와 한 몸이 되면 좋아함과 싫어함이 없고, 무심(無心)으로 조화(造化)에 응하면 집착이 없게 된다. 그대는 훌륭하네. 나도 자네를 따라야겠네."

時解

좌망(坐忘)은 정(情)을 잊어, 가아(假我)에 속지 않음이다.

莊子玄抄 43目

倏與忽은 時로 相與遇於混沌之地하면 混沌待之甚善이라.
숙 여 홀 시 상 여 우 어 혼 돈 지 지 혼 돈 대 지 심 선

倏與忽謀報混沌之德曰 人皆有七竅하여 以視聽食息인데
숙 여 홀 모 보 혼 돈 지 덕 왈 인 개 유 칠 규 이 시 청 식 식

此獨無有라. 嘗試鑿之하리라. 日鑿一竅에 七日而混沌死라.
차 독 무 유 상 시 착 지 일 착 일 규 칠 일 이 혼 돈 사

(應帝王)

숙(倏)과 홀(忽)이 혼돈(混沌)의 땅에서 만났는데, 혼돈(混沌)이 후한 대접을 하였다. 숙(倏)과 홀(忽)은 혼돈(混沌)의 환대에 보답하기 위해 논의를 하였다.

"사람에게는 일곱 구멍이 있어 보고 듣고 먹고 호흡할 수 있다. 하지만 혼돈(混沌)에게는 구멍이 없으니 그에게 구멍을 뚫어 주자."

이에 숙(倏)과 홀(忽)은 날마다 구멍 하나씩을 뚫었는데, 칠일이 되자 혼돈(混沌)은 죽고 말았다.

峙解

숙(倏)과 홀(忽)은 칠정(七情)이요, 혼돈(混沌)은 무정(無情)이다. 무정(無情)에 일곱 개의 구멍을 뚫어 칠정(七情)이 통하게 한 우화(寓話)이다. 이는 칠정(七情) 속에 사는 삶은 죽음과 같고, 칠정(七情)을 지운 삶이라야 참 삶이라는 것을 장자가 멋깔나게 표현하였다. 노자(老子)의 혼이위일(混而爲一)을 설명하는 우화(寓話)를 요적(瑤籍)히 지었나니, 장자(莊子)가 아니면 누가 이렇게 할 수 있겠는가?

노자(老子) 도기장(道紀章)에 이른다.

"그(性) 위에 밝음이 없으며 그 아래에 어두움도 없다. 면면히 이어져 이름 붙일 수 없으나 염담허무(恬憺虛無)를 회복한다. 이를 모양이 없는 모양(無狀之狀)이라 하고, 모습 없는 형상(無物之象)이라 한다."

도기장(道紀章)에 또 이른다.

"보려 해도 볼 수 없으므로 이(夷, 멸하다)라 하고, 들으려 해도 듣지 못하므로 희(希, 드물다)라 하며, 잡으려 해도 얻지 못하므로 미(微, 숨다)라 부른다. 이 셋은 생각과 지식으로 따져서 밝힐 수 없다. 그 실(實)은 혼돈(混沌)이나 하나이다.(視之不見名曰夷요 聽之不聞名曰希이며 搏之不得名曰微라 此三者不可致詰이니 故混而爲一이니라)"

예기(禮記) 곡례(曲禮)에 자성(自性)을 가리켜 "소리 없는 데서 듣고, 모습 없는 데서 본다.(聽於無聲이요 視於無形이라)"라 하였다. 그러므로 자성(自性)의 직해(直解)에 혼돈(混沌)이라 염담허무(恬憺虛無)라 하고, 그 세설(細說)에는 자성(自性)이 모습 없기에 이(夷)라 하고, 소리 없기에 희(希)라 하며, 상(象)으로 찾을 수 없으므로 미(微)라 하는 것이다. 도(道)란 자성(自性)을 밝히고 가리키는 말씀이다.

莊子玄抄 後記

장자(莊子)의 뜻은 범부가 자기의 본래면목(本來面目)을 궁구해서 밝히라는 데 있다. 공부의 처음과 밝아지는 과정과 밝아진 연후의 공부를 적지(的指)하고, 뒷사람을 이끄는 방도(方道)를 보였다. 그 처음은 곤(鯤)이 붕(鵬)으로 변하는 것이요, 그 다음은 좌망(坐忘), 조철(朝徹)이요, 그 이후는 무고금(無古今)하여 무심어세(無心御世)하는 것이다. 무심어세(無心御世)하면 무위이화(無爲而化)가 따르나니, 조철(朝徹)을 자득(自得)하고 살필 일이다.

뒷사람을 이끄는 대요(大要)는 莊子玄抄 31目에 자세하고, 도체(道體)의 설명은 莊子玄抄 39目에 두렷하다. 莊子玄抄 43目 모두가 장자의 드높은 견처(見處)이다. 배우는 이가 장자(莊子)를 거울로 삼아서 노력하면 세상 밖을 소요(逍遙)하는 때가 있을 것이다. 장자(莊子)는 만세(萬歲)의 스승이니 의심하지 말라. 장자를 사숙(私淑)하여 세상을 벗은 이가 지난 이천여 년에 百餘人은 넘을 것이다. 그들의 대개가 은자(隱者)라 이름 남기기를 싫어하였으나, 연무(煙霧) 속에 자취가 보인다. 그 연무(煙霧) 옆에 은자(隱者)의 해맑은 벗이 그림자를 감추나니, 그 때에 그 기미(機微)를 나툼이다. 뒷사람은 그 도(道)를 볼 수 없다고 하지 말라. 장자(莊子)를 스승으로 뫼시고, 장자(莊子)의 직지(直指)에서 곧바로 얻을 지다.

2011 霜秋某曉에 菑虛 識.

노치허 盧菑虛

著書

누가 공자의 참마음을 보았는가? 육경촬요(六經撮要)—학자원

선객(禪客) —19세기 朝鮮의 21禪師 —학자원

선객 소동파(禪客 蘇東坡)—명문당

누가 왕마힐, 소동파. 소강절의 청의미를 보았는가?—학자원

누가 장자(莊子)의 무하유(無何有)에 소요하는가?—학자원

장자직해 莊子直解—학자원

장자현초(莊子玄抄)—방외치

황소도추론(黃素道樞論)—방외치

열자삼제(列子三題)—방외치

수사심경(洙泗心經)—방외치

논맹촬요(論孟撮要)—방외치

영가증도가직해(永嘉證道歌直解)—방외치

우두심명직해(牛頭心銘直解)—방외치

의상법성게직해(義湘法性偈直解)—방외치

단기4282년 蘆谷에서 生.

無學.

避世陋居.

號: 菑虛, 甿碧子.

貫鄉: 光山, 名是圭行是鉉.

拙居: 甿碧峙

010-4599-1746

校訂: 李時軒

洗塵: 金津西江

장자직해 莊子直解

2018년 7월 15일 초판 발행

역　해 : 노치허
발행인 : 김병환
발행처 : 학자원
주　소 : 서울 강동구 천호대로 1121
전　화 : 02) 6403-1000
팩　스 : 02) 6338-1001
E-mail : hakjaone@daum.net
등　록 : 2011년 3월 24일 제2011-14호

ISBN 979-11-6247-075-6 93820
값 20,000원